RECURSOS DE NATUREZA EXTRAORDINÁRIA NO TST

Justiça Penal Negociada e Criminalidade Macroeconômica Organizada

O papel da política criminal na construção da ciência global do Direito Penal

Ricardo José Macêdo de Britto Pereira

RECURSOS DE NATUREZA EXTRAORDINÁRIA NO TST

Recurso de Revista e Embargos por Divergência

De acordo com as Leis 13.015/2014, 13.105/2015 – Novo CPC e 13.467/2017 – Reforma Trabalhista

2ª edição | revista ampliada atualizada

2018

www.editorajuspodivm.com.br

www.editorajuspodivm.com.br

Rua Mato Grosso, 164, Ed. Marfina, 1º Andar – Pituba, CEP: 41830-151 – Salvador – Bahia
Tel: (71) 3045.9051
• Contato: https://www.editorajuspodivm.com.br/sac

Copyright: Edições JusPODIVM

Conselho Editorial: Eduardo Viana Portela Neves, Dirley da Cunha Jr., Leonardo de Medeiros Garcia, Fredie Didier Jr., José Henrique Mouta, José Marcelo Vigliar, Marcos Ehrhardt Júnior, Nestor Távora, Robério Nunes Filho, Roberval Rocha Ferreira Filho, Rodolfo Pamplona Filho, Rodrigo Reis Mazzei e Rogério Sanches Cunha.

Diagramação: Isabella Giordano (giordano.bella@gmail.com)

Capa: Ana Caquetti

P436r   Pereira, Ricardo José Macedo de Britto.
           Recursos de Natureza Extraordinária no TST/ Ricardo José Macedo de Britto Pereira– 2. ed. rev., ampl. e atual. – Salvador: Ed. JusPodivm, 2017.
           288 p.

           Bibliografia.
           ISBN 978-85-442-1291-2.

           1. Direito. 2. Direito do Trabalho. I. Pereira, Ricardo José Macedo de Britto. II. Título.

                                                                                       CDD 342.6

Todos os direitos desta edição reservados à Edições JusPODIVM.

É terminantemente proibida a reprodução total ou parcial desta obra, por qualquer meio ou processo, sem a expressa autorização do autor e da Edições JusPODIVM. A violação dos direitos autorais caracteriza crime descrito na legislação em vigor, sem prejuízo das sanções civis cabíveis.

*À minha mulher Juliana
e a meus filhos
Henrique, Luah, Paola,
Sophia e Rafael.*

AGRADECIMENTOS

O presente livro nasceu de apresentações em atividades de capacitação para Membros e Servidores do Ministério Público do Trabalho, sobre a atuação da Coordenadoria de Recursos Judiciais da Procuradoria Geral do Trabalho nos recursos que tramitam no Tribunal Superior do Trabalho. Agradeço aos integrantes da Coordenadoria, Maria Aparecida Gugel, Eliane Araque dos Santos e Adriane Reis de Araújo, que me acompanharam nessa jornada.

Sem o apoio incondicional do Procurador Geral do Trabalho, Luis Antônio Camargo de Melo, à Coordenadoria e às atividades de capacitação realizadas nas diversas Procuradorias Regionais do Trabalho, faltaria o impulso inicial para a elaboração dessa pesquisa.

Da mesma forma, foi fundamental o diálogo com Procuradores e Servidores para se chegar aos diversos posicionamentos adotados no livro.

Portanto, registro aqui minhas homenagens a essa combativa instituição, que é o Ministério Público do Trabalho, cujos quadros tenho a honra de integrar.

Agradeço aos amigos e colegas Élisson Miessa e Henrique Correia, Coordenadores da Série Carreiras Jurídicas da Editora *Jus*Podivm, assim como a seu editor, Ricardo Didier, por acreditarem no projeto e permitir a presente publicação.

Meus agradecimentos à Ministra Katia Magalhães Arruda do Tribunal Superior do Trabalho por prontamente atender a meu convite e abrilhantar o livro com sua magnífica apresentação.

Agradeço a Rubem Milhomem, especialista em matéria de recursos no Tribunal Superior do Trabalho, que muito contribuiu com várias observações para o aprimoramento do texto.

Não posso deixar de mencionar o convívio agradável com os integrantes do Grupo de Pesquisa da Faculdade de Direito da Universidade de Brasília "Trabalho, Constituição e Cidadania", que, juntamente com a Professora Gabriela Neves Delgado, tenho a honra de liderar. Os estudos e debates durante as reuniões do Grupo acabaram se refletindo em várias partes do livro.

À minha família pelo grande apoio e carinho, sempre fundamentais para extrair a disposição de ir até o fim.

NOTA DO AUTOR À 2ª EDIÇÃO

A primeira edição deste livro foi encaminhada à Editora após a entrada em vigor da Lei nº 13.015, de 21.07.2014. O projeto de lei que se converteu no Código de Processo Civil (Lei nº 13.105, de 16.03.2015) tramitava no Congresso Nacional, tendo sido aprovado e sancionado algum tempo depois. Posteriormente, antes de concluída a *vacatio legis* ali prevista, alguns dispositivos da nova disciplina processual civil foram alterados pela Lei nº 13.256, de 04.02.2016.

Naquele momento, ainda não havia uma jurisprudência do Tribunal Superior do Trabalho sobre a Lei nº 13.015, de 2014, mas apenas o Ato nº 491, de 23.07.2014. Esse ato foi alterado, em parte, pela Instrução Normativa nº 38, de 2015 (Resolução nº 201, de 10.11.2015).

A proximidade da entrada em vigor do Código de Processo Civil levou o Tribunal Superior do Trabalho a aprovar duas Instruções Normativas, nºs 39 e 40, em 2016 (Resoluções nºs 203 e 205, ambas de 15.03.2016). A primeira sobre a aplicação do Código de Processo Civil ao processo do trabalho e a segunda alterando a sistemática de impugnação nos tribunais regionais do trabalho da decisão de denegação do seguimento do recurso de revista.

Durante esse período, desencadeou-se um grande processo de revisão de súmulas e de orientações jurisprudenciais, no intuito de ajustá-las ao previsto nas novas leis processuais.

A segunda edição do livro incorporou todas essas mudanças, pelo que foi necessária a integral releitura do texto e a reformulação de algumas partes, adotando-se posições a respeito da legislação aprovada posteriormente, das instruções normativas do Tribunal Superior do Trabalho, de súmulas e orientações jurisprudenciais que sofreram adaptação em seu texto, bem como da jurisprudência que vem surgindo da aplicação das novas leis.

Como já mencionado na primeira edição do livro, o Código de Processo Civil exige muitas discussões e reflexões em torno de suas disposições e isso levará bastante tempo até que haja a estabilização da jurisprudência. É certo, porém, que o Tribunal Superior do Trabalho buscou encurtar ao máximo esse tempo, adotando as providências para que as novas disposições sejam observadas o mais rápido possível, naquilo que seja compatível com o processo do trabalho.

Integra-se a esse novo marco normativo a Lei nº 13.467, de 13 de julho de 2017, a denominada reforma trabalhista, com *vacatio legis* de cento e vinte dias, que altera profundamente a Consolidação das Leis do Trabalho, na parte correspondente tanto ao direito material quanto ao direito processual. Na presente edição, são examinados os dispositivos que podem ter repercussão nos recursos de revista e embargos por divergência.

Portanto, o leitor tem em mãos, um material, além de bem específico, totalmente revisado e atualizado sobre os recursos de natureza extraordinária no Tribunal Superior do Trabalho.

PREFÁCIO

O livro "Recursos de Natureza Extraordinária no TST", que tenho a honra de apresentar ao leitor, demonstra bem a acuidade e a amplidão de conhecimentos e ideias que acompanham o seu autor.

O professor e procurador do trabalho Ricardo José Macedo de Britto Pereira consegue, ao mesmo tempo, ser preciso, sem perder a perspectiva geral do seu estudo: analisa recursos extraordinários técnicos sem perder a oportunidade de inserir conceitos essenciais à compreensão do pensamento jurídico.

De maneira ampla e densa, porém, precisa e didática, a obra aborda as questões atuais, relevantes e complexas com as quais têm de lidar os julgadores, advogados, membros do Ministério Público do Trabalho, doutrinadores e estudiosos em geral: a acentuada e inexorável constitucionalização do Direito Processual e as inovações do novo Código de Processo Civil, instituído por meio da Lei nº 13.105/2015 e da nova sistemática recursal trabalhista prevista na Lei nº 13.015/2014, as quais são apresentadas sem destemor, não apenas com a reflexão pertinente sobre os conceitos e institutos jurídicos estabelecidos, mas também com a proposição de soluções em aspectos polêmicos.

Em encadeamento lógico e harmônico, sabido é que não há como adentrar as considerações de ordem prática sem antes demonstrar as bases teóricas da matéria, o autor parte da análise do direito constitucional do acesso à justiça em suas dimensões formal e material, do qual se desdobra o direito de recorrer. Ressalta que a dimensão formal tem seu aspecto negativo (vertical e horizontal – direito de não oposição de obstáculos, seja pelo Estado, seja por particular), e positivo (direito à eliminação dos eventuais obstáculos existentes), enquanto a dimensão material significa o direito à prestação jurisdicional com conteúdo dotado de qualidade, ou seja, o acesso à ordem jurídica justa. Nesse contexto, destaca que o direito de recorrer, o qual integra o núcleo essencial do direito de acesso à justiça, pressupõe o direito ao pronunciamento de mérito isonômico pelos tribunais superiores encarregados da missão uniformizadora da interpretação das normas jurídicas.

Vê-se por parte do autor uma clara tendência a não se omitir diante de temas polêmicos. Ao contrário, assume de forma clara a defesa do direito e do processo do trabalho sob a perspectiva constitucional, ao dizer que "a Constituição refunda a ordem jurídica e impõe a releitura de todas as disposições infraconstitucionais" e acrescenta que esse olhar constitucional sobre a norma trabalhista estabelece "renovadas diretrizes interpretativas, revisão de conceitos e a consolidação de tudo que expressa compromisso com a dignidade da pessoa humana, enquanto prestadora de trabalho na sociedade".

Mais que isso: chama o Tribunal Superior do Trabalho a assumir uma posição protagonista, seja pela responsabilidade de uniformizar a jurisprudência trabalhista em todo o país, garantindo a competência privativa da União de que trata o artigo 22, I, da CF/88, seja pelo papel de conformar as decisões aos princípios e regras que norteiam a Constituição brasileira.

Num dos pontos altos da obra, entre os vários que se poderiam assinalar, estão as considerações, a partir do que se tem denominado de "neoconstitucionalismo", sobre a mudança do eixo interpretativo no qual o caminho a ser percorrido vai da Constituição para a legislação infraconstitucional, e não o inverso; mais ainda: o intérprete passou a ser o ator central da atividade hermenêutica, afastando-se a postura passiva dos operadores do Direito frente aos textos legislativos em exame nos casos concretos. Arremata com brilhantismo o autor:

> (...) O constitucionalismo cria as condições para a efetivação dos direitos humanos nas relações de trabalho, transformando os locais de trabalho, de âmbito de supremacia do poder empresarial, em espaços democráticos, de exercício da cidadania e de respeito à dignidade do trabalhador.

Como ressalta Wolfgang Däubler "se põe em perigo a longo prazo a democracia se esta só existe para o indivíduo em seu tempo livre, por assim dizê-lo, e termina apenas chega à empresa e troca de vestimenta, convertendo-se novamente em súdito".

A assimilação da relevância constitucional para compreender a matéria processual trabalhista não impede que o livro seja escrito de forma direta e didática, característica que não poderia deixar de existir em um trabalho realizado por um professor tão dedicado e estudioso como Ricardo José Macedo de Britto Pereira. Um exemplo disso é o item presente no capítulo em que é feita a distinção entre matéria de fato e de direito, a fim de explicar a impossibilidade de reexame da matéria fático-probatória nos recursos de natureza extraordinária e a consequente diferença existente entre reexame de fatos e enquadramento jurídico adequado ao caso concreto.

No que toca ao diálogo entre o Direito Processual Civil e o Direito Processual do Trabalho, o livro apresenta um detalhado e instigante panorama, a começar pelo ponto central da observância dos arts. 15 do CPC (segundo o qual o direito processual comum passa a ser de aplicação supletiva e subsidiária no processo do trabalho) e 769 da CLT (segundo o qual o direito comum é de aplicação subsidiária ao processo do trabalho), chamando a atenção para os seguintes aspectos decisivos nesse particular: conquanto a doutrina venha ampliando o conceito de casos omissos na legislação processual trabalhista, para neles incluir as hipóteses de omissão ontológica (previsão legislativa que não seja atual) e omissão teleológica (previsão legislativa que não seja a mais adequada para permitir a tutela postulada), não se pode perder de vista que o art. 769 da CLT impõe cláusula de barreira contra as disposições da legislação processual comum, marcada pelo caráter liberal e individualista, muitas vezes incompatíveis com os princípios do processo do trabalho, no qual se discutem créditos de natureza alimentar. Daí ser acertado concluir que só há sentido em serem invocadas as hipóteses de omissão ontológica e teleológica quando seja para tornar mais célere e efetivo o processo do trabalho.

Essa, aliás, é a grande ressalva sobre a aplicabilidade ao processo do trabalho das diversas alterações promovidas pelo novo CPC, o qual, na louvável intenção de levar o processo a ter como resultado o pronunciamento de mérito, manda ora relevar questões de ordem formal, ora manda intimar as partes para saná-las, abrindo margem para a instauração de incidentes processuais que podem adiar o desfecho da lide. Como se sabe, é básica no processo do trabalho a lógica de que devem ser evitados ao máximo incidentes processuais no curso da demanda, justamente por que nela se discutem créditos de natureza alimentar, daí sua simplicidade e celeridade.

Adiante, discorre sobre a admissibilidade do recurso de revista e dos embargos à SDI à luz da Lei nº 13.015/2014 e da aplicabilidade pontual do novo CPC, sempre convidando o leitor a novas reflexões sobre o procedimento adotado na prática judiciária na análise dos pressupostos extrínsecos e intrínsecos, bem como sobre a necessidade de serem adotadas novas soluções diante das inovações legislativas, com o intuito de assegurar a efetividade do direito constitucional do acesso à justiça.

Enfim, trata-se uma obra de fôlego que, sob todos os enfoques que se possa conceber, é uma grande contribuição para o estudo dos recursos extraordinários nas Cortes Superiores, especialmente no TST, abordagem que enriquece e consolida a melhor doutrina sobre o tema.

Kátia Magalhães Arruda
Ministra do TST

SUMÁRIO

CAPÍTULO I
CONSIDERAÇÕES GERAIS SOBRE A FASE RECURSAL EXTRAORDINÁRIA TRABALHISTA

1. Apresentação do tema..19

2. A relação entre processo do trabalho e processo civil..........................20

3. A importância e função dos recursos no ordenamento jurídico............24

    3.1. Reflexão acerca do conceito de recursos e sua aplicação aos recursos de natureza extraordinária...24

    3.2. Os recursos como desdobramento do direito fundamental de ação...29

    3.3. Acesso aos tribunais como elemento do acesso à Justiça. Duplo grau de jurisdição e direito à tutela efetiva e adequada...32

    3.4. Fase recursal e princípio da isonomia...34

    3.5. O excesso processual na fase extraordinária...............................36

    3.6. A tendência de coletivização na saída...37

4. Jurisdição recursal trabalhista e o papel dos Magistrados do trabalho...39

    4.1. Fortalecimento da Justiça do Trabalho na Constituição de 1988 e os novos desafios..39

    4.2. Autoridade e uniformidade do direito aplicável às relações de trabalho. Mas que direito? O constitucionalismo e o papel do Juiz..42

    4.3. Aplicação de um ordenamento composto por princípios e uniformidade de sua interpretação..47

    4.4. A Constitucionalização do Direito e seus reflexos no direito aplicável às relações de trabalho......................................52

    4.5 A valorização dos tratados internacionais sobre direitos humanos pelo constitucionalismo...55

5. O papel do Tribunal Superior do Trabalho nos recursos de natureza extraordinária. 60

    5.1. Recursos de natureza extraordinária no Tribunal Superior do Trabalho 60

    5.2. A organização e competência do Tribunal Superior do Trabalho 62

    5.3. A função do Tribunal Superior do Trabalho de zelar pelo direito aplicável às relações de trabalho e da uniformização de sua interpretação 67

CAPÍTULO II
RECURSO DE REVISTA E EMBARGOS POR DIVERGÊNCIA EVOLUÇÃO LEGISLATIVA E ATUAIS TENDÊNCIAS

1. Evolução Legislativa doS Recursos de Revista e de Embargos por divergência. 71

2. Síntese das alterações promovidas pela Lei n. 13.015/2014. 76

3. Síntese das alterações promovidas pelo novo Código de Processo Civil na parte recursal. 84

CAPÍTULO III
CONSIDERAÇÕES GERAIS SOBRE OS RECURSOS E SUA APLICAÇÃO AO RECURSO DE REVISTA E EMBARGOS POR DIVERGÊNCIA

1. Atos judiciais sujeitos a recursos 103

2. Juízo de admissibilidade e juízo de mérito 112

3 Admissibilidade e mérito nos recursos de natureza extraordinária 120

4. Pressupostos recursais. 124

    4.1. Divergências nas classificações 124

    4.2 Tempestividade 128

    4.3 Preparo 135

    4.4 Regularidade formal 143

    4.5 Representação 152

    4.6 Inexistência de fatos impeditivos ou extintivos do direito de recorrer 156

    4.7. Legitimidade 159

SUMÁRIO 17

4.8. Interesse.. 165

4.9. Cabimento... 166

5. Ausência de efeito suspensivo nos recursos trabalhistas..................... 168

6. Efeito devolutivo dos recursos trabalhistas de natureza extraordinária. 170

    6.1. Considerações gerais.. 170

    6.2. Efeito devolutivo e pré-questionamento. 176

    6.3. Pré-questionamento e mérito do recurso. O efeito translativo no recurso de natureza extraordinária. 188

    6.4. Distinção entre matéria de fato e de direito.................... 191

    6.5. A discussão em torno do dano moral.............................. 196

CAPÍTULO IV
RECURSO DE REVISTA E DE EMBARGOS POR DIVERGÊNCIA. ESPECIFICIDADES.

1. Recurso de revista. Considerações gerais....................................... 207

2. O problema da transcendência... 209

3. Redação vigente do artigo 896 da Consolidação das Leis do Trabalho....211

    3.1. Recurso de revista por divergência jurisprudencial nos termos da alínea "a" do artigo 896 da Consolidação das Leis do Trabalho 215

        3.1.1. Exigência para o conhecimento do recurso por divergência jurisprudencial 217

        3.1.2. Recurso de revista por contrariedade a súmula e orientação jurisprudencial.. 226

    3.2. Recurso de revista por divergência jurisprudencial nos termos da alínea "b" do artigo 896 da Consolidação das Leis do Trabalho. 229

    3.3. Recurso de revista por violação – art. 896, "c", da Consolidação das Leis do Trabalho. 232

    3.4. Recurso de revista no procedimento sumário.................. 237

    3.5. Recurso de revista no procedimento sumaríssimo........... 238

    3.6. Recurso de revista em execução....................................... 239

4. Procedimento do recurso de revista. Recursos de revista repetitivos e assunção de competência 241

4.1. Procedimento padrão 241

4.2. Uniformização de jurisprudência para fins de cabimento do recurso de revista por divergência 246

4.3. Incidente de assunção da competência 250

4.4 Incidente de recursos de revista repetitivos.............................. 252

5. Recurso de embargos por divergência.. 258

5.1. Considerações gerais... 258

5.2. Ampliação de seu cabimento no caso de divergência e contrariedade a súmula e orientação jurisprudencial............... 259

5.3. Dispositivos incluídos pela Lei n. 13.015, de 2014 263

5.4. Decisões das quais cabe o recurso de embargos 265

5.5. Exigências para o conhecimento do recurso de embargos por divergência.. 268

5.6. Análise em embargos da divergência para o conhecimento do recurso de revista.. 270

5.7. Procedimento no recurso de embargos... 271

BIBLIOGRAFIA **277**

Capítulo I

CONSIDERAÇÕES GERAIS SOBRE A FASE RECURSAL EXTRAORDINÁRIA TRABALHISTA

1. APRESENTAÇÃO DO TEMA

O presente livro se ocupa dos recursos de natureza extraordinária no âmbito do Tribunal Superior do Trabalho, quais sejam, o recurso de revista e o de embargos por divergência jurisprudencial.

Trata-se de recursos que demandam conhecimento técnico para satisfação das exigências previstas na lei e na jurisprudência e também alguma prática no Tribunal Superior do Trabalho, para apreender os frequentes debates que a interposição desses recursos suscita.[1]

O momento é de grande expectativa, considerando a Lei 13.015, de 21.07.2014, que promoveu reforma substancial no sistema recursal trabalhista, especialmente nos recursos que tramitam no Tribunal Superior do Trabalho. As suas disposições passaram a ser observadas para os recursos interpostos dos acórdãos publicados a partir de sua vigência, sessenta dias após a publicação, com a possibilidade de aplicação de algumas de suas previsões nos recursos interpostos anteriormente.[2]

---

1. Como destacam Kátia Magalhães Arruda e Rubem Milhomem, há uma "relativa escassez doutrinária" sobre o recurso de revista, que geralmente não é analisado de maneira autônoma nas obras de Direito Processual do Trabalho. *Jurisdição extraordinária do TST na admissibilidade do recurso de revista*. 2ª. Ed., São Paulo, LTr, 2014, p. 19.

2. De acordo com o parágrafo único do art. 1º do ato 491, de 23 de setembro de 2014 (republicado no DJET de 14.11.2014) "As normas procedimentais da Lei n. 13.015/2014 e as que não afetarem o direito processual adquirido de qualquer das partes aplicam--se aos recursos interpostos anteriormente à data de sua vigência, em especial as que regem o sistema de julgamento de recursos de revista repetitivos, o efeito interruptivo dos embargos de declaração e a afetação do recurso de embargos ao Tribunal Pleno do TST, dada a relevância da matéria (art. 7º)". Os artigos 7º a 22 do mencionado ato

Além das inovações trazidas pela referida lei, o Código de Processo Civil (Lei n. 13.105, de 16.03.2015) altera significativamente os recursos trabalhistas, a despeito da intensa controvérsia que a aplicação do direito processual comum no direito processual trabalhista provoca. Na tramitação do projeto do Código, até a fase final, foi colocada em dúvida a aplicação subsidiária e supletiva de suas disposições na hipótese de omissão no processo do trabalho (art. 15 do CPC).

O novo quadro em que se delineia a fase recursal trabalhista, com especial realce para os recursos de natureza extraordinária julgados pelo Tribunal Superior do Trabalho, deixa inúmeras questões em aberto. Nesse contexto de grandes alterações no sistema recursal trabalhista, há um acentuado grau de incertezas acerca de sua aplicação e sentido, o que desencadeou um processo de revisão da vasta jurisprudência construída até o momento sobre esses recursos.

Com o Código de Processo Civil, antes mesmo de completado o período para o início de sua vigência (doze meses após a publicação), já havia intenso debate sobre os diversos dispositivos que buscam conferir novos perfil e dinâmica ao processo civil brasileiro, que necessariamente produzem impacto no âmbito do processo do trabalho.

A Lei nº 13.467, de 13.07.2017, introduz dispositivos do Código de Processo Civil na Consolidação das Leis do Trabalho, mas não encerra a discussão em relação à aplicação ou não das demais previsões processuais civis ao processo do trabalho.

2. A RELAÇÃO ENTRE PROCESSO DO TRABALHO E PROCESSO CIVIL

O nexo entre o processo do trabalho e o processo civil é o artigo 769 da Consolidação das Leis do Trabalho, que determina a aplicação subsidiária da legislação processual comum nos casos omissos, exceto no que for incompatível com as normas consolidadas que tratam do processo do trabalho.

A doutrina vem ampliando o conceito de casos omissos, para nele incluir previsão que não se apresenta atual (omissão ontológica) ou não mais adequada para propiciar a tutela perseguida (omissão

---

foram revogados pela Instrução Normativa nº 38, de 2016 (Res. 201, de 10.11.2015), que regulamenta o procedimento do incidente de julgamento dos recursos de revista e embargos à SBDI1.

Capítulo I · CONSIDERAÇÕES GERAIS SOBRE A FASE RECURSAL EXTRAORDINÁRIA TRABALHISTA

axiológica). Se no passado o artigo 769 da Consolidação das Leis do Trabalho serviu como cláusula de barreira para disposições de um processo comum marcado pelo caráter liberal e individualista, os avanços dos últimos tempos no processo civil, visando a tutela célere e efetiva, impõem a releitura do citado artigo 769 para, em lugar de fechamento do processo do trabalho para o processo civil, determinar sua abertura, a fim de que o processo do trabalho possa cumprir sua função. A tendência é que as disposições normativas do processo civil mais atuais ou adequadas prevaleçam em relação às do processo do trabalho[3].

O artigo 15 do Código de Processo Civil, que prevê a aplicação supletiva e subsidiária de suas disposições na ausência de normas que regulem processos eleitorais, trabalhistas ou administrativos, facilita essa abertura, sem afetar a exigência de compatibilidade como determina o citado artigo 769. Os princípios do direito processual do trabalho seriam totalmente descaracterizados, caso se extraísse o entendimento de aplicação automática do processo civil ao processo do trabalho, descurando acerca da tutela efetiva do patamar de direitos aplicáveis às relações de trabalho. Daí que a incidência das disposições normativas do Código deve ser aferida em cada caso.

Durante a tramitação no Senado do projeto do Código de Processo Civil, foram apresentadas emendas para excluir a referência de aplicação de suas disposições ao processo do trabalho. O parecer do relator pela rejeição das emendas posicionou-se no sentido de que não havia justificativa plausível para excluir a aplicação supletiva e subsidiária do Código ao processo do trabalho. Segundo o parecer

> é no CPC, e não na CLT, que se encontram os fundamentos do processo do trabalho, tais como princípios (contraditório, ampla defesa, devido processo legal, juiz natural), conceitos básicos de competência e jurisdição, cooperação internacional, teoria geral da prova, disciplina das audiências, leis processuais no tempo, sujeitos do processo (inclusive modalidades de intervenção de terceiros), cognição, preclusão, atos processuais, nulidades, sentença (conceito, espécies etc.), coisa julgada, teoria geral dos recursos, dentre outros.
>
> Além do mais, o dispositivo em pauta irmana-se com o art. 769 da CLT, que assim dispõe:

---

3. Leite, Carlos Henrique Bezerra. *Curso de Direito Processual do Trabalho.* 12ª. Ed. São Paulo, LTr, 2014, págs. 101 a 111.

Art. 769. Nos casos omissos, o direito processual comum será fonte subsidiária do direito processual do trabalho, exceto naquilo em que for incompatível com as normas deste Título.[4]

Não é possível fechar os olhos para um problema que o referido artigo 769 contém. Nos casos omissos o direito processual comum será aplicado subsidiariamente, desde que compatível com as normas do direito processual do trabalho. Contudo, se há omissão e se considera que as normas do direito processual comum não são compatíveis, o que aplicar? Cria-se a norma? Por isso que deve ser reforçado o entendimento de que a aplicação do direito processual comum não se verifica a partir de uma análise ponto a ponto, mas de um conjunto normativo que vem sendo aplicado e é necessário avaliar se a disciplina inovadora traz vantagens para a resolução do conflito submetido ao Judiciário trabalhista, de forma célere e efetiva. Em caso negativo, deve permanecer a disciplina anterior.

De qualquer modo, é inegável que o Código de Processo Civil incide, com maior intensidade, sobre o processo do trabalho. Na jurisprudência trabalhista, há vários dispositivos do processo civil que são aplicados no âmbito recursal trabalhista, como, só para mencionar alguns deles nesse sentido, o efeito devolutivo do recurso ordinário (Súmula 393 do TST), a exigência de fundamentar os recursos para o Tribunal Superior do Trabalho (Súmula 422 do TST), bem como o procedimento recursal abreviado (Súmula 435 do TST).

É importante destacar que a determinação da norma aplicável, tanto no Direito do Trabalho quanto no Processo do Trabalho, constitui uma tarefa que se localiza no campo principiológico, ou seja, sujeito a critérios de razoabilidade e de proporcionalidade, cujo eixo é sempre o caso concreto.

O propósito de abstrair no intuito de precisar o conceito de normas *aplicadas supletiva e subsidiariamente*, mediante parâmetros rígidos, não parece ser a melhor opção metodológica para examinar as possíveis implicações do alcance do artigo 15 do Código de Processo Civil.

---

4. Disponível em <http://www.senado.gov.br/atividade/materia/getPDF asp?t=157884&-tp=1>. Acesso em 19.02.2015.

Capítulo I • CONSIDERAÇÕES GERAIS SOBRE A FASE RECURSAL EXTRAORDINÁRIA TRABALHISTA   23

O próprio artigo 769 da Consolidação das Leis do Trabalho, que condiciona a aplicação do direito comum à hipótese de omissão do processo do trabalho, não impediu que a jurisprudência admitisse a incidência do direito processual comum, a despeito de previsão expressa no processo do trabalho.[5]

Vislumbra-se campo para intensos debates sobre a incidência das novas disposições processuais civis ao processo do trabalho. A discussão provavelmente se prolongará por bastante tempo. Nesse contexto, é inevitável a retomada de disputas interpretativas. Juntamente com a ideia de buscar maior efetividade aos direitos trabalhistas, haverá propósitos de retardar a sua observância, mediante a utilização de incidentes e procedimentos até então estranhos ao processo do trabalho.

Tradicionalmente, o processo em direção à autonomia do Direito do Trabalho e do Direito Processual do Trabalho, como o de outros ramos que se desvencilharam de sua origem, desenvolveu-se numa perspectiva horizontal. Dessa forma, para aferir a existência de características distintas, na defesa dos novos ramos, utilizava-se como referenciais o Direito Civil e o Direito Processual Civil e adotava-se como parâmetro disposições infraconstitucionais. O percurso entre distanciamento ou proximidade variava de acordo com as discussões sobre a suficiência ou não da regulamentação normativa trabalhista e processual trabalhista para oferecer respostas aos conflitos nessa área.[6]

O desprendimento do processo do trabalho em relação ao processo civil, a partir de determinado momento, passou a ter implicações constitucionais que não mais podem ser desconsideradas. A aplicação das novas disposições processuais não é condicionada apenas à constatação de omissões no processo do trabalho. Como instrumento para a efetivação dos direitos trabalhistas, ele foi constitucionalizado, de modo que essa análise deverá ser em algum momento verticalizada, levando-se em conta o texto constitucional.

Extrai-se do conjunto normativo constitucional que protege o trabalho em nossa sociedade a imposição de tutela célere e efetiva aos direitos trabalhistas. Trata-se de imperativo que não sucumbe a

---

5.   Carlos Henrique Bezerra Leite, na obra citada, menciona o exemplo da Súmula 303 do TST.

6.   Pereira, Ricardo José Macêdo de Britto Pereira. "Princípios do Direito Processual do Trabalho. Reflexões em face do novo Código de Processo Civil." *Revista Direito das Relações Sociais e Trabalhistas.* V. 1, N. 2, Brasília, UDF, p. 169-196.

exigências que se baseiam apenas na segurança procedimental ou na padronização dos ritos.

Consequentemente, a partir de agora é necessário que na realização de qualquer estudo sobre os recursos trabalhistas seja levado em consideração o impacto das disposições normativas do direito processual comum, que interferem no procedimento, alcance e efeitos desses recursos. É o que se pretende no presente estudo, restringindo sua abrangência aos dois mencionados recursos: revista e embargos, previstos respectivamente nos artigos 896 e 894, II, da Consolidação das Leis do Trabalho.

3. A IMPORTÂNCIA E FUNÇÃO DOS RECURSOS NO ORDENAMENTO JURÍDICO.

3.1. Reflexão acerca do conceito de recursos e sua aplicação aos recursos de natureza extraordinária

Os recursos podem ser estudados no âmbito de uma teoria geral, uma vez que integram todos os ramos do direito processual, além de encontrar previsão em diversas áreas jurídicas, fazendo-se presentes nos ordenamentos jurídicos nacionais, comunitários e internacionais.

A importância dos recursos dentro dos sistemas jurídicos é inegável, o que lhes confere a condição de instituto jurídico, sendo merecedor de atenção especial e tratamento autônomo.

Nesse sentido, isolá-lo como objeto de estudo bem delimitado, para melhor debruçar acerca de seus elementos comuns e traços configuradores, contribui para estabelecer as bases interpretativas de sua aplicação prática, de acordo com as disposições específicas de cada ordenamento jurídico, bem como as situações particularizadas em que elas incidem. O teórico, nessa perspectiva, busca posicionar-se como observador de um fenômeno, para destrinchá-lo e bem conhecê-lo.

Os recursos são meios de impugnação que propiciam nova apreciação de pontos da decisão, se observados os requisitos estabelecidos e as hipóteses previstas para o seu cabimento.

Os recursos podem, por outro lado, ser analisados, levando-se em conta características próprias a partir de sua inserção num ordenamento jurídico concreto. No nosso caso, por exemplo, os recursos sempre acarretam o prolongamento da relação processual;

Capítulo I · CONSIDERAÇÕES GERAIS SOBRE A FASE RECURSAL EXTRAORDINÁRIA TRABALHISTA **25**

ou seja, são cabíveis enquanto ela perdura. Apresentam-se como uma fase do processo. Em outros ordenamentos jurídicos, admite-se, de forma extraordinária, recurso interposto após a extinção da relação processual originária[7].

No sistema jurídico brasileiro, se já encerrada a relação processual, eventual meio de impugnação utilizado não será considerado recurso, mas outra medida excepcional, para atacar possíveis erros da decisão transitada em julgado.

Nelson Nery Junior destaca esse aspecto:

> Partindo, portanto, do sistema da lei brasileira para indagarmos sobre a qualidade de recurso que um instituto processual possa ter ou não ter, verificaremos que uma característica comum a todos eles dá a nota distintiva: o fato de serem exercitáveis *na mesma relação jurídica processual* em que foi proferida a decisão recorrida, vale dizer, sem que se instaure um novo processo.[8]

Os recursos decorrentes de decisões proferidas em relação processual distinta somente dizem respeito às questões nela existentes. Na hipótese de recurso interposto em ação incidental, há similitude de matéria, porém diversidade de profundidade da cognição. Ainda que o recurso nessa hipótese possa ter influência na causa de origem, isso se verifica de forma provisória e precária.

A doutrina nacional mais abalizada utiliza o termo "remédio", para ressaltar a correção de erros ou vícios eventualmente ocorridos nos julgamentos, que podem se referir a aspectos formais (*error in procedendo*) ou ao conteúdo do julgamento propriamente dito (*error in judicando*).

José Carlos Barbosa Moreira conceitua os recursos, no direito processual civil brasileiro, como o "remédio voluntário idôneo a ensejar, dentro do mesmo processo, a reforma, a invalidação, o esclarecimento ou a integração da decisão judicial que se impugna".[9]

---

7. Moreira, José Carlos Barbosa. Comentários ao Código de Processo Civil. 17a. Edição revista e atualizada. Volume V. Arts. 476 a 565, Forense, 2013, P. 254.
8. *Teoria geral dos recursos.* 7a. ed. Revista e atualizada. São Paulo, Ed. Revista dos Tribunais, 2014, p. 203.
9. Moreira, José Carlos Barbosa. *Op. cit.*, p. 233.

Até o momento, o exame dos recursos conferiu ênfase a sua dimensão objetiva. É relevante, também, abordar os recursos na perspectiva subjetiva, ou seja, levando-se em conta os atores que manejam esses instrumentos.

Nelson Nery Junior apresenta o conceito de recurso, em sentido bem amplo, como o *remédio processual que a lei coloca à disposição das partes, do Ministério Público ou de um terceiro, a fim de que a decisão judicial possa ser submetida a novo julgamento, por órgão de jurisdição superior, em regra, àquele que a proferiu.*[10]

Os recursos não correspondem apenas a um conjunto de disposições de um ordenamento jurídico, ao lado de inúmeros outros, mas devem ser vistos como instrumento nas mãos de sujeitos, que deles podem valer-se para auferir vantagens ou afastar desvantagens decorrentes dos direitos que afirmam ser titulares.

Manoel Antonio Teixeira Filho, ao tratar do conceito de recurso, faz menção ao sentido amplo do termo, que alcança:

> todos os meios utilizados pelas partes, ou por terceiro, com o propósito de defender seu direito; sendo assim, poderiam ser compreendidas nessa acepção lata a ação, a contestação, a exceção, a reconvenção, as medidas preventivas etc. Daí por que se diz que o interessado "recorreu" à determinada ação, ou a um processo, como o cautelar; ou à própria Justiça, como é comum ouvir-se pela fala popular.[11]

Referido autor, quando aborda a acepção estrita do termo recurso, põe ênfase em sua dimensão subjetiva. Para ele:

> recurso é o direito que a parte vencida ou o terceiro possui de, na mesma relação processual, e atendidos os pressupostos de admissibilidade, submeter a matéria contida na decisão recorrida a reexame, pelo mesmo órgão prolator, ou por órgão distinto e hierarquicamente superior, com o objetivo de anulá-la, ou de reformá-la, total ou parcialmente."[12]

---

10. *Teoria geral dos recursos*. 7ª. ed. Revista e atualizada. São Paulo, Ed. Revista dos Tribunais, 2014, p. 202.
11. *Sistemas de recursos trabalhistas*. 11ª. Ed. São Paulo, LTr, 2011, pág. 61.
12. *Ibidem.*

Mais adiante, sobre a natureza jurídica do recurso, assevera que o "recurso, enfim, não é uma ação autônoma; é um direito subjetivo, que se encontra implícito no direito público, também subjetivo e constitucional, que é o de ação".[13]

O caráter público do direito processual não significa predominância de posições de sujeições em detrimento da de direitos subjetivos. A relação jurídica processual, como toda relação jurídica, implica um complexo de poderes, faculdades e prerrogativas em relação às partes e ao Estado. Os titulares dos direitos fazem jus à atuação judicial, como serviço público, que exige prestação de forma adequada e satisfatória.

A dimensão subjetiva dos recursos possui grande importância no presente estudo e será determinante para o posicionamento em alguns temas controversos acerca dos recursos de natureza extraordinária.

Para reforçar essa abordagem, deve-se dar atenção ao contexto de fundamentação em que os recursos se inserem. Sendo fase posterior do direito de ação, possuem uma centralidade no ordenamento jurídico, por meio da qual jogam em prol da efetividade dos direitos e, consequentemente, da afirmação dos sujeitos. Os recursos representam instrumentos que aperfeiçoam o acesso à justiça, contribuindo para a consolidação de identidades de indivíduos e grupos na sociedade, pois a partir de sua utilização é possível resguardar e efetivar os direitos previstos no ordenamento jurídico. Os recursos, ao transferir discussões acerca da interpretação e aplicação de dispositivos do ordenamento jurídico a órgãos, em geral, hierarquicamente superiores, desempenham papel relevante para a defesa de direitos e interesses, revelando-se como instrumento de cidadania, de modo que figura como mais um elemento relacionado à dignidade da pessoa humana.

De fato, é essa afirmação da subjetividade que caracteriza o recurso como produto de manifestação de vontade, livre e consciente, assegurado às partes originárias do processo ou a eventuais sujeitos que nela ingressarão, em decorrência de sua previsão como direito, para a produção dos efeitos desejados.

---

13. *Ibidem*, p. 69.

A consideração dos recursos, tendo como base justificativas para a sua existência e relevância jurídicas, conduz à questão de sua localização no ordenamento jurídico.

Não há dúvida de que a fonte dos recursos é a lei processual, que enumera, de forma taxativa, os diversos recursos passíveis de serem interpostos pelas partes. Além das leis processuais, a própria Constituição de 1988 prevê alguns recursos, que são julgados pelo Superior Tribunal de Justiça e pelo Supremo Tribunal Federal.

Mas a localização a que se faz menção e importa neste tópico diz respeito ao âmbito da fundamentação dos recursos e não à tipologia adotada na Constituição e nas leis. Os fundamentos que sustentam os recursos e reservam missão especial para eles se extraem principalmente do Texto Constitucional. Há na Constituição de 1988, dispositivos que embasam o direito de recorrer em geral e não apenas em casos específicos, segundo as hipóteses expressamente previstas no ordenamento jurídico de cabimento de cada recurso.

Como prolongamento da relação processual, os recursos constituem um desdobramento do direito fundamental de ação, observada a sua bilateralidade. Ou seja, não se restringe ao autor, mas abrange o réu, podendo atingir terceiros ou o Ministério Público.

Por ora, pretende-se afirmar que independentemente da perspectiva ou do foco de análise, conferindo-se ênfase a aspectos objetivos ou subjetivos, em matéria recursal eles não são excludentes, mas complementares, de modo que são inseparáveis.

Isso significa que mesmo nos recursos de natureza extraordinária, a dimensão subjetiva não desaparece, embora seja comum o entendimento de que esses recursos não autorizam a tutela de direitos subjetivos das partes, mas do interesse público acerca da aplicação correta do ordenamento jurídico. Por mais que se vislumbre interesse geral nesse sentido, os recursos, mesmo os de natureza extraordinária, não deixam de corresponder a direitos subjetivos dos recorrentes, que irão beneficiá-los, caso sejam providos.

O que se verifica no recurso de natureza extraordinária é uma limitação do que pode ser analisado pelo órgão julgador. O efeito devolutivo restrito retira a possibilidade de consideração de alguns pontos, o que leva ao entendimento de que tais recursos não se prestam à realização de justiça no caso concreto, o que, obviamente, deve ser relativizado. Além disso, alguns atos de interesse das partes podem sofrer limitação, sendo exemplo a impossibilidade de desistência do recurso após sua afetação como representativo da controvérsia no incidente de recursos repetitivos.

Até mesmo com a atual tendência de objetivação dos recursos, a partir de mecanismos como súmulas vinculantes, repercussão geral, transcendência e incidente de recursos repetitivos, não se verifica a eliminação do direito das partes, mas uma mudança de procedimento, mediante a qual o julgamento se realiza dirigindo-se a vários casos, a partir de recursos que são representativos para a deliberação sobre questões jurídicas. Nessas situações, a não submissão de casos que dependam do julgamento dos recursos representativos da controvérsia ao órgão colegiado competente é compensada pela possibilidade de intervenção no julgamento do feito representativo, assegurando-se a possibilidade concreta de influir em seu resultado.

Em outras palavras, o recorrente, embora contribua para a realização da função social do recurso de natureza extraordinária, não se transforma em mero instrumento para a satisfação do interesse geral. Persiste, em todos os casos, o seu direito de ter a causa decidida conforme o ordenamento jurídico, de acordo com as interpretações balizadas nos princípios de justiça consagrados na Constituição.

3.2. Os recursos como desdobramento do direito fundamental de ação

O acesso à justiça constitui direito da mais alta relevância, na medida em que representa garantia para a efetividade de todos os direitos que integram o ordenamento jurídico[14]. Na Constituição brasileira, esse direito está previsto no artigo 5º, XXXV, ao dispor que "a lei não excluirá da apreciação do Poder Judiciário lesão ou ameaça a direito".

Como já mencionado, o acesso a justiça é bilateral, aplicando-se igualmente ao réu e, de forma abreviada, a terceiros. Seu conteúdo se complementa pelo contraditório e ampla defesa, com os meios e recursos a ela inerentes, previstos no artigo 5º, LV, da Constituição, que tampouco se aplica exclusivamente aos réus, mas aos litigantes em geral.

---

14. Pereira, Ricardo José Macedo de Britto. *Ação civil pública no processo do trabalho*. 2ª Edição, Salvador, Juspodivm, 2016, págs. 43 e seguintes.

O direito fundamental de acesso à justiça é fruto de uma longa construção que vem sendo edificada com apoio em diversas disciplinas, como a Sociologia Jurídica, o Direito Constitucional, o Processual, o Internacional, os direitos humanos, entre outras, de modo que sua análise deve espelhar toda a "riqueza de seu conteúdo e não pode conformar-se com uma exposição puramente normativa". O exercício desse direito supõe a institucionalização de procedimentos destinados a conferir proteção aos direitos e resolver os mais variados conflitos "de maneira oportuna e com base no ordenamento jurídico".[15]

A inquestionável centralidade do acesso à justiça no sistema jurídico se associa ao conteúdo bastante variado do direito. É possível divisar, pelo menos como critério de clarificação para considerações sobre a matéria, uma dimensão formal e outra, material[16]. Essas considerações valem igualmente para a fase recursal.

O acesso formal à justiça consiste na real possibilidade de as demandas dos indivíduos e grupos serem levadas e chegarem ao Judiciário. Esse acesso, no seu aspecto negativo, representa a garantia de que o percurso até o Judiciário não seja obstado. Nesse sentido, o acesso formal à justiça possui eficácia não só vertical, em relação ao Estado, mas também horizontal, dirigindo-se aos particulares. No âmbito trabalhista, o empregador, por exemplo, não pode impedir o acesso à justiça do trabalhador, tampouco adotar medidas para constranger o seu exercício, tanto em relação à propositura das ações quanto à interposição dos recursos.

O acesso formal à justiça possui também conteúdo positivo, incluindo providências para a promoção do direito, entre as quais a eliminação dos obstáculos que o inviabilizam. Nesse caso, a eficácia do direito é vertical, ou seja, em relação ao poder público, que deve adotar todas as medidas para remover as dificuldades e facilitar o acesso à justiça dos cidadãos, grupos e instituições, tornando-o o mais amplo possível.

---

15. Hernández, Jesús María Casal. "Aspectos conceptuales del acceso a la justicia." In Acceso a la justicia. La universidad por la vigencia efectiva de los derechos humanos", Caracas, Instituto Interamericano de Derechos Humanos, 2006, p. 18.

16. Pereira, Ricardo José Macedo de Britto. "Ação civil pública trabalhista. O processo de coletivização das ações na jurisprudência do Tribunal Superior do Trabalho". *Estudos aprofundados MPT. Ministério Público do Trabalho*. Org. Élisson Miessa e Henrique Correa. 2ª. ed., Salvador, Ed. Juspodivm, 2013, p. 1319-1340.

Nas constituições anteriores, a previsão ao acesso à justiça se limitava às lesões a direitos individuais. Na Constituição de 1988, não se verifica tal restrição, de modo que alcança direitos individuais e coletivos, além de incluir, ao lado da lesão, a ameaça, ampliando a tutela dos direitos, mediante providências inibitórias. A Constituição atual instituiu inúmeros instrumentos coletivos para efetivar o acesso à justiça. A resistência em reconhecer e aceitar esses instrumentos coletivos por parte do poder público constitui descumprimento do dever estatal de promoção desse direito fundamental, cujo resultado compromete a observância do ordenamento jurídico na sua integralidade.

A despeito da importância do acesso formal, boa parcela de nossa população não está em condições de desfrutá-lo, sobretudo os que são mais carentes de recursos econômicos.

Esse déficit de acesso à justiça compromete a efetividade dos direitos previstos na Constituição e consequentemente o projeto constitucional de ruptura com o regime pouco afeito às liberdades fundamentais. Isso quer dizer que os resquícios autoritários seguem exercendo seu poder e influência, esvaziando o potencial transformador da Constituição de 1988, direcionado à implantação de uma sociedade baseada nos valores ali consagrados.

Por isso que o acesso formal, que é de extrema relevância, não é suficiente para o cumprimento do projeto constitucional. Assegura-se também o acesso material à justiça. O acesso à justiça não representa demanda por qualquer resposta, mas por prestação jurisdicional com conteúdo dotado de qualidade. É o que se costuma denominar de acesso à ordem jurídica justa.

O acesso à ordem jurídica justa "requer, antes de mais nada, uma nova postura mental". É necessário "pensar na ordem jurídica e nas respectivas instituições, pela perspectiva do consumidor, ou seja, do destinatário das normas jurídicas, que é o povo". Sendo assim, a interpretação e a aplicação do direito substancial devem ajustar-se à realidade social, uma vez que "para a aplicação de um direito substancial discriminatório e injusto, melhor seria evitar o acesso à justiça, pois assim se evitaria o cometimento de dupla injustiça". O acesso à justiça pressupõe uma "justiça adequadamente organizada" e pelos "instrumentos processuais aptos à efetiva realização do direito".[17]

---

17. Watanabe, Kazuo. "Acesso à Justiça e sociedade moderna", *in Participação e Processo*. Coord. De Ada Pelegrini Grinover, Cândido Rangel Dinamarco e Kazuo Watanabe, São Paulo, Ed. Revista dos Tribunais, 1988, págs. 129 a 135.

O Conselho Nacional de Justiça, ao dispor sobre a Política Judiciária Nacional de tratamento adequado dos conflitos de interesses no âmbito do Poder Judiciário, por meio da Resolução nº 125, de 29 de novembro de 2010, em suas considerações iniciais anuncia que "o direito de acesso à Justiça, previsto no art. 5º, XXXV, da Constituição Federal além da vertente formal perante os órgãos judiciários, implica acesso à ordem jurídica justa".[18]

Não é simples definir, com exatidão, o que venha a ser ordem jurídica justa. Até porque o seu conteúdo não é estabelecido de uma vez por todas e com caráter prévio. No marco do estado democrático de direito, as partes interessadas possuem o papel relevante de contribuir ativamente para a determinação desse conteúdo. A ordem jurídica justa não é um dado definitivo, mas uma elaboração, que envolve pluralidade de significados, possibilidades e interesses, construídas e reconstruídas, a todo momento, e com a participação de diversos atores.

A despeito dessa dificuldade, é fato que alcançar a interpretação jurídica consagrada pelos tribunais constitui elemento essencial ao acesso à justiça. O acesso material à justiça assegura a apreciação das demandas para a resolução efetiva de problemas submetidos ao Poder Judiciário, de maneira generalizada e isonômica, desde que observadas as exigências legalmente previstas. Seria um contrassenso a garantia de acesso amplo ao Poder Judiciário na entrada, que sofresse restrição com a chegada dos feitos aos tribunais.

3.3. Acesso aos tribunais como elemento do acesso à Justiça. Duplo grau de jurisdição e direito à tutela efetiva e adequada.

O direito de recorrer integra o conteúdo do direito fundamental de acesso à justiça. Embora a própria Constituição preveja decisões de única instância, autorizando que em situações específicas, por meio de lei, se preveja restrições à interposição de recursos, ou mesmo sua supressão, o acesso à justiça, salvo esses casos excepcionais, assegura a possibilidade de a parte obter pronunciamento dos tribunais. Como

---

18. Disponível em http://www.cnj.jus.br/atos-administrativos/atos-da-presidencia/resolucoespresidencia/12243-resolucao-no-125-de-29-de-novembro-de-2010. Acesso em 23 de março de 2015.

Capítulo I · CONSIDERAÇÕES GERAIS SOBRE A FASE RECURSAL EXTRAORDINÁRIA TRABALHISTA   33

o direito de ação, o direito de recorrer não se satisfaz apenas com a possibilidade de alcançar os tribunais. Seu conteúdo engloba prestação jurisdicional dotada de conteúdo. Evidentemente, esse acesso não é automático, assim como ocorre com a ação, que se sujeita a pressupostos e condições para que se adentre no mérito da causa.

Não se trata de mera decorrência do princípio do duplo grau de jurisdição, que possui diversas facetas, devendo ser aplicado com grande cautela. A preocupação em não suprimir a instância, para resguardar referido princípio, acabava por comprometer a celeridade processual em algumas situações. O princípio do duplo grau de jurisdição não pode se sobrepor ou se contrapor à tutela efetiva e adequada do direito material, mas deve incidir para reforçá-la.[19]

O Supremo Tribunal Federal, logo após a promulgação da Constituição, negava a existência no texto constitucional do princípio do duplo grau de jurisdição[20]. Atualmente, prevalece a interpretação oposta, no sentido de que referido princípio encontra-se ali consagrado.[21]

De qualquer forma, trata-se de princípio constitucional e como tal autorizador da supressão pelo legislador do direito de recorrer de decisão judicial, desde que se observem critérios de proporcionalidade. A restrição ao direito de recorrer deve ser avaliada, levando-se em conta sua necessidade, adequação ou idoneidade e o ganho que ela pode proporcionar em relação a outros princípios em jogo, como os da celeridade processual e efetividade dos direitos.

---

19. Marinoni, Luiz Guilherme. *Curso de Processo Civil. Teoria Geral do Processo*. Vol. 1, São Paulo: Ed. Revista dos Tribunais, 2006.

20. DEVIDO PROCESSO LEGAL - NEGATIVA DE SEGUIMENTO A RECURSO. A negativa de seguimento a recurso, considerada a circunstância de as razões expedidas contrariarem precedente da Corte longe fica de implicar transgressão ao devido processo legal. JURISDIÇÃO - DUPLO GRAU - INEXIGIBILIDADE CONSTITUCIONAL. Diante do disposto no inciso III do artigo 102 da Carta Política da República, no que revela cabível o extraordinário contra decisão de última ou única instância, o duplo grau de jurisdição, no âmbito da recorribilidade ordinária, não consubstancia garantia constitucional. (RE 216257 AgR, Relator(a): Min. MARCO AURÉLIO, Segunda Turma, julgado em 15/09/1998, DJ 11-12-1998 PP-00007 EMENT VOL-01935-05 PP-00881)

21. 1. A pretensão revisional das decisões do Tribunal do Júri convive com a regra da soberania dos veredictos populares (alínea "c" do inciso XXXVIII do art. 5º da Constituição Federal). Regra compatível com a garantia constitucional que atende pelo nome de duplo grau de jurisdição. Garantia que tem a sua primeira manifestação na parte final do inciso LV do art. 5º da CF, a saber: "aos litigantes, em processo judicial ou administrativo, e aos acusados em geral são assegurados o contraditório e a ampla defesa, com os meios e recursos a ela inerentes". Precedente: HC 94.567, da minha relatoria. (STF/HC-104285. Relator: Min. AYRES BRITTO, 2a. Turma, DJe-228, divulg 26-11-2010, publ. 29-11-2010)

Por mais que o duplo grau de jurisdição não seja de observância obrigatória, ele influencia a jurisprudência a admitir a revisão de decisões em algumas situações que a rigor não comportariam mais recursos[22].

3.4. Fase recursal e princípio da isonomia

O acesso à prestação jurisdicional, na fase recursal, não apenas formal, mas também material, insere-se igualmente no princípio da isonomia. Os tribunais uniformizam as decisões, no âmbito de sua abrangência territorial, por meio de sua jurisprudência, que reflete a interpretação prevalecente do direito na localidade correspondente. A parte que se vale de recurso possui acesso assegurado ao direito tal como interpretado pelos tribunais, desde que cumpra os pressupostos recursais.

Esse aspecto possui relevância no Direito do Trabalho, cuja competência para legislar é privativa da União. Trata-se de um único direito que deve ser observado em todo o território nacional. Se a parte não logra acesso ao conteúdo uniformizado, acaba não usufruindo efetivamente dos direitos trabalhistas. O grande número de questões trabalhistas, que não são objeto de uniformização pelos tribunais, acarreta discrepância de tratamento no âmbito laboral, em prejuízo ao princípio da isonomia. De nada adianta um ramo do direito nacional e uniforme em todo o território nacional, se aos trabalhadores são reconhecidos ou não esses direitos de acordo com interpretações localizadas.

---

22. Essa preocupação resultou na Súmula 353 do TST que, a despeito da previsão legal de julgamento de última instância pela turma do TST (art. 5º, b, Lei n. 7.701/1988), ela admite recurso de embargos nas ressalvas ali feitas, justamente para prestigiar o duplo grau de jurisdição. **SÚM. 353 – EMBARGOS. AGRAVO. CABIMENTO (atualizada em decorrência do CPC de 2015) - Res. 208/2016, DEJT divulgado em 22, 25 e 26.04.2016.** Não cabem embargos para a Seção de Dissídios Individuais de decisão de Turma proferida em agravo, salvo: a) da decisão que não conhece de agravo de instrumento ou de agravo pela ausência de pressupostos extrínsecos; b) da decisão que nega provimento a agravo contra decisão monocrática do Relator, em que se proclamou a ausência de pressupostos extrínsecos de agravo de instrumento; c) para revisão dos pressupostos extrínsecos de admissibilidade do recurso de revista, cuja ausência haja sido declarada originariamente pela Turma no julgamento do agravo; d) para impugnar o conhecimento de agravo de instrumento; e) para impugnar a imposição de multas previstas nos arts. 1.021, § 4º, do CPC de 2015 ou 1.026, § 2º, do CPC de 2015 (art. 538, parágrafo único, do CPC de 1973, ou art. 557, § 2º, do CPC de 1973). f) contra decisão de Turma proferida em agravo em recurso de revista, nos termos do art. 894, II, da CLT.

Capítulo I · CONSIDERAÇÕES GERAIS SOBRE A FASE RECURSAL EXTRAORDINÁRIA TRABALHISTA

É necessário repensar o acesso aos tribunais, principalmente aos que julgam recursos restritos a matérias de direito, ou de natureza extraordinária, onde o formalismo é bastante acentuado. São vários os fatores que levam os tribunais superiores a criarem barreiras para o conhecimento dos recursos, figurando entre eles o elevado número de processos. Os óbices ao conhecimento dos recursos são rigorosamente aplicados pelos órgãos que irão julgá-los, sendo também restrita a entrada no órgão de origem, perante o qual os recursos são interpostos. Os argumentos utilizados em geral invocam matéria fática e interpretativa. O excesso de agravos de instrumento é fator, na prática, de preservação da jurisprudência localizada, uma vez que o seu desprovimento inviabiliza o prosseguimento da discussão, o que faz com que os tribunais, ou pelo menos alguns de seus órgãos, adotem a prática de confirmarem as decisões denegatórias de recursos de natureza extraordinária, sem o aprofundamento do debate que essas denegações mereceriam.

Sem dúvida, há excesso de algumas partes, principalmente grandes empresas que costumam lucrar com o tempo do processo no Judiciário, ao manter um corpo jurídico, sempre muito atuante, nos tribunais do país, que utilizam variadas medidas, boa parte delas de caráter manifestamente protelatório, dificultando ou retardando o acesso aos direitos.

É natural que haja uma reação do Poder Judiciário para coibir tais condutas. O problema é que, quando generalizada, restringe também o acesso de boa parte dos trabalhadores aos direitos trabalhistas, conforme a interpretação prevalecente nos tribunais.

A importância do acesso aos tribunais em igualdade de condições é destacada pelo Tribunal Constitucional espanhol, que considera violação ao princípio da igualdade, previsto na Constituição espanhola no artigo 14, quando a parte demonstra precedentes do mesmo órgão jurisdicional em sentido diverso daquele que foi aplicado a ela, embora as situações sejam as mesmas, e não haja razões para a mudança de entendimento, que não pode ser alterado pelo mesmo órgão jurisdicional arbitrariamente em relação às decisões anteriormente proferidas[23].

---

23. Sentencia 111/2001, de 7 de maio de 2001 (BOE de 8 de maio de 2001). Disponível em http://www.boe.es/boe/dias/2001/06/08/pdfs/T00007-00014.pdf - acesso em 22.03.2015.

3.5. O excesso processual na fase extraordinária

Aspecto relevante do acesso material à justiça é o direito do autor, bem como do réu e eventualmente de terceiros, de ter o caso resolvido. A abstração do direito de ação foi importante para assegurar o amplo acesso à justiça, mas sua aplicação rigorosa acabou levando a discussões intermináveis acerca de preliminares processuais. A formalização excessiva do processo impede o efetivo acesso à análise do mérito, do problema levado ao Judiciário, o que frustra as expectativas dos jurisdicionados. Não há dúvidas de que as formalidades são importantes, mas não como barreiras praticamente intransponíveis para se chegar à solução da controvérsia.

O acesso a uma prestação jurisdicional que resolva o litígio assume especial relevância na fase recursal extraordinária. Os óbices criados para o conhecimento dos recursos acabam deturpando o cumprimento pelos tribunais da função de zelar pela integridade e uniformidade do ordenamento jurídico.

O excesso processual na fase recursal extraordinária não se restringe a conferir peso além do razoável às preliminares processuais, em razão da abstração excessiva. Ela se verifica também no sentido de transferir para a análise processual decisões que deveriam integrar o julgamento do mérito. A confusão entre o juízo de admissibilidade e mérito é mais evidente nos recursos por violação legal, no âmbito do Tribunal Superior do Trabalho.

Ressalte-se que essa tendência concretista foi neutralizada com a teoria da asserção, segundo a qual as condições da ação são aferidas de acordo com as alegações das partes e não mediante análise profunda das condições que simplesmente propiciam o alcance do mérito. Caso contrário, só se asseguraria o direito de ação a quem fosse reconhecido o direito material.

Alexandre de Freitas Câmara ao tratar da teoria da asserção considera que a

> verificação da presença das "condições da ação" se dá à luz das afirmações feitas pelo demandante em sua petição inicial, devendo o julgador considerar a relação jurídica deduzida em juízo in *status assertionis*, isto é, à vista do que se afirmou. Deve o juiz raciocinar admitindo, provisoriamente, e por hipótese, que todas as afirmações do autor são verdadeiras, para que se possa verificar se estão

Capítulo I • CONSIDERAÇÕES GERAIS SOBRE A FASE RECURSAL EXTRAORDINÁRIA TRABALHISTA

presentes as condições da ação. Defendem essa teoria, entre outros, *Barbosa Moreira* e *Watanabe*. Na mais moderna doutrina estrangeira, encontra-se adesão a essa teoria em *Elio Fazzalari*.[24]

A teoria da asserção não vem sendo observada pelo Tribunal Superior do Trabalho no julgamento do recurso por violação de lei. A rigor, o conhecimento do recurso, nesse aspecto, dependeria da alegação do recorrente de violação ao ordenamento jurídico, o que seria constatado no mérito. Porém, de acordo com a sistemática adotada pelo referido tribunal, o exame da violação se esgota na admissibilidade e não no mérito, de modo que o recurso ou não é conhecido ou é provido. Jamais é desprovido. Assim também entendia o Supremo Tribunal Federal, mas que alterou esse procedimento justamente por ser inadequado, como será examinado em tópico próprio.

O excesso processual, além de implicar denegação de justiça à parte, dificulta o prosseguimento do feito por meio de interposição do recurso extraordinário para o Supremo Tribunal Federal e compromete a função do Tribunal Superior do Trabalho de resguardar a aplicação do Direito do Trabalho e de uniformizar a sua interpretação. O Código de Processo Civil adota posição contrária à jurisprudência defensiva dos tribunais, com diversos dispositivos que impulsionam para o julgamento do mérito, linha que se observa na sua parte principiológica (arts. 4º e 6º do CPC).

3.6. A tendência de coletivização na saída

O acesso efetivo à justiça confere impulso para se chegar ao mérito da causa. Mas não é só. É necessário considerar que o caso concreto, ainda que se referido a um trabalhador, pode estar conectado a violações ao ordenamento jurídico que possuem grande repercussão social, seja por atingir número significativo de pessoas, seja por ser praticada de forma reiterada.

A Constituição brasileira de 1988 reuniu inúmeros instrumentos visando proporcionar tutela a direitos e interesses. Algumas demandas e conflitos de interesses exigem respostas e providências que só são adequadas quando oferecidas em perspectiva coletiva e não individual. A previsão de inúmeros instrumentos coletivos no texto constitucio-

---

24. *Lições de direito processual*. 25ª. ed., Vol. I, São Paulo, Atlas, 2014, p. 154-155.

nal e o reforço na atuação dos sujeitos legitimados a manejá-los são, por um lado, resultado do aprofundamento e maturação de estudos realizados pela doutrina, mas, por outro, da identificação, pelo Constituinte originário, de violações sistemáticas de direitos que dizem respeito a grupos de pessoas, evidenciadas mediante movimentos sociais reivindicatórios.

O acesso à tutela jurídica, considerando a dimensão macro dos conflitos, talvez seja a providência mais audaciosa estabelecida pela Constituição de 1988 para lograr as transformações nela impostas, decorrentes da realização dos valores e princípios constitucionais.

Ainda hoje, existem enormes resistências às ações coletivas, como se as mudanças não houvessem sido previstas.

As concepções prevalecentes são individualistas e também intervencionistas, que apenas reconhecem importância à proteção dos direitos e interesses individuais mediante a atuação do Estado para efetivá-la individualmente. Tal postura representa inadmissível freio à atuação dos atores legitimados para a ação coletiva, bem como de mecanismos extrajudiciais por ele conduzidos, implicando evidente atraso na implementação do projeto constitucional. A ruptura com tais concepções é, sem dúvida alguma, de fundamental importância para a consolidação do sistema de tutela coletiva previsto na Constituição de 1988.

A legislação processual vem sendo alterada para incluir novos incidentes que levam em conta multiplicidade de feitos tramitando no Poder Judiciário. Se as questões jurídicas dizem respeito a vários recursos, nada mais razoável do que a mesma solução para eles, como decorrência da isonomia. Porém, muitos dos instrumentos introduzidos no sistema processual, voltados para os problemas existentes no acesso à justiça, geralmente vinculadas às causas repetitivas, podem não obter o êxito esperado. Isso porque deixam de atacar, entre outras causas, o ponto central consistente no acesso individualizado à justiça em situações de violação a direitos e interesses que dizem respeito a uma coletividade de pessoas[25].

A coletivização das demandas apenas na saída do Judiciário, ou seja, na fase recursal, pode gerar desvirtuamentos, se o estímulo na

---

25. Mancuso, Rodolfo de Camargo. Acesso à justiça. Condicionantes legítimas e ilegítimas. São Paulo, Ed. Revista dos Tribunais, 2012, p. 42.

Capítulo I · CONSIDERAÇÕES GERAIS SOBRE A FASE RECURSAL EXTRAORDINÁRIA TRABALHISTA   **39**

fase inicial se dá à tutela individual e não coletiva. A coletivização na saída, sem correspondência no ingresso, não reflete necessariamente um incremento do acesso à justiça.

A convicção pelos membros do Judiciário trabalhista acerca da possibilidade e da necessidade da tutela coletiva constitui condição para a efetivação dos instrumentos coletivos previstos na Constituição, que reconhece expressamente sujeitos, interesses, direitos e bens coletivos[26], assim como novos procedimentos e sanções compatíveis com os desafios das sociedades contemporâneas.

Isso implica repensar a própria organização dos tribunais trabalhistas, hoje baseada na tutela individual e não coletiva, considerando que várias ações coletivas são decididas em órgãos especializados em dissídios individuais.[27]

A mudança de mentalidade para romper com a cultura individualista, mediante a aceitação das ações coletivas, é de fundamental importância para o êxito dos novos incidentes de coletivização dos recursos.

De qualquer forma, a coletivização operada no âmbito do Poder Judiciário, por meio dos incidentes processuais de demandas repetitivas, seja na fase inicial ou recursal, não se destina a esvaziar o papel dos atores sociais e estatais na tutela coletiva. Esses novos incidentes devem ser encarados como um complemento para suprir eventuais deficiências das ações coletivas, mas não para substituí-las.

4. JURISDIÇÃO RECURSAL TRABALHISTA E O PAPEL DOS MAGISTRADOS DO TRABALHO.

4.1. Fortalecimento da Justiça do Trabalho na Constituição de 1988 e os novos desafios

A Constituição de 1988 representa verdadeira conquista da sociedade brasileira, ao prever uma série de direitos individuais e

---

26. Sobre o tema no ámbito da teoria geral, Lopez Calera, N. ¿Hay derechos colectivos? Individualidad y socialidad en la teoría de los derechos. Barcelona, Ariel, 2000, p. 92.

27. Pereira, Ricardo José Macedo de Britto. "A ampliação da competência da Justiça do Trabalho e as questões sindicais".. In: Luciano Athayde Chaves, Maria de Fátima Coêlho Borges Stern e Fabrício Nicolau dos Santos Nogueira. (Org.) *Ampliação da competência da Justiça do Trabalho. 5 anos depois.* 1ª. Ed., Ltr, 2010, págs. 151-160.

coletivos, bem como garantias para a realização de suas disposições no marco do Estado Democrático de Direito e dos fundamentos da cidadania, da dignidade da pessoa humana, dos valores sociais do trabalho e da livre iniciativa e do pluralismo político (art. 1.º). Além disso, confere abertura a outros direitos decorrentes do regime e dos princípios nela adotados e dos tratados internacionais em que a República Federativa seja parte (art. 5º, § 2º, CF).

Inclui-se no Título II, Dos Direitos e Garantias Fundamentais, o Capítulo II, Dos Direitos Sociais, com rol bem expressivo de direitos trabalhistas. A modificação na vida dos trabalhadores foi, desde logo, significativa, ao estabelecer, entre outros direitos, a redução da duração semanal de trabalho (art. 7º, XIII), a majoração do adicional de horas extras (art. 7º, XVI), o gozo de férias com o acréscimo de remuneração (art. 7º, XVII) e a licença-gestante de 120 dias (art. 7º, XVIII).

Algumas medidas foram encomendadas para implantação programada, porém, desde logo, vedando situações em desacordo com suas disposições, como a proteção ao mercado de trabalho da mulher, mediante incentivos específicos, nos termos da lei (art. 7º, XX), a redução dos riscos inerentes ao trabalho, por meio de normas de saúde, higiene e segurança (art. 7º, XXII) e proteção em face da automação (art. 7º, XXVII).

Tais alterações no sistema de proteção trabalhista são estabelecidas como patamar mínimo que possui como premissa a sua elevação progressiva, conforme expresso na cláusula que prevê, além dos enumerados no artigo 7º da Constituição, outros direitos que visem à melhoria das condições sociais dos trabalhadores urbanos e rurais (art. 7º, *caput*).

O destaque dado para os direitos sociais dos trabalhadores na Constituição acarreta uma revalorização das normas infraconstitucionais trabalhistas, no sentido de atribuir-lhe renovada importância e também novos significados a partir da irradiação do conteúdo constitucional para o restante do ordenamento jurídico.

Evidentemente todo esse aporte de direitos pressupõe instituições que zelem para que eles sejam efetivamente acessíveis aos trabalhadores. O Judiciário trabalhista vem experimentando significativa ampliação para o cumprimento de sua missão de reagir contra as violações aos direitos trabalhistas. O fato de ser uma Justiça especializada, embora assim também tenha ocorrido em constituições passadas, já demonstra a importância conferida pelo Constituinte originário ao fenômeno do trabalho em nossa sociedade.

A opção de fortalecer a Justiça do Trabalho, a despeito de debates prévios que colocaram em dúvida propósito nesse sentido, foi acolhida na Emenda Constitucional nº 45/2004, com a ampliação significativa de sua competência. Essa profunda mudança ainda pende de concretização mais ampla, considerando algumas resistências a que ela se complete. Apesar da existência de decisões confirmando vários de seus dispositivos, ainda há diversos conflitos decorrentes de relações de trabalho que são desviados para a Justiça comum. Porém, parece ser questão de tempo a efetiva equivalência da competência da Justiça do Trabalho com a amplitude prevista no atual texto do artigo 114 da Constituição.

Com a Emenda Constitucional nº 45/2004, o Constituinte derivado encarregou o Judiciário trabalhista de novas responsabilidades, exigindo prestação jurisdicional que eleve o trabalho em nossa sociedade ao pedestal que a Constituição lhe reservou.

Sendo assim, é missão de todo o Poder Judiciário trabalhista promover as transformações impostas pela Constituição para elevar o patamar de direitos sociais trabalhistas, de modo a lograr a melhoria da condição social de todos os trabalhadores urbanos e rurais de nosso país. Adquire especial relevância nesse aspecto a fase recursal extraordinária, considerando a sua força em relação à preservação das condições de trabalho previstas na Constituição e nas leis, bem como de sua unidade de sentido, que se propaga não só por todos os órgãos da Justiça do Trabalho, mas também pelos diversos atores encarregados de produzir novas condições de trabalho a serem observadas no âmbito das categorias profissionais e econômicas.

As concepções constitucionais mais atuais enfatizam o papel fundamental dos Magistrados para a consolidação do Estado Constitucional e Democrático de Direito, tema que será examinado a seguir, na perspectiva da definição do direito que o recurso de natureza extraordinária visa resguardar e conferir uniformidade.

4.2. Autoridade e uniformidade do direito aplicável às relações de trabalho. Mas que direito? O constitucionalismo e o papel do Juiz

Os recursos de natureza extraordinária são recursos de direito estrito, cuja missão é preservar a integridade e a uniformidade do ordenamento jurídico. Mas aí surge a indagação: integridade e uniformidade de que direito? Os embates de concepções sobre o direito acabam configurando disputas de interpretações, o que faz com que a missão de zelar pela aplicação e interpretação do ordenamento jurídico que incide nas relações de trabalho seja bastante desafiadora. No momento, as concepções baseadas na supremacia da Constituição são bem prestigiadas e alcançam grande difusão.

A supremacia constitucional é um processo em curso, em direção à constitucionalização do direito, que dá os contornos do atual estágio do Estado Constitucional de Direito. Estabelecer com precisão as características desse fenômeno, que se consolida e se expande de maneira bastante significativa na atualidade, não é tarefa simples, na medida em que as doutrinas que lhe dão suporte são heterogêneas.[28]

O constitucionalismo representa uma importante tendência no âmbito jurídico, que contribui para a efetividade dos direitos básicos necessários à ampliação das liberdades reais. Ela se baseia na revalorização das Constituições e dos tratados internacionais sobre direitos humanos, dos quais se desencadeia força normativa necessária para assegurar esses direitos, em qualquer situação e condição em que os seus beneficiários se encontrem.

Alguns utilizam o termo *neoconstitucionalismo* para diferenciar a atual tendência de outras experiências constitucionais verificadas antes da metade do século XX. A ideia de supremacia constitucional, tanto no aspecto formal quanto material, que condiciona a determinação da interpretação e aplicação de todas as normas do ordenamento jurídico, surge e se firma após a segunda metade do século XX. Não corresponde nem coincide com a história do constitucionalismo, mas se refere a uma etapa dela. Trata-se de um movimento orientado por doutrinas que se contrapuseram e reagiram às atrocidades de regimes

---

28. Prieto Sanchís, Luis. "Neoconstitucionalismo y ponderación judicial". *Neoconstitucionalismo*. Madrid, Trotta, 2003, pp. 123 e ss.

marcados, até aquele momento, por programas bem definidos de poder e dominação, baseados em elementos autoritários e totalitários.

Eduardo García de Enterría ressalta que os documentos constitucionais na Europa do Século XIX tratavam de organização política. Os direitos reconhecidos não eram dotados de garantias constitucionais diretas, sendo invariavelmente remetidos à lei. Os juízes e tribunais não podiam confrontar as leis com os textos constitucionais, simplesmente as aplicavam. Esses textos constitucionais não se baseavam nos princípios democráticos, uma vez que estabeleciam severas restrições ao sufrágio ativo e passivo. Ademais, previam mecanismos flexíveis de alteração das disposições constitucionais. Esse modelo constitucional exacerbou o princípio da separação de poderes concebido pelos revolucionários franceses. A desconfiança em relação ao Judiciário era tal que uma lei de 1790 de organização judiciária criou um tribunal de cassação vinculado ao Poder Legislativo contra o ativismo judicial que resultasse da interpretação da lei. Caso houvesse necessidade de interpretação, o juiz deveria suspender o processo e submetê-la à Assembleia autora do texto para realizar a interpretação autêntica *(référé legislatif)*. O Executivo, da mesma forma, foi se fortalecendo e seus atos não eram apreciados pelo Judiciário.[29]

A vinculação do juiz e dos tribunais ordinários à lei e não à constituição não desapareceu com o surgimento do controle de constitucionalidade pelos tribunais constitucionais na Europa no início do século XX. Como esclarece o doutrinador:

> Neste modelo, com o cuidado de separar de maneira rigorosa os juízes e Tribunais ordinários da Constituição, pode e deve dizer que só o Tribunal Constitucional se vincula juridicamente por ela. O juízo, que este Tribunal se reserva de eliminar (ex nunc) as Leis inconstitucionais, não chega a expressar uma verdadeira relação de hierarquia normativa da Constituição sobre a Lei, justamente porque a Constituição não é aplicada como verdadeira norma superior; essa eliminação da Lei inconstitucional é, mais precisamente, expressão de uma relação entre Constituição e legislador e não entre Constituição e Lei, ou dito no jargão próprio da doutrina, de uma relação especializada entre a

---

29. García de Enterría, Eduardo. *La Constitución como norma y el Tribunal Constitucional.* 4ª. ed. , 2006, Madrid, Civitas, 2006, p. 66.

Constituição e o órgão facultado para a eliminação das Leis que não são compatíveis com ela, o "legislador negativo". O essencial aqui é que a invalidade da lei não é efeito da Constituição, mas da decisão do legislador negativo. Os Tribunais ordinários estão só vinculados às Leis e às decisões do legislador negativo, não à Constituição. [30]

O *neoconstitucionalismo* distancia-se dessa realidade, pois reúne traços de uma Constituição que não só estabelece "as regras do jogo", mas dele participa diretamente. Trata-se de "uma Constituição transformadora que pretende condicionar de modo importante as decisões da maioria, mas cujo protagonismo fundamental não corresponde ao legislador, e sim aos juízes". Isso porque os "operadores jurídicos já não acedem à Constituição *através* do legislador, mas o fazem diretamente". [31]

Alguns críticos do constitucionalismo assinalam que ele avança em detrimento das decisões democráticas do Poder Legislativo, uma vez que confere enorme prestígio aos órgãos encarregados de julgar a constitucionalidade das leis, cujos membros geralmente não são eleitos.

A democracia possui um dinamismo próprio, para fazer frente a sociedades altamente complexas, cujas transformações ocorrem em velocidade surpreendente. O modelo clássico de democracia não é capaz de oferecer regulação e serviços com a celeridade adequada para as inúmeras demandas de indivíduos e grupos. A noção tradicional de separação de poderes deve se ajustar ao fato de que a satisfação de necessidades básicas, numa sociedade extremamente cambiante, não pode aguardar as deliberações de um único poder para as providências que competem ao Estado. O Poder Legislativo perdeu espaços para o Poder Executivo nos últimos tempos. Com a constitucionalização do direito, há maior destaque para a atuação do Poder Judiciário. De qualquer forma, a ideia de controle recíproco (*checks and balances*), para que um poder não se sobreponha a outro, permanece atual, sem que isso corresponda a uma separação absoluta entre eles.

Não há dúvida de que a democracia enfrenta inúmeros desafios. Por um lado, existe um déficit de participação em deliberações relevantes, bem como de representação.

---

30. *Ibidem.*
31. Prieto Sanchís, Luis. "Neoconstitucionalismo y ponderación judicial"... cit., *ibidem.*

Capítulo I · CONSIDERAÇÕES GERAIS SOBRE A FASE RECURSAL EXTRAORDINÁRIA TRABALHISTA   45

A abertura ao pluralismo, como elemento indissociável das democracias, e as garantias de liberdade são incompatíveis com sistemas rígidos de controle prévio em todos os aspectos e, nesse ponto, acaba abalando as previsões em torno dos acontecimentos e a unidade dos discursos para representações mais efetivas.[32]

Isso não significa a debilidade das instituições democráticas. Pelo contrário, é de fundamental importância o seu fortalecimento para as correções de curso, a fim de que os eventuais problemas decorrentes da abertura democrática sejam enfrentados e solucionados dentro do próprio regime democrático. A democratização das sociedades e a constitucionalização do direito são processos conectados e inacabados, com avanços e retrocessos, mas jamais antagônicos.

A interpretação da Constituição como processo público "significa, em parte, 'programa' e, em parte, também 'realidade' e 'atualidade' dos intérpretes constitucionais de toda sociedade aberta..." A ideia de público não é forjada em uma suposta vontade geral homogênea, mas é baseada na "heterogeneidade de interesses e ideias" que, por meio da liberdade, podem formar uma unidade permanente. Esta "unidade aberta da *res publica*" se produz "no jogo oscilante e interativo entre 'consenso e dissenso'."[33]

A abertura da sociedade democrática coloca em evidência inúmeros conflitos, incrementando a sua judicialização e a responsabilidade dos juízes. Eles possuem importante papel político, antes inadmissível ao Judiciário, de confirmar as inovações e as transformações na sociedade, podendo providenciar medidas para sua ocorrência e, ao mesmo tempo, preservar realidades resultantes de conquistas passadas.

As violações constitucionais na atualidade ocorrem não só por ação, mas também por omissão, considerando a aplicabilidade direta e imediata das normas constitucionais, que vincula os poderes e órgãos públicos a seus preceitos. Os direitos enumerados, embora não se condicionem a mediações legislativas, impõem aos poderes públicos o dever constitucional de potencializar sua efetividade, removendo

---

32. Como adverte Peña Freire, Antonio Manuel nas sociedades atuais, prevalece o pluralismo sobre o monismo, "a diversidade sobre a unidade, o sistema sobre o elemento, a relação sobre a substância". *La garantia en el Estado constitucional de derecho.* Madrid, Trotta, 1997, p. 31.

33. Häberle, Peter. *Pluralismo y Constitución. Estudios de teoría constitucional de la sociedad abierta.* (Trad. De Emilio Mikinda), Tecnos, Madrid, 2002, p. 62 e ss., 190 e 119.

os obstáculos para proporcionar aos titulares dos direitos o conteúdo constitucional.[34] A omissão dos poderes públicos em adotar as medidas necessárias para favorecer o exercício dos direitos fundamentais viola a Constituição da mesma maneira que a interferência indevida do Estado na esfera jurídica protegida por esses direitos.

Atuações mais incisivas, inclusive ultrapassando alguns limites antes estabelecidos, são válidas para provocar os poderes públicos a adotarem providências necessárias para a efetivação dos direitos fundamentais e sociais. O ativismo judicial pode constituir importante arma contra a estagnação de outros poderes perante graves problemas sociais que convertem seres humanos em instrumentos de realização de riqueza alheia, sem respeito a sua pessoa, a sua dignidade e a seus direitos.

Num contexto de ausência de acesso efetivo aos direitos, não se justifica qualquer devoção ao princípio constitucional da separação de poderes, para conter atuação mais contundente do Judiciário. A previsão de que cabe ao Legislativo a determinação de parâmetros para os comportamentos sociais e ao Judiciário incumbe resolver os conflitos de interesses com observância rigorosa das pautas estabelecidas pelo Legislativo não é isolada, mas convive com outros princípios constitucionais. O compromisso com a segurança jurídica, numa sociedade carente da fruição dos direitos básicos, reforça a manutenção do *status quo*, o que representa grave violação ao texto constitucional, na medida em que inviabiliza as mudanças para se chegar ao modelo de sociedade ali consagrado. Não se trata de apropriação de margem para estabelecer, ao lado do legislador, padrões de conduta, mas zelar pelos direitos previstos no Texto Constitucional e por mecanismos ágeis que os tornem realidade.

Em estudo sobre o processo de constitucionalização do Direito, Ricardo Guastini[35] trata das condições estruturais para a existência desse processo, que são constituição rígida e sistema de controle de aplicação das normas constitucionais. As condições estruturais são necessárias para a existência do processo de constitucionalização do Direito, mas não suficientes para determinar o seu avanço. É por meio de condições

---

34. Medina Guerrero, M. *La vinculación negativa del legislador a los derechos fundamentales*. Madrid, MacGraw-Hill, 1996.

35. Guastini, Ricardo. "La 'constitucionalización' del ordenamiento jurídico: el caso italiano" *Estudios de teoría constitucional*. México. Instituto de investigaciones jurídicas. 2001, p. 153/183.

Capítulo I • CONSIDERAÇÕES GERAIS SOBRE A FASE RECURSAL EXTRAORDINÁRIA TRABALHISTA

complementares que é possível aferir se o processo de constitucionalização do direito encontra-se em estágio mais ou menos avançado. As condições complementares, ao contrário das estruturais, estão na consciência dos integrantes da comunidade jurídica e da sociedade em geral. São convicções compartilhadas acerca da força normativa dos dispositivos constitucionais, da vinculação dos direitos sociais, da eficácia não apenas vertical, mas também horizontal dos direitos fundamentais, da interpretação da Constituição que considere incluída em seu corpo, ainda que de maneira não expressa, todos os aspectos relevantes da vida social e política e, por fim, da interpretação da integralidade do ordenamento jurídico conforme a Constituição. Quanto maior a consciência dos intérpretes em torno desses pontos, mais adiantado se encontrará o processo de constitucionalização do direito.

Inserem-se nas condições complementares para o avanço desse processo a assunção das novas responsabilidades dos agentes públicos e atores sociais e, principalmente, a convicção da necessidade de se adotar posturas proativas contra situações de paralisia. Nesse aspecto, o avanço da constitucionalização do direito se condiciona à consciência e à sensibilidade dos juízes, em todos os graus de jurisdição, em relação aos problemas que lhes são submetidos, a fim de que tenham disposição política para oferecer soluções adequadas e céleres em conformidade com o ordenamento jurídico.

Os recursos de natureza extraordinária no Tribunal Superior do Trabalho são ferramentas decisivas para delinear o perfil do Judiciário Trabalhista, ao estabelecer as referências das respostas para as demandas trabalhistas, de acordo com os valores previstos na Constituição. Trata-se de postura bem distinta da que, por muito tempo, caracterizou a atividade jurisdicional trabalhista, como um afazer técnico alheio aos problemas reais vivenciados nas relações de trabalho em nosso país, cuja base de sustentação se encontrava mais nas leis que na Constituição e isso mais se acentuava na fase recursal extraordinária.

4.3. Aplicação de um ordenamento composto por princípios e uniformidade de sua interpretação

A Constituição dá espaço para as mais variadas tendências baseadas na multiplicidade de valores. É a via pela qual se constituem e se desenvolvem as sociedades democráticas. Essas características conferem maior abertura aos direitos constitucionais, modificando a sua estrutura. Como modalidade de princípios[36], seus enunciados são simples e genéricos, com alto grau de indeterminação, que os dota de caráter expansivo[37].

O reconhecimento da presença de princípios como parte integrante dos ordenamentos jurídicos, dotados de força normativa, é contemporâneo ao novo constitucionalismo, pelo menos em relação ao significado tradicionalmente a eles atribuído. O princípio possuía função meramente diretiva, sem caráter normativo primário. Na atualidade, constitui genuína norma jurídica, que se diferencia de outra categoria normativa denominada regra. As regras reúnem todas as condições de sua aplicação, reduzindo a margem de avaliação pelo aplicador, que verifica se é hipótese ou não de sua incidência. Na expressão de Ronald Dworkin, as regras se aplicam a base do *tudo ou nada* e admitem formulação abstrata dos critérios para sua aplicação, em termos de validade.[38]

A aplicação dos princípios, por sua vez, está condicionada a uma situação particularizada. Em cada caso concreto, é necessário verificar o peso ou a importância de um determinado princípio para a resolução do caso concreto, considerando outros princípios que também concorrem para ela. Os princípios aproximam norma e realidade. São inclusivos na medida em que sua aplicação leva em consideração diversos aspectos que convergem para a solução oferecida. Nas concepções anteriores, os princípios desempenhavam papel de proporcionar fundamentação moral às normas jurídicas em casos específicos, dotando-as de sentido e substância, com normatividade apenas secundária. Cumpriam as tradicionais funções de, desde fora, inspirar, informar e tornar integro o ordenamento jurídico. Nas concepções atuais, os princípios são elementos que compõem o direito,

---

36. Entre diversos autores e obras Alexy, R. (2001) Teoría de los derechos fundamentales. 2ª Reimp. Madrid, CEPC, 2001. Dworkin, R. Los derechos en serio.1ª ed., 4ª reimp., Barcelona, Editora Ariel, 1999. Zagrebelsky, G. El derecho dúctil. Ley, derecho, justicia. 2ª ed., Madrid, Trotta, 1997. Prieto Sanchís, L. "Neoconstitucionalismo y ponderación judicial". Neoconstitucionalismo. Madrid, Trotta, 2003. Na doutrina nacional, destaca-se Barroso, Luís Roberto. Curso de Direito Constitucional Contemporâneo. Os conceitos fundamentais e a construção do novo modelo. São Paulo, Saraiva, 2009.

37. Alexy, Robert. "Los derechos fundamentales en el Estado Constitucional Democrático". *Neoconstitucionalismo cit.* pp. 31 e ss.

38. Dworkin, Ronald. *Los derechos en serio.* Trad. Marta Guastavino, 4ª reimp, Barcelona, Ariel, 1999, p. 74 e ss.

Capítulo I • CONSIDERAÇÕES GERAIS SOBRE A FASE RECURSAL EXTRAORDINÁRIA TRABALHISTA

logrando, por tal razão, vinculação direta de condutas sociais, além de preservar e ampliar sua condição de razões ou justificativas para ações, agora acrescido do atributo de obrigatoriedade em sentido forte. Os princípios constituem modalidade de norma apropriada para a resolução dos denominados *casos difíceis*.[39]

As concepções baseadas em princípios alcançaram considerável prestígio, numa inversão em relação às concepções que prevaleceram em épocas anteriores, embora sua incidência na prática jurídica seja uma das temáticas mais desafiadoras dos estudos no Direito. O ponto central das discussões é a atividade do intérprete/aplicador jurídico. Ela possui especial relevância no âmbito da casuística.

Constituição que adotasse modelo baseado exclusivamente em regras poderia gerar sensação de segurança, mas não seria adequada para solucionar os conflitos de interesses numa sociedade aberta e pluralista. Por outro lado, as regras continuam desempenhando papel importante, já que supor Constituição composta apenas por princípios conferiria tamanha abertura a suas normas que geraria grande incerteza acerca dos comportamentos obrigatórios na sociedade.[40]

O que a constituição ordena ou proíbe na modalidade de princípios deve ser realizado na maior medida possível segundo as condições fáticas e jurídicas. O veículo para alcançar essa otimização é o princípio da proporcionalidade, em suas três subdivisões: "idoneidade, necessidade e proporcionalidade em sentido estrito". A idoneidade e necessidade referem-se às possibilidades fáticas. A proporcionalidade em sentido estrito às possibilidades jurídicas, determinadas pelos "princípios que jogam em sentido contrário". Neste último caso, "quanto maior é o grau da não satisfação ou de afetação de um dos princípios, tanto maior deve ser a importância da satisfação do outro".[41]

A possível intervenção na situação jurídica de alguém deve-se mostrar necessária, adequada e proporcional. Isto é, além de o meio

---

39. *Ibidem.*
40. Canotilho, Gomes. *Direito Constitucional*. Coimbra, Almedina,1992, p.174.
41. Alexy, Robert. "Epílogo a teoría de los derechos fundamentales (1)". *Revista española de Derecho constitucional*. Año 22, núm. 66, septiembre-diciembre 2002.As teorias de Dworkin e Alexy possuem grande proximidade no tocante à estrutura das normas. Porém, elas se distanciam no aspecto da interpretação, especialmente no momento de concretização das disposições normativas. Enquanto Alexy põe ênfase na ideia de colisão e enfrentamento com adversidades, Dworkin baseia sua concepção na de integridade.

ser necessário e idôneo, a restrição deve corresponder a um ganho que a justifique. Essa análise se sustenta numa fundamentação que não é aleatória e sim orientada pelos valores inseridos na Constituição.

O Código de Processo Civil segue essa linha ao prever no artigo 8º, que ao *aplicar o ordenamento jurídico, o juiz atenderá aos fins sociais e às exigências do bem comum, resguardando e promovendo a dignidade da pessoa humana e observando a proporcionalidade, a razoabilidade, a legalidade, a publicidade e a eficiência.*

Devido ao crescimento da complexidade social e da dificuldade de estabelecer consensos, percebe-se uma tendência de aprovar normas-princípios e interpretá-las como tais. Como advertido por Prieto Sanchís, a teoria do direito que dá suporte ao *neoconstitucionalismo* prevê "mais princípios que regras" e consequentemente, "mais ponderação que subsunção"[42].

O caráter das regras é excludente e fechado, ao reunir todas as condições de sua aplicação, o que reduz significativamente a necessidade por parte do Magistrado de apresentar justificativas para a decisão. Os princípios, ao contrário, abertos e inclusivos, transferem considerável margem de apreciação aos Magistrados, que, mediante o exercício de juízos de valor, determinam a decisão mais acertada em cada caso, conferindo maleabilidade às respostas jurídicas para maior sintonia com as demandas da sociedade. O sentido da decisão baseada em princípios vincula-se mais às justificativas apresentadas do que propriamente à pressuposta força dos dispositivos normativos aplicáveis à espécie.

São inúmeras as controvérsias acerca dessas teorias e distinções, especialmente pela atividade interpretativa que as regras também comportam. A conclusão de que determinada norma constitui regra e não princípio, ou vice-versa, só pode decorrer da atividade interpretativa da categoria de norma em questão. É relevante destacar, contudo, que em concepções passadas, os princípios só operavam por meio de regras. Na ausência de regra expressa, o direito não seria reconhecido.

As violações ao ordenamento jurídico que são examinadas pelos tribunais superiores, em grau de recurso de natureza extraordinária,

---

42. Prieto Sanchís, Luis. "Neoconstitucionalismo *cit.*, p. 132.

Capítulo I • CONSIDERAÇÕES GERAIS SOBRE A FASE RECURSAL EXTRAORDINÁRIA TRABALHISTA   **51**

não se restringem a regras, mas incluem os princípios, que conferem maior abertura e ampliam a margem de apreciação do julgador.

É necessário compreender a função de zelar pelo direito e por sua uniformidade de interpretação, a partir de referências textuais que se abrem para outras disposições e fatores externos e são apreendidas diferentemente, segundo experiências particularizadas e valores compartilhados pela coletividade em cada tempo e lugar. Essas leituras feitas desde variados pontos de vista dão lugar a uma pluralidade de significados. A jurisprudência dos tribunais superiores atende em parte o ideário de unidade, previsibilidade e segurança jurídica, estando ao mesmo tempo sujeita às modificações de entendimento, para impedir a exclusão de indivíduos e grupos dos direitos assegurados no ordenamento jurídico, numa sociedade altamente dinâmica e aberta.

A interpretação a base de princípios não implica, por necessariamente remeter às circunstâncias do caso, um retorno à estaca zero. Há, também, nessa modalidade de norma, a possibilidade de um acúmulo de justificativas apresentadas para a solução dos casos concretos, que se comunicam pelos diversos órgãos encarregados de zelar pela aplicação do direito e por sua uniformidade de interpretação, que são incorporadas nas decisões judiciais.

Como defendido por algumas correntes, á distinção entre princípios (no sentido estrito do termo) e regras é tão só *prima facie;* isto é, os princípios desencadeiam um processo de ponderação de valores e interesses e dela resulta uma regra do caso para a resolução da situação concreta.[43] Ou seja, a regra do caso não corresponde à aplicação de uma norma que possua a estrutura de regra, mas seria decorrência do procedimento de concretização dessa norma-princípio. Consequentemente, há um distanciamento que se refere ao caráter estrutural da norma e ao procedimento de sua concretização, havendo uma aproximação quando se alcança o resultado desse procedimento. Traduzindo para a linguagem processual, ao final os pedidos deduzidos serão integral ou parcialmente acolhidos, ou então negados, como decorrência da aplicação de princípios e regras, isolada ou conjuntamente, passíveis de maior evidência na distinção entre eles nas justificativas apresentadas para sustentar a decisão.

---

43. Atienza, Manuel e Manero, J. Ruiz. *Ilícitos atípicos.* Madrid. Trotta, 2000, pp. 16 e ss.

4.4. A Constitucionalização do Direito e seus reflexos no direito aplicável às relações de trabalho

O direito aplicável às relações de trabalho é basicamente composto por normas constitucionais, legais federais e pelos tratados internacionais, com destaque para as convenções da Organização Internacional do Trabalho.

A incidência das normas constitucionais foi valorizada nos últimos tempos, em razão da constitucionalização do direito.

A constitucionalização do direito é um processo que faz convergir na Constituição todo o ordenamento jurídico, unificando os ordenamentos parciais em torno a uma comunidade de valores, que, por sua vez, se irradia pelos diversos ramos[44]. Na medida em que o processo de constitucionalização vai se expandindo, mais efetiva é a incidência do conteúdo constitucional, com a redução da tendência de desenvolvimento autônomo das ramificações. A legalidade estrita e os princípios gerais de cada ramo perderam espaço para o avanço das normas constitucionais e internacionais.[45] A Constituição refunda a ordem jurídica e impõe a releitura de todas as disposições infraconstitucionais em consonância com os valores constitucionais.

O excesso a que levou o princípio da legalidade na formulação do Estado de Direito, para cumprir a finalidade de submeter todo o poder ao direito, gerou confusão entre legalidade e Direito. A legalidade dirigia-se, sobretudo, à Administração Pública e era garantida pelo juiz das causas administrativas. Esta legalidade específica do "direito público clássico" não se harmoniza com a noção de constitucionalidade, que não admite fracionamento. Não é possível imaginar "uma constitucionalidade para a administração e outra para os particulares". Cada ramo do direito tem suas leis respectivas ou seus princípios gerais de direito, sendo apropriado falar de leis e princípios trabalhistas, penais, civis ou internacionais, porém "não se pode conceber que cada ramo do direito tenha sua própria constituição".[46]

O estudo, a interpretação e a aplicação das normas trabalhistas passaram a ser feitas em perspectiva constitucional e não tratam so-

---

44. Favoreau, Louis. *Legalidad y constitucionalidad. La constitucionalización del derecho.* Trad. Magdalena Correa Henao. Bogotá, IEC Carlos Restrepo Piedrahita, 2000, p. 25.

45. Favoreau, Louis. *Ibidem*, p. 72.

46. Favoreau, Louis, *Ibidem*, p. 26 a 33.

mente das normas trabalhistas com status constitucional. Estabelece, ademais, renovadas diretrizes interpretativas, revisão de conceitos e a consolidação de tudo que expressa compromisso com a dignidade da pessoa humana, enquanto prestadora de trabalho na sociedade. A vinculação entre Direito do Trabalho e Constituição é inquestionável, pois ambos se dedicam à inclusão social do ser humano.

A Constituição se apresenta como pressuposto lógico de toda a atividade de interpretação e aplicação das normas jurídicas. A legislação anterior compatível e recepcionada, embora preexista ao texto constitucional, adquire novo fundamento e sentido. A partir da sintonia dos ramos com a Constituição, a releitura das normas infraconstitucionais contribui para a realização dos valores previstos na Constituição.

A Constituição, além de proclamar direitos subjetivos, consagra uma ordem objetiva de valores, que se irradia pelas normas jurídicas na sua integralidade. Não se trata de uma mudança restrita à hierarquia de algumas normas no ordenamento jurídico, mas de profunda alteração de significação das disposições jurídicas de todos os ramos do direito, obedecendo a linha comum valorativa consagrada no Texto Constitucional.

O fenômeno da constitucionalização do Direito do Trabalho surge e perpassa por todo o século XX. No início daquele século, experimentou-se um movimento concomitante de internacionalização dos direitos trabalhistas, com a criação da Organização Internacional do Trabalho em 1919, e de sua constitucionalização, com as Constituições do México, de 1917 e Weimar, de 1919. A despeito da importância de tal tendência, não houve mudança expressiva na concepção de Estado de Direito, que se originou na Alemanha em finais do século XIX, expandindo-se com enorme força pela Europa, com significativo impacto em outros continentes.

Na segunda metade do século XX, o processo de constitucionalização e de internacionalização do Direito do Trabalho adquire novo impulso, sustentado em renovadas bases. É a partir daí que se consolida o compromisso internacional com os direitos humanos e, no plano interno, a consagração da supremacia das Constituições, cujas normas passam a determinar todo o ordenamento infraconstitucional.

A constitucionalização do Direito do Trabalho representa importante processo de mudança no eixo do estudo e da aplicação do

Direito do Trabalho, em razão da influência das normas e doutrinas constitucionais. Por uma parte, reforçam-se alguns institutos tradicionalmente consagrados, a partir da incidência de novos instrumentos previstos na Constituição. De outra, promove-se a revisão de conceitos, em razão de exigências de novas reflexões que as normas constitucionais provocam.

O propósito, portanto, não é apenas interpretar as disposições constitucionais em matéria de Direito do Trabalho, mas como as normas constitucionais em geral interferem no âmbito do Direito do Trabalho. E essa interferência passou a ser determinante do conteúdo e do sentido das normas trabalhistas. A constitucionalização do Direito do Trabalho, como parte do processo de constitucionalização do direito, embora possa sofrer desvios no seu curso, vem se mostrando irreversível.

A norma trabalhista, no Estado Legal, como integrante do conjunto de garantias dirigidas à proteção do patrimônio e da integridade física do hipossuficiente, converteu-se, no Estado Constitucional, em instrumento voltado para tratar de diversos aspectos da vida do trabalhador. O constitucionalismo cria as condições para a efetivação dos direitos humanos nas relações de trabalho, transformando os locais de trabalho, de âmbito de supremacia do poderio empresarial, em espaços democráticos, de exercício da cidadania e de respeito à dignidade do trabalhador.

Como ressalta Wolfgang Däubler "se põe em perigo a longo prazo a democracia se esta só existe para o indivíduo em seu 'tempo livre', por assim dizê-lo, e termina quando chega à empresa e troca de vestimenta, convertendo-se novamente em súdito".[47]

A constitucionalização do Direito do Trabalho, na atualidade, reveste-se de enorme importância. Os grandes debates do Direito do Trabalho, como reforma da legislação sindical e trabalhista e flexibilização das normas trabalhistas, devem levar em conta os princípios e as regras constitucionais. Na doutrina trabalhista, aumentam significativamente as obras que abordam as questões do mundo do trabalho com ênfase no Direito Constitucional. Na jurisprudência, são inúmeros os conflitos trabalhistas solucionados a partir de normas

---

47. "Los trabajadores y la Constitución". Contextos. Revista crítica de Derecho social. N. 2, 1998, p. 71.

Capítulo I · CONSIDERAÇÕES GERAIS SOBRE A FASE RECURSAL EXTRAORDINÁRIA TRABALHISTA **55**

constitucionais, inclusive aqueles que, por muito tempo, foram objeto de aplicação isolada do ordenamento infraconstitucional.

Há estreita vinculação entre os objetivos do Estado Constitucional e o Direito do Trabalho. Ambos se dedicam à emancipação do ser humano mediante garantias de inclusão social. A revisão do Direito do Trabalho, nesse aspecto, não abandona as conquistas obtidas, mas as reforçam, mediante esquemas de proteção que não levam em conta apenas suas necessidades materiais, mas a condição de ser humano titular de direitos dentro e fora da empresa.

O que se passava no ambiente de trabalho fazia parte das estratégias empresariais para alcançar o resultado do negócio, desde que garantida a contraprestação pelo trabalho e a segurança do trabalhador no local de trabalho. O trabalhador participava apenas indiretamente da determinação das condições de trabalho, por meio dos sindicatos, para lograr outros benefícios complementares aos previstos na legislação. Anteriormente, não havia uma preocupação com o exercício de direitos fundamentais, tampouco com a defesa da integridade mental e moral dos trabalhadores.

Na atualidade, diversas atitudes patronais, antes insuscetíveis de questionamento, sofrem limites estabelecidos pela incidência dos direitos de personalidade dos trabalhadores e pela necessidade de preservar a sua dignidade.

Como observado por Guastini, o processo de constitucionalização do direito depende das convicções compartilhadas pela comunidade jurídica para que avance. O papel do Tribunal Superior do Trabalho na implementação dessa condição complementar é fundamental no processo de constitucionalização do Direito do Trabalho.

4.5 A valorização dos tratados internacionais sobre direitos humanos pelo constitucionalismo

A clássica divisão entre teorias monista e dualista, além de oferecer dificuldades no plano conceitual, representa uma disputa pelos critérios para determinar a primazia das normas internacionais ou internas, independentemente das previsões em ordenamentos jurídicos concretos e contextos específicos.[48]

---

48. Mello, Celso D. de Albuquerque. *Curso de Direito Internacional Público*. 15ª ed., SP, Renovar, 2004, págs. 121/2.

A ideia de Estado moderno, durante muito tempo, foi a referência principal para o desenvolvimento das relações sociais verificadas em seu território, com o consequente destaque para o direito interno. Na atualidade, porém, apresenta-se limitada essa capacidade de regulação interna e controle de todos os fatos que ocorrem no interior de suas fronteiras ou que se relacionem a seus nacionais. Os poderes que afetam a vida nas sociedades transcendem o âmbito dos Estados, além de eles próprios representarem ameaças a seus nacionais em algumas situações.

Há variações nos diversos ordenamentos jurídicos a respeito da incorporação dos tratados internacionais no âmbito interno, mas um sistema que estabeleça a primazia absoluta do ordenamento interno sobre tratados de direitos humanos carece de sustentação no atual estágio do Estado Democrático de Direito.

A Constituição de 1988 determinou a abertura aos direitos fundamentais não expressamente previstos na Constituição, decorrente do regime e dos princípios por ela adotados e dos tratados internacionais em que a República Federativa do Brasil seja parte (art. 5º, § 2º).

O Supremo Tribunal Federal vinha adotando uma posição unilateral na problemática, fortalecendo a perspectiva interna, uma vez que restringe a cláusula de abertura ao reafirmar a regra da paridade com a lei ordinária. Eventual conflito entre normas internacionais e legais era resolvido pelo critério cronológico ou de especialidade.

Tal posição foi revista. O Supremo Tribunal Federal reconhece que o alcance do artigo 5º, § 2º, da Constituição não está definitivamente consolidado e seria possível reconhecer "*status* constitucional às normas internacionais de outorgamento e proteção dos direitos humanos", que foram incorporadas ao direito brasileiro antes da promulgação da Constituição de 1988. A Convenção de Viena sobre o Direito dos tratados, a tal propósito, não admite o descumprimento de um tratado em razão do direito interno de um Estado parte.[49]

O Supremo Tribunal Federal, por ocasião do exame da constitucionalidade da medida provisória em relação ao artigo 7º, XV, da Constituição, que prevê o repouso semanal remunerado preferencial-

---

49. Süssekind, Arnaldo. *Direito Constitucional do Trabalho*. Rio de Janeiro, Renovar, 1999, p. 65 e 69.

Capítulo I · CONSIDERAÇÕES GERAIS SOBRE A FASE RECURSAL EXTRAORDINÁRIA TRABALHISTA **57**

mente aos domingos, apresentou nova linha de análise. Em sua argumentação, o relator invoca a Convenção 106 da OIT, sobre descanso semanal, ratificada pelo Brasil antes do advento da Constituição de 1988 (18.06.1965). Foram citadas duas decisões anteriores (HC 72.131 e ADIN 1480) nas quais se concluiu pela hierarquia infraconstitucional de tratados internacionais ratificados após a Constituição de 1988. Consequentemente, as regras da Convenção 106, ratificadas antes da Constituição, "complementariam, assim, com a mesma supremacia normativa, o art. 7º, XV, da Constituição. Ainda que não se queira comprometer com a hierarquia constitucional, "o mínimo a conferir-lhes é o valor de poderoso reforço à interpretação do texto constitucional que sirva melhor à sua efetividade..."[50]

Por decisão monocrática, o Min. Celso de Mello, ao examinar o alcance da garantia de emprego à gestante, prevista no art. 10, II, b, do ADCT/88, confirma a tese da constitucionalização dos tratados ratificados antes da Constituição, ao asseverar que "O legislador constituinte, consciente das responsabilidades assumidas pelo Estado brasileiro no plano internacional (Convenção OIT n. 103, de 1952, promulgada pelo Decreto n. 58.821/66, Artigo VI)..."[51]

---

50. I. Medida provisória: a questão do controle jurisdicional dos pressupostos de relevância e urgência e a da prática das reedições sucessivas, agravada pela inserção nas reedições da medida provisória não convertida, de normas estranhas ao seu conteúdo original: reserva pelo relator de reexame do entendimento jurisprudencial a respeito. II. Repouso semanal remunerado **preferentemente** aos domingos (CF, art. 7º, XV): histórico legislativo e inteligência: argüição plausível de conseqüente inconstitucionalidade do art. 6º da M.Prov. 1539-35/97, o qual - independentemente de acordo ou convenção coletiva - faculta o funcionamento aos domingos do comércio varejista: medida cautelar deferida. A Constituição não faz absoluta a opção pelo repouso aos domingos, que só impôs "**preferentemente**"; a relatividade daí decorrente não pode, contudo, esvaziar a norma constitucional de preferência, em relação à qual as exceções - sujeitas à razoabilidade e objetividade dos seus critérios - não pode converter-se em regra, a arbítrio unicamente de empregador. A Convenção 126 da OIT reforça a argüição de inconstitucionalidade: ainda quando não se queira comprometer o Tribunal com a tese da hierarquia constitucional dos tratados sobre direitos fundamentais ratificados antes da Constituição, o mínimo a conferir-lhe é o valor de poderoso reforço à interpretação do texto constitucional que sirva melhor à sua efetividade: não é de presumir, em Constituição tão ciosa da proteção dos direitos fundamentais quanto a nossa, a ruptura com as convenções internacionais que se inspiram na mesma preocupação. (ADIN 1.675-1, DJ 19.09.2003, Rel. Min. Sepúlveda Pertence).

51. **EMPREGADA GESTANTE - ESTABILIDADE PROVISÓRIA (ADCT, ART. 10, II, "b") –** CONVENÇÃO OIT Nº 103/1952 - **PROTEÇÃO** À *MATERNIDADE* E AO NASCITURO - **DESNECESSIDADE DE PRÉVIA** COMUNICAÇÃO DO ESTADO DE GRAVIDEZ **AO EMPREGADOR - ESPECIFICAÇÃO** DAS VERBAS RESCISÓRIAS DEVIDAS À EMPREGADA – **EMBARGOS DE DECLARAÇÃO ACOLHIDOS.-** **O legislador constituinte, consciente** das responsabilidades assumidas pelo Estado brasileiro no plano internacional (**Convenção OIT nº 103/1952**, Artigo VI) **e**

Ainda que não se reconheça no artigo 5º, § 2º, da Constituição, a posição constitucional, no aspecto formal, dos direitos humanos previstos nos tratados, é inquestionável que ali se consagrou que o conteúdo desses tratados confere densidade às normas constitucionais. Portanto, são materialmente constitucionais, embora não admitam controle formal de constitucionalidade.

A promulgação da Emenda Constitucional nº 45, de 2004, acrescentou o § 3º no artigo 5º, com os requisitos para que os direitos humanos, previstos nos tratados internacionais sejam considerados formalmente constitucionais.

A diferenciação entre direito material ou formalmente constitucional pode ser útil no aspecto da definição do regime jurídico dos direitos fundamentais, especialmente no que se refere ao núcleo protegido pela Constituição, contra a atuação do Constituinte derivado e do legislador. Os tratados aprovados na forma do § 3º do artigo 5º convertem-se em cláusulas pétreas, além de constituir parâmetro para o controle abstrato de constitucionalidade, enquanto os que se enquadrem no § 2º do mesmo artigo complementam o conteúdo dos direitos fundamentais, sem converter-se em normas formalmente constitucionais. É o que esclarece Flavia Piovesan[52]:

> Acredita-se que, por um lado, o novo dispositivo vem a reconhecer de modo expresso a natureza materialmente constitucional dos tratados de direitos humanos. Contudo, para que os tratados de direitos humanos obtenham assento formal na Constituição, requer-se a observância do quorum qualificado...

---

tendo presente a necessidade de dispensar **efetiva** proteção à maternidade **e** ao nascituro, **estabeleceu, em favor** da empregada gestante, expressiva **garantia** de caráter social, **consistente** na outorga, a essa trabalhadora, de **estabilidade provisória (ADCT**, art. 10, II, **"b"**).- **A empregada gestante tem direito subjetivo** à estabilidade provisória **prevista** no art. 10, II, **"b"**, do ADCT/88, **bastando,** para efeito de acesso a essa **inderrogável** garantia social de índole constitucional, **a confirmação objetiva** do estado fisiológico de gravidez, **independentemente,** quanto a este, **de sua prévia** comunicação ao empregador, **revelando-se írrita,** de outro lado **e sob tal aspecto, a exigência** de notificação à empresa, **mesmo quando** pactuada em sede de negociação coletiva. **Precedentes.** (AI 448.572, DJ de 16.12.2010, Rel. Min. Celso de Mello)

52. "Reforma do Judiciário e Direitos Humanos." Reforma do Judiciário: analisada e comentada. Emenda Constitucional 45/2004. Coord. André Ramos Tavares et all. São Paulo, Método, 2005, p. 67 a 71.

Capítulo I · CONSIDERAÇÕES GERAIS SOBRE A FASE RECURSAL EXTRAORDINÁRIA TRABALHISTA **59**

De qualquer forma, o Supremo Tribunal Federal modificou a sua antiga jurisprudência que consagrava a regra da paridade com a lei ordinária, passando a considerar que os tratados internacionais sobre direitos humanos são incorporados em nosso ordenamento jurídico com status supralegal, como se verifica na ementa abaixo transcrita:

> PRISÃO CIVIL. Depósito. Depositário infiel. Alienação fiduciária. Decretação da medida coercitiva. Inadmissibilidade absoluta. Insubsistência da previsão constitucional e das normas subalternas. Interpretação do art. 5º, inc. LXVII e §§ 1º, 2º e 3º, da CF, à luz do art. 7º, § 7, da Convenção Americana de Direitos Humanos (*Pacto de San José da Costa Rica*). Recurso improvido. Julgamento conjunto do RE nº 349.703 e dos HCs nº 87.585 e nº 92.566. É ilícita a prisão civil de depositário infiel, qualquer que seja a modalidade do depósito.[53]

A Súmula Vinculante nº 25 do Supremo Tribunal Federal consolidou tal posicionamento, sendo o seu teor o seguinte: "É ilícita a prisão civil do depositário infiel, qualquer que seja a modalidade do depósito".

Essa discussão é de suma importância para o Direito do Trabalho, pois o Brasil ratificou os pactos internacionais de direitos econômicos, sociais e culturais e também de direitos civis e políticos, ambos de 1966, a Convenção Interamericana de Direitos Humanos (Pacto de São José) de 1966 e o Protocolo adicional de São Salvador em matéria de direitos econômicos, sociais e culturais de 1988. São várias as Convenções da OIT ratificadas antes e depois da Constituição de 1988, destacando-se as convenções fundamentais de nº 29, 98, 100, 105, 111, 138 e 182.

Tais instrumentos possuem disposições prevendo condições de trabalho que devem ser observadas de forma obrigatória e estão sujeitos ao controle, tanto no que se refere a sua aplicação, quanto à uniformidade de sua interpretação, pelo Tribunal Superior do Trabalho. Os tratados internacionais que tratam de matéria trabalhista, ratificados pelo Brasil, autorizam o cabimento do recurso de revista por violação a seus preceitos, bem como divergência jurisprudencial, para os recursos de revista e também os de embargos.

---

53. STF-RE 466.343, DJ de 05.06.2009, Rel. Min. Cezar Peluso.

5. O PAPEL DO TRIBUNAL SUPERIOR DO TRABALHO NOS RECURSOS DE NATUREZA EXTRAORDINÁRIA.

5.1. Recursos de natureza extraordinária no Tribunal Superior do Trabalho

Como visto, o recurso prolonga a relação processual, constituindo uma fase, que comporta diversos procedimentos, de acordo com o recurso cabível.

Na sistemática recursal, é possível identificar duas espécies ou fases que seriam a ordinária, em que a devolução da matéria recursal ao órgão julgador é mais ampla, e a extraordinária, em que é mais restrita.

Como visto anteriormente, questiona-se essa terminologia, considerando que em outros ordenamentos jurídicos o recurso extraordinário pressupõe a terminação da relação processual, como ocorre em relação à ação rescisória em nosso ordenamento jurídico. Dessa forma, considera-se que a classificação seria imprópria.

Não obstante, ela é bastante usual e reflete adequadamente as modalidades de recursos que se restringem a discussões jurídicas.

A despeito da resistência doutrinária em torno da denominação, o Código de Processo Civil de 1973 consagrou a classificação, como se observa no artigo 467, ao estabelecer: "Denomina-se coisa julgada material a eficácia, que torna imutável e indiscutível a sentença, não mais sujeita a recurso ordinário ou extraordinário".

Os recursos de natureza extraordinária possuem como características comuns o não reexame de fatos e provas, a exigência de prequestionamento e o julgamento de questões estritamente jurídicas, sendo cabíveis por violação à lei federal ou Constituição e/ou por dissenso jurisprudencial.

Como observa Estevão Mallet:

> Há recursos para cuja interposição basta o simples fato da sucumbência. Outros, porém, exigem algo mais: além da sucumbência, faz-se necessário conter o pronunciamento recorrido certo e determinado vício ou particularidade, sem o que desaparece a recorribilidade. Os primeiros são os chamados recursos ordinários, aos quais se contrapõem os últimos, denominados extraordinários.[54]

---

54. Do recurso de revista no processo do trabalho. São Paulo, LTr, 1995, p. 14.

Deve-se destacar, no entanto, o enquadramento de um recurso como extraordinário não leva em conta apenas as suas características, mas também a fase em que é cabível. Isso porque há discussão em relação ao recurso de embargos previsto no artigo 894, II, da Consolidação das Leis do Trabalho, se ordinário ou extraordinário.[55]

No entanto, para o critério aqui estabelecido, o recurso de embargos enquadra-se como extraordinário, pois é cabível em fase em que não se admite mais o reexame de fatos e provas e se exige tese jurídica explícita no acórdão recorrido, para a resolução da matéria de direito. Esse recurso complementa a missão do recurso de revista, considerando as divergências entre as turmas e com a Seção de Dissídios Individuais do Tribunal Superior do Trabalho.

O Regimento Interno do Tribunal Superior do Trabalho estabelece a competência do tribunal para processar, conciliar e julgar em grau originário ou recursal ordinário ou extraordinário as demandas individuais e os dissídios coletivos que ultrapassam a jurisdição de um tribunal regional, os conflitos de direito sindical, outras controvérsias resultantes da relação de trabalho e os litígios relativos a convenções e acordos coletivos (art. 67, RITST).

Acerca da natureza extraordinária do recurso de revista, vale destacar a seguinte ementa de acórdão do Supremo Tribunal Federal.

> E M E N T A: AGRAVO DE INSTRUMENTO – MATÉRIA TRABALHISTA – APLICAÇÃO DE ENUNCIADO DO TRIBUNAL SUPERIOR DO TRABALHO – ALEGAÇÃO DE NEGATIVA DE PRESTAÇÃO JURISDICIONAL – INOCORRÊNCIA – AUSÊNCIA DE OFENSA DIRETA À CONSTITUIÇÃO – RECURSO IMPROVIDO.
>
> - O recurso de revista, no âmbito do processo trabalhista, qualifica-se como típico recurso de natureza extraordinária, estritamente vocacionado à resolução de questões de direito. Desse modo, e considerada a natureza extraordinária de que se reveste, o recurso de revista não se destina a corrigir a má apreciação da prova ou a eventual injustiça da decisão. Doutrina.
>
> O debate em torno da aferição dos pressupostos de admissibilidade do recurso de revista, notadamente quando o exame de tais requisitos

---

55. Rodolfo de Camargo Mancuso enquadra os embargos no TST como recurso de tipo ordinário, posição com a qual não concordamos. *Recurso extraordinário e recurso especial.* 12ª. ed., São Paulo, Revista dos Tribunais, 2013, p. 56.

formais apoiar-se em enunciados sumulares do Tribunal Superior do Trabalho, não viabiliza o acesso à via recursal extraordinária, por envolver discussão pertinente a tema de caráter eminentemente infraconstitucional. Precedentes.

- A jurisprudência do Supremo Tribunal Federal, pronunciando-se em causas de natureza trabalhista, deixou assentado que, em regra, as alegações de desrespeito aos postulados da legalidade, do devido processo legal, da motivação dos atos decisórios, do contraditório, dos limites da coisa julgada e da prestação jurisdicional podem configurar, quando muito, situações de ofensa meramente reflexa ao texto da Constituição, circunstância essa que impede a utilização do recurso extraordinário. Precedentes.[56]

Daí a opção de dirigir o presente livro para os recursos de natureza extraordinária no âmbito do Tribunal Superior do Trabalho.

5.2. A organização e competência do Tribunal Superior do Trabalho

Após a Constituição de 1988, a Lei n. 7.701, de 21 de dezembro de 1988, tratou da organização e da competência do Tribunal Superior do Trabalho.

Referida lei prevê a divisão do tribunal em turmas e seções especializadas em dissídios coletivos e em dissídios individuais, remetendo a seu regimento interno a composição e o funcionamento desses órgãos.

A competência da Seção de Dissídios Coletivos consiste em conciliar e julgar os dissídios coletivos que extrapolem o âmbito de um tribunal regional do trabalho, rever e estender suas sentenças normativas, nos termos da lei; homologar as conciliações celebradas em dissídios coletivos; julgar ações rescisórias propostas contra suas decisões em dissídios coletivos; julgar os mandados de segurança impetrados contra os membros da referida seção; julgar os conflitos de competência entre os tribunais regionais do trabalho em dissídios coletivos.

Além disso, compete à Seção de Dissídios Coletivos, em última instância, julgar os recursos ordinários das decisões em dissídios coletivos; julgar os recursos ordinários interpostos em ações rescisórias e mandados de segurança em dissídios coletivos; os embargos

---

56. STF-AG.REG. no AI 238385, DJ de 08.06.2001, Rel. Min. Celso de Mello.

Capítulo I • CONSIDERAÇÕES GERAIS SOBRE A FASE RECURSAL EXTRAORDINÁRIA TRABALHISTA   63

infringentes de decisão não unânime em processo de sua competência originária, salvo quando a decisão estiver em consonância
com precedente jurisprudencial ou de súmula de jurisprudência
predominante; os embargos de declaração interpostos contra seus
acórdãos e os agravos regimentais em dissídios coletivos. Compete,
ainda, à referida seção o julgamento da suspeição de seus integrantes,
nos feitos pendentes de decisão e os agravos de instrumento contra
decisão que denega seguimento a recursos ordinários nos processos
de sua competência.

À Seção de Dissídios Individuais compete julgar originariamente
as ações rescisórias propostas contra as decisões de turmas ou suas
próprias e os mandados de segurança de sua competência originária,
na forma da lei. Em única instância, compete a referida seção julgar
os agravos regimentais interpostos em dissídios individuais e os
conflitos de competência em processos em dissídios individuais. Em
última instância, cabe à referida seção julgar os recursos ordinários
de decisões dos tribunais regionais em ações de sua competência originária; os embargos das decisões das turmas que divergirem entre si
ou com as da seção; os agravos regimentais da decisão do presidente
da turma em embargos; os embargos de declaração opostos a seus
acórdãos; a suspeição de seus membros na pendência de julgamento
de feito de sua competência; e os agravos de instrumento contra decisão denegatória do seguimento de recurso ordinário em processo
de sua competência.

A Lei n. 7.701, de 1988, enumera ainda a competência do tribunal
pleno e das turmas. Em relação ao pleno, cabe destacar a aprovação das
súmulas e dos precedentes em dissídios coletivos; julgar os incidentes
de uniformização de jurisprudência e declarar a inconstitucionalidade
de lei ou ato normativo do poder público, aprovar tabela de custas e
emolumentos e elaborar o regimento interno do tribunal.

Em relação às turmas, a Lei n. 7.701, de 1988, prevê sua competência para julgar os recursos de revista interpostos de decisões
dos tribunais regionais, nos termos da lei e, em última instância, os
agravos de instrumento contra decisões que denegarem seguimento
aos recursos de revista e os agravos regimentais; e, por fim, julgar os
embargos de declaração opostos a seus acórdãos.

A Lei n. 7.701, de 1988, conferiu nova redação ao artigo 896 da
Consolidação das Leis do Trabalho, que trata do recurso de revista,

tendo sido foi alterado posteriormente, como será examinado no momento apropriado.

O Regimento Interno do Tribunal Superior do Trabalho subdividiu a Seção de Dissídios Individuais em duas Subseções, prevendo, além delas, a Seção de Dissídios Coletivos, as Turmas, o Pleno e o Órgão Especial (art. 59, RITST).

No vasto rol das competências do tribunal pleno (art. 68, RITST), destacam-se, ao lado da aprovação, a modificação ou a revogação de súmula da jurisprudência predominante em dissídios individuais e dos precedentes normativos da seção especializada em dissídios individuais, o cancelamento e a revisão de orientações jurisprudenciais.

Os precedentes normativos e as orientações jurisprudenciais expressam a jurisprudência prevalecente da Seção de Dissídios Coletivos e das Subseções de Dissídios Individuais, para fins do que prevê a Súmula 333 do Tribunal Superior do Trabalho, segundo a qual não ensejam recurso de revista decisões superadas por iterativa, notória e atual jurisprudência daquele tribunal, bem como do que dispõe o art. 932 do Código de Processo Civil, que se refere à possibilidade de o relator negar provimento ao recurso quando em confronto com súmula do Supremo Tribunal Federal, do Superior Tribunal de Justiça ou do próprio tribunal, com acórdão proferido pelo Supremo Tribunal Federal ou pelo Superior Tribunal de Justiça em julgamento de recursos repetitivos; e entendimento firmado em incidente de resolução de demandas repetitivas ou de assunção de competência ou dar provimento, após facultada a apresentação de contrarrazões, se a decisão recorrida for contrária a súmula do Supremo Tribunal Federal, do Superior Tribunal de Justiça ou do próprio tribunal; acórdão proferido pelo Supremo Tribunal Federal ou pelo Superior Tribunal de Justiça em julgamento de recursos repetitivos; entendimento firmado em incidente de resolução de demandas repetitivas ou de assunção de competência.

A aprovação, a revisão ou o cancelamento de súmula ou de precedente normativo são deliberados pelo tribunal pleno, considerando-se aprovado o projeto pela maioria absoluta de seus membros. (art. 62, § 1º c/c o art. 166 RITST).[57]

---

57. A Lei nº 13.467, de 2017, alterou a redação da alínea f, I, do artigo 702 da CLT, que, ao tratar da competência do Pleno do TST, remete a seu regimento interno o procedimento

Capítulo I · CONSIDERAÇÕES GERAIS SOBRE A FASE RECURSAL EXTRAORDINÁRIA TRABALHISTA 65

Já as orientações jurisprudências das Seções do Tribunal Superior do Trabalho que correspondam a sua jurisprudência pacificada são inseridas pela Comissão de Jurisprudência e de Precedentes Normativos. Cabe à referida comissão a elaboração de projeto para a edição, revisão ou cancelamento de súmulas, de precedentes normativos e de orientações jurisprudenciais, além de emissão de parecer nos incidentes de uniformização de jurisprudência.

Todos esses conceitos que remetem à jurisprudência do Tribunal Superior do Trabalho distinguem-se entre eles em razão de aspectos procedimentais. Na sistemática anterior, não vinculavam os órgãos da Justiça do Trabalho, ao contrário da súmula vinculante do Supremo Tribunal Federal, que possui, como o próprio nome designa, esse caráter. Porém, os enunciados que consagram as súmulas e as orientações jurisprudenciais possuíam o efeito prático de influir na determinação do conteúdo das decisões da justiça especializada, uma vez que se inserem nas hipóteses de cabimento dos recursos trabalhistas de natureza extraordinária, além de autorizar a denegação de seguimento e o provimento pelos relatores dos recursos que tramitam em todos os tribunais trabalhistas. Na sistemática atual, em razão da força dos precedentes, prevista no Código de Processo Civil, o Tribunal Superior do Trabalho, por meio da Instrução Normativa nº 39 (Res. 203/2016) inclui entre os precedentes no processo do trabalho as súmulas e orientações jurisprudenciais que contenham explícita referência aos fundamentos determinantes da decisão, ou seja, *ratio decidendi.* (art. 15, II).

Nas disposições que tratam dos recursos de natureza extraordinária há várias referências às súmulas, às orientações jurisprudenciais e a jurisprudência iterativa, notória e atual do Tribunal Superior do Trabalho, além de menção a súmulas e jurisprudência do Supremo Tribunal Federal. As súmulas possuem mais força para modificar as decisões que as confrontam ou preservar as que as observam, uma vez que sua incidência apenas não se verifica para conhecimento dos

---

para estabelecer súmulas de jurisprudência uniforme. Pela proposta, o estabelecimento ou alteração de súmulas e outros enunciados de jurisprudência uniforme ocorrem pelo voto de pelo menos dois terços de seus membros. O mesmo quórum é previsto para a modulação dos efeitos na aplicação das teses ali contidas. Ademais, a matéria deverá ter sido decidida de forma idêntica por unanimidade por dois terços das turmas, em pelo menos dez sessões diferentes.

recursos de revista interpostos na fase de execução. As orientações jurisprudenciais, embora gozem, na prática, de força para também modificar as decisões que as contrariam e preservar as que as observam, além dos recursos em execução não incidem para conhecimento dos recursos de revista em procedimento sumaríssimo.

A Consolidação das Leis do Trabalho faz menção à contrariedade às orientações jurisprudenciais do Tribunal Superior do Trabalho para o cabimento do recurso de embargos (art. 894, II) e do recurso de revista, salvo no procedimento sumaríssimo e em fase de execução (art. 896, a, §§ 2º e 9º). Da mesma forma, a contrariedade à súmula do tribunal para cabimento do recurso de embargos e do recurso de revista, salvo em fase de execução (arts. 894 e 896, a, §§ 2º e 9º). Há menção igualmente à contrariedade à súmula vinculante do Supremo Tribunal Federal para o recurso de embargos e o recurso de revista, inclusive no procedimento sumaríssimo, devendo-se entender cabível também, embora não expressamente previsto, na fase de execução de sentença (art. 894, 896, §§ 2º e 9º).

Há ainda alusão às súmulas do Tribunal Superior do Trabalho e do Supremo Tribunal Federal ao lado da interativa, notória e atual jurisprudência do Tribunal Superior do Trabalho (art. 894, II, § 2º), para demonstrar a superação de divergência indicada para o recurso de embargos. A mesma expressão foi prevista para o do recurso de revista, ao lado da iterativa e notória jurisprudência do Tribunal Superior do Trabalho (art. 986, § 7º). Também se faz referência à expressão para denegar seguimento ao recurso de embargos, quando a decisão estiver em consonância com súmula desses tribunais, ao lado da notória e atual jurisprudência do Tribunal Superior do Trabalho (art. 894, § 3º, I).

O procedimento recursal é determinado sobretudo pela competência e o procedimento das ações ajuizadas na Justiça do Trabalho. As ações trabalhistas processadas e julgadas nas Varas do Trabalho seguem invariavelmente o mesmo procedimento recursal. Das sentenças proferidas, cabe recurso ordinário para os tribunais regionais do trabalho (art. 895, I, CLT), cujos acórdãos podem ser objeto de recurso de revista para as turmas do Tribunal Superior do Trabalho, cabendo desses acórdãos o recurso de embargos para a Subseção de Dissídios Individuais I, com possível deslocamento para o Tribunal Pleno.

Capítulo I · CONSIDERAÇÕES GERAIS SOBRE A FASE RECURSAL EXTRAORDINÁRIA TRABALHISTA

As ações originárias nos tribunais trabalhistas, regra geral, não seguem esse procedimento. Dos acórdãos nela proferidos, cabe recurso ordinário (art. 895, II, CLT) para o Tribunal Superior do Trabalho, que será julgado pela Subseção de Dissídios Individuais II ou pela Seção de Dissídios Coletivos.

São excepcionais as possibilidades de recurso de ação originária em tribunal regional ser julgado por turmas ou pela Subseção de Dissídios Individuais I do Tribunal Superior do Trabalho, como nos incidentes de processo em fase recursal, cujo eventual recurso ordinário será julgado por esses órgãos, ou em recurso de revista em agravo de petição, na hipótese de decisão em execução da competência originária do tribunal.

Exemplo bastante significativo de que a tramitação recursal no Tribunal Superior do Trabalho observa a competência originária é o mandado de segurança. Antes da Emenda Constitucional 45, de 2004, a Justiça do Trabalho só detinha competência para mandados de segurança impetrados contra atos de juízes ou ministros e era sempre originária dos tribunais. A partir da mencionada emenda constitucional, com a ampliação da competência da justiça especializada, inseriu-se a competência para o julgamento dos mandados de segurança, quando o ato questionado envolver matéria sujeita a sua jurisdição (art. 114, IV, CF), que geralmente são impetrados na Vara do Trabalho. Portanto, atualmente, há mandados de segurança impetrados no primeiro grau e outros nos tribunais. No primeiro caso, segue o procedimento padrão: da decisão que denega ou concede a ordem cabe recurso ordinário para o tribunal regional do trabalho, cujo acórdão poderá ser objeto de recurso de revista para as turmas do Tribunal Superior do Trabalho e posterior recurso de embargos para a Subseção de Dissídios Individuais I. No segundo caso, se impetrado em tribunal regional do trabalho, o recurso ordinário será julgado no Tribunal Superior do Trabalho pela Subseção de Dissídios Individuais II ou Seção de Dissídios Coletivos, conforme o caso.

5.3. A função do Tribunal Superior do Trabalho de zelar pelo direito aplicável às relações de trabalho e da uniformização de sua interpretação

Como já mencionado, a competência para legislar sobre Direito do Trabalho é privativa da União, nos termos do artigo 22, I, da Constituição de 1988. Isso significa que o Direito do Trabalho é único para todo o território nacional. Ressalvada a regulamentação especial, não existe diferenciação, de acordo com a região, com o estado ou o município em torno das normas que devem ser observadas nas relações de emprego existentes na vasta extensão de nosso país. Eventuais distinções não resultam das normas estatais, mas da autonomia coletiva e individual naquilo que seja mais favorável ao padrão estatal.

Porém, o fato de existir um único Direito do Trabalho não é garantia de que suas disposições serão aplicadas da mesma forma em todo o território nacional. A aplicação das normas jurídicas dá ensejo a interpretações variadas, fazendo com que na prática haja um Direito do Trabalho diferenciado, considerando as interpretações atribuídas pelos inúmeros órgãos da Justiça do Trabalho.

Daí a importância de se estabelecer mecanismos para, em primeiro lugar, assegurar que o ordenamento trabalhista federal seja observado e, em segundo lugar, para que sua aplicação seja também uniforme em todo o território nacional. Sem esses mecanismos, o resultado seria a existência de condições de trabalho diferenciadas de acordo com a localidade ou a região do país, perdendo sentido a competência privativa da União.

Cada tribunal regional do trabalho é responsável pela uniformidade da jurisprudência em sua respectiva região. Já a função de zelar pela observância do direito aplicável às relações de trabalho, bem como pela uniformidade das decisões dos tribunais regionais do trabalho compete ao Tribunal Superior do Trabalho. Trata-se de atribuição essencial para a efetividade das disposições do ordenamento jurídico que incidem nas relações de trabalho.

Algumas críticas são dirigidas ao Tribunal Superior do Trabalho no desempenho de sua função, geralmente pelo julgamento tardio de seus recursos, adiando as soluções das controvérsias. Em tese, não há dúvida de que a aplicação diferenciada do direito que incide nas relações de trabalho gera enorme prejuízo à sociedade, ao estabelecer patamares distintos de condições de trabalho, de acordo com o local da prestação de serviços.

Sem o Tribunal Superior do Trabalho, as causas terminariam regra geral no tribunal regional do trabalho, de modo que os avanços

Capítulo I · CONSIDERAÇÕES GERAIS SOBRE A FASE RECURSAL EXTRAORDINÁRIA TRABALHISTA

no âmbito trabalhista dependeriam da composição e principalmente do perfil ideológico das correntes formadas por seus integrantes. Um tribunal majoritariamente progressista poderia, sem dúvida, zelar adequadamente pelas condições de trabalho existentes na região de sua jurisdição. Porém, na linha inversa, um tribunal de formação mais conservadora poderia trazer enorme prejuízo a toda uma região do país, com grande repercussão em vários setores.

Apesar das críticas, é inegável a importância do Tribunal Superior do Trabalho, para zelar pelo direito aplicável às relações de trabalho e assegurar a sua uniformidade. Contudo, isso deve ser demonstrado a todo o momento, por meio de julgamentos céleres e comprometidos com a efetividade dos direitos sociais trabalhistas.

De qualquer forma, cabe a indagação de se realmente há em nosso país, como resultado dos julgamentos do Tribunal Superior do Trabalho, o respeito à ordem jurídica aplicável às relações de emprego, bem como a interpretação uniforme de suas disposições.

Como observado no tocante ao excesso processual na fase recursal extraordinária, que dificulta o acesso ao mérito recursal, convive-se com um Direito do Trabalho fragmentado. Em razão dos óbices para o conhecimento dos recursos naquele tribunal, acaba prevalecendo o entendimento estabelecido pelo tribunal regional do trabalho. O adiamento da solução dos casos associado à denegação de acesso à jurisprudência do tribunal apresenta-se como fator negativo na avaliação do Tribunal Superior do Trabalho.

Esse acesso mais restrito aos pronunciamentos do Tribunal Superior do Trabalho sobre o mérito das causas não significa que a jurisprudência do tribunal não cubra de forma significativa as principais matérias dos conflitos trabalhistas em nosso país, ainda que levem algum tempo para lá chegar.

No que se refere às súmulas e orientações jurisprudenciais, o acesso da parte é bem maior, apesar de que o enquadramento do caso concreto nos diversos enunciados nem sempre se verifica de modo simples, dando margem a discussões interpretativas.

Capítulo II

RECURSO DE REVISTA E EMBARGOS POR DIVERGÊNCIA
EVOLUÇÃO LEGISLATIVA E ATUAIS TENDÊNCIAS

1. EVOLUÇÃO LEGISLATIVA DOS RECURSOS DE REVISTA E DE EMBARGOS POR DIVERGÊNCIA.

O recurso de revista na redação original da Consolidação das Leis do Trabalho era denominado "recurso extraordinário", sendo cabível, naquela ocasião, das decisões de última instância que dessem a mesma norma jurídica interpretação diversa da dada por um Conselho Regional ou pela Câmara de Justiça do Trabalho e das decisões proferidas com violação expressa ao direito. Referido recurso era interposto para a Câmara de Justiça do Trabalho e era dotado de efeito devolutivo, mas o juiz ou presidente do tribunal recorrido podiam conferir-lhes efeito também suspensivo.

O Decreto-Lei n. 8.737, de 1946, promoveu alterações de redação, prevendo o recurso extraordinário para o Conselho Nacional do Trabalho, das decisões de última instância quando dessem a mesma norma jurídica interpretação diversa da que houvesse sido dada por um Conselho Regional ou pelo Conselho Nacional do Trabalho. O recurso era interposto na autoridade recorrida, no prazo de quinze dias, que poderia recebê-lo ou denegá-lo. Além disso, incluiu parágrafos estabelecendo a possibilidade de a parte pedir carta de sentença se o recurso fosse recebido apenas no efeito devolutivo e no caso de denegação de seguimento do recurso a interposição de agravo de instrumento para o Conselho Nacional do Trabalho no prazo de cinco dias.

A modificação do nome "recurso extraordinário" para "recurso de revista" veio com a Lei n. 861, de 1949, prevendo seu cabimento das decisões de última instância, quando dessem à mesma norma jurídica interpretação diversa da dada pelo mesmo Tribunal Regional ou pelo Tribunal Superior do Trabalho e proferida com violação da norma jurídica ou princípios gerais de direito. Manoel Antonio Teixeira Filho ressalta que o projeto de lei que se converteu na Lei n. 861, de 1949, previa, em desacordo com a sua redação final, interpretação diversa dada pelo mesmo ou outro tribunal regional. Porém, por falha de revisão acabou tendo suprimida a expressão "ou outro". O fato levou a existência de corrente defendendo o cabimento do recurso de revista por divergência também quando ela se verificasse em relação a outro tribunal regional.[1]

A Lei n. 2.244, de 1954, previu o recurso de revista das decisões de última instância quando dessem ao mesmo dispositivo legal interpretação diversa da dada por outro Tribunal Regional ou pelo Tribunal Superior do Trabalho, em sua composição plena. A segunda hipótese de cabimento naquela época era no caso de a decisão violar literal disposição de lei ou de sentença normativa. Por fim, estabelecia o não cabimento do recurso de revista das decisões dos presidentes dos tribunais regionais em execução de sentença.

O Decreto-Lei n. 229, de 1967, manteve o *caput* e acrescentou na primeira hipótese de cabimento uma ressalva para a caracterização da divergência com decisão do Tribunal Superior do Trabalho, em sua composição plena, quando a decisão estivesse em consonância com prejulgado ou jurisprudência uniforme desse tribunal. O prejulgado era a jurisprudência dominante que possuía efeito vinculativo, como previa o artigo 902, § 1º, da Consolidação das Leis do Trabalho, mas o Supremo Tribunal Federal retirou-lhe esse caráter normativo, uma vez que referido dispositivo não foi recepcionado pela Constituição de 1946[2]. No tocante à segunda hipótese de cabimento do recurso de revista, o texto passou a prever "violação da norma jurídica". Foi alterada a previsão de recurso das decisões dos presidentes dos tribunais regionais em execução de sentença, estabelecendo então recurso para o Corregedor da Justiça do Trabalho, no prazo de cinco dias.

---

1. *Sistema dos recursos trabalhistas cit.*, p. 273.
2. Representação por inconstitucionalidade nº 946, DJ de 01.07.1977, Rel. Min. Xavier de Albuquerque.

A Lei n. 5.542, de 1968, manteve o *caput*, mas na primeira hipótese de cabimento do recurso de revista alterou para admitir a divergência com o mesmo ou outro tribunal regional, pelo pleno ou turma, e quanto ao Tribunal Superior do Trabalho manteve a mesma redação anterior. Na segunda hipótese de cabimento deste recurso, alterou novamente a redação para "violação a literal disposição de lei ou de sentença normativa".

A Lei n. 7.033, de 1982, modificou apenas a primeira hipótese de cabimento para substituir o prejulgado e a jurisprudência uniforme do Tribunal Superior do Trabalho por "salvo se a decisão recorrida estiver em consonância com súmula de jurisprudência uniforme deste." Retornou-se a previsão de não cabimento do recurso de revista em execução de sentença das decisões proferidas pelos tribunais regionais ou por suas turmas.

A Lei n. 7.701, de 1988, trouxe alterações significativas no artigo 896 da Consolidação das Leis do Trabalho. Em relação ao *caput* manteve a previsão do recurso de revista das decisões de última instância para o Tribunal Superior do Trabalho. Na primeira hipótese de cabimento (alínea "a") alterou para "derem ao mesmo dispositivo de lei federal interpretação diversa da que lhe houver dado o mesmo ou outro Tribunal Regional, através do Pleno ou de Turmas, ou a Seção de Dissídios Individuais do Tribunal Superior do Trabalho, salvo se a decisão recorrida estiver em consonância com enunciado da Súmula da Jurisprudência Uniforme do Tribunal Superior do Trabalho". Referida lei incluiu uma segunda hipótese de cabimento do recurso de revista por divergência jurisprudencial, que passou a ocupar a alínea "b". O recurso passou a ser cabível também quando as decisões de última instância "derem ao mesmo disposto de lei estadual, Convenção Coletiva de Trabalho, Acordo Coletivo, sentença normativa ou regulamento empresarial de observância obrigatória em área territorial que exceda a jurisdição do Tribunal Regional prolator interpretação divergente, na forma da alínea a". A última hipótese de cabimento, que passou para a alínea "c", foi a "violação de dispositivo de lei federal ou da Constituição da República". A Lei n. 7.701, de 1988, previu o prazo para a interposição do recurso de revista de oito dias, sendo apresentado ao Presidente do Tribunal recorrido, que poderá recebê-lo ou denegá-lo, por despacho fundamentado (§ 1º). A autoridade recorrida declarará o efeito em que o recurso for recebido, podendo o interessado requerer carta de sentença para a execução provisória, se não for dado efeito suspensivo ao recurso (§ 2º). Foi mantida a previsão do cabimento do agravo de instrumento no caso de denegação de seguimento do recurso de revista, no prazo de oito dias (§ 3º). Em relação à execução, foi modificada a previsão anterior, incluindo os embargos de terceiro, cabendo o recurso de revista apenas na hipótese de ofensa direta à Constituição Federal (§ 4º). Essa mesma lei incluiu a possibilidade de o relator denegar seguimento ao recurso de revista, aos embargos e ao agravo de instrumento, quando a decisão recorrida estiver em consonância com súmula do Tribunal Superior do Trabalho, bem como em caso de intempestividade, deserção, falta de alçada e ilegitimidade de representação, cabendo a interposição de agravo (§ 5º).

A Lei n. 9.756, de 1998, alterou o *caput* do artigo 896 da Consolidação das Leis do Trabalho prevendo o cabimento do recurso de revista para turma do Tribunal Superior do Trabalho das decisões proferidas em grau de recurso ordinário em dissídio individual pelos tribunais regionais do trabalho. Alterou, também, a alínea "a" para restringir a hipótese de divergência de dispositivo de lei federal a outro tribunal regional, por seu pleno ou turma, a Seção de Dissídios Individuais do Tribunal Superior do Trabalho ou a sua súmula de jurisprudência uniforme. Na alínea "b" apenas acrescentou-se tribunal regional "prolator da decisão recorrida" e na alínea "c" reforçou-se a literalidade da violação ao prever "violação literal de disposição de lei federal ou afronta direta e literal à Constituição Federal". Limitou-se o recebimento do recurso de revista apenas pelo efeito devolutivo (§ 1º). Na previsão do recurso de revista em execução, reforçou-se igualmente a literalidade da violação, admitindo-o apenas "na hipótese de ofensa direta e literal de norma da Constituição Federal." Outra inovação introduzida por essa lei foi a obrigatoriedade de os tribunais regionais proceder obrigatoriamente à uniformização de sua jurisprudência, nos termos do Código de Processo Civil, sendo que a súmula resultante não propiciará a admissibilidade do recurso de revista se contrariar súmula do Tribunal Superior do Trabalho (§ 3º). Foi incluída também previsão da atualidade da divergência a ensejar o recurso de revista, não se considerando atual a ultrapassada por súmula ou superada por iterativa e notória jurisprudência do Tribunal Superior do Trabalho.

Capítulo II • RECURSO DE REVISTA E EMBARGOS POR DIVERGÊNCIA

A Lei n. 9.957, de 2000, incluiu parágrafo restringindo o cabimento do recurso de revista nas causas sujeitas ao procedimento sumaríssimo a contrariedade a súmula de jurisprudência uniforme do Tribunal Superior do Trabalho e violação direta da Constituição da República (§ 6º).

A Medida Provisória 2.226, de 4.9.2001, introduziu o artigo 896-A para que o Tribunal Superior do Trabalho examine previamente "se a causa oferece transcendência com relação aos reflexos gerais de natureza econômica, política, social ou jurídica".

A Lei n. 13.015, de 2014, trouxe inúmeras modificações no recurso de revista, que serão sintetizadas no próximo tópico.

A Lei n. 13.467, de 2017, acrescenta dispositivos no artigo 896 da Consolidação das Leis do Trabalho sobre transcrição de trechos na hipótese de nulidade por negativa de prestação jurisdicional, decisão do relator de inadmissibilidade do recurso de revista e a exigência de demonstração da transcendência para a admissibilidade do recurso de revista.

Em relação ao recurso de embargos, observa-se que na redação original do artigo 894 da Consolidação das Leis do Trabalho, esse recurso tinha cabimento das decisões de primeiro grau. Essa situação prevaleceu até a Lei n. 2.244, de 1954, quando o recurso de embargos por divergência no Tribunal Superior do Trabalho passou a ser previsto das decisões das turmas do tribunal que divergirem com as proferidas pelo tribunal pleno, cabendo ao presidente indeferir os embargos se a divergência já houver sido dirimida.

O Decreto-Lei n. 229, de 1967, ampliou as hipóteses de cabimento dos embargos por divergência no Tribunal Superior do Trabalho, prevendo esse recurso quando as decisões das turmas fossem contrárias à letra da lei federal, que divergirem entre si ou com o Tribunal Pleno, cabendo ao Presidente da turma indeferir o recurso se não configurada a contrariedade à letra da lei federal ou quando a decisão estivesse em consonância com prejulgado ou com a jurisprudência uniforme do tribunal. Referida redação foi mantida pela Lei n. 5.442, de 1968.

A Lei n. 7.033/82 apenas excluiu do artigo 894 o termo prejulgado, considerando que o Supremo Tribunal Federal entendeu por seu caráter não normativo.[3]

---

3.   Na citada Representação por inconstitucionalidade nº 946/DF, DJ 17.05.1977.

A Lei n. 11.496, de 2007, deslocou a previsão dos embargos por divergência no Tribunal Superior do Trabalho para o inciso II do artigo 894 da Consolidação das Leis do Trabalho, sendo cabível esse recurso das decisões das turmas divergentes entre si ou com da Seção de Dissídios Individuais, salvo se a decisão recorrida estiver em consonância com súmula ou orientação jurisprudencial do Tribunal Superior do Trabalho. Referida lei eliminou a hipótese de cabimento do recurso de embargos por contrariedade à lei federal.

A Lei n. 13.015, de 2014, ampliou o cabimento dos embargos por divergência e incorporou entendimentos previstos na jurisprudência, como será visto no próximo tópico.

2. SÍNTESE DAS ALTERAÇÕES PROMOVIDAS PELA LEI N. 13.015/2014.

A Lei n. 13.015, de 21 de julho de 2014, trouxe mudanças significativas no sistema recursal trabalhista, bem como incorporou na legislação entendimentos consolidados na jurisprudência do Tribunal Superior do Trabalho. Será feito um apanhado geral das alterações.

A reforma dirigiu-se basicamente à tramitação dos recursos no Tribunal Superior do Trabalho e foi iniciada mediante proposta apresentada pelo próprio tribunal (Resolução 1451, de 24.05.2011), com alterações de redação durante a tramitação do projeto, principalmente na Câmara dos Deputados.

Os dispositivos alterados da parte recursal da Consolidação das Leis do Trabalho foram os artigos 894, II, 896, 897-A e 899. Embora não tenha havido modificação no recurso ordinário, a Lei 13.015, de 2014, alterou a tramitação dos recursos nos tribunais regionais do trabalho, no tocante à uniformização de jurisprudência.

A Lei n. 13.015, de 2014, buscou agilidade no julgamento dos recursos no Tribunal Superior do Trabalho, com a redução do número de feitos que chegam a esse tribunal, e com a uniformização da jurisprudência nos tribunais trabalhistas. A tendência de objetivação apresenta-se clara, embora não tenha havido, naquele momento, qualquer intento de vincular a decisão dos magistrados na apreciação das demandas submetidas ao Poder Judiciário.

A redação atual do artigo 894 da Consolidação das Leis do Trabalho amplia as hipóteses de cabimento do recurso de embargos. Além da divergência entre turmas ou com decisões proferidas pela Seção de Dissídios Individuais, o novo texto inclui as contrárias a súmula ou orientação jurisprudencial do Tribunal Superior do Trabalho ou súmula vinculante do Supremo Tribunal Federal. A alteração cumpre função esclarecedora, numa parte, ao dar respaldo ao que já vinha entendendo o Tribunal Superior do Trabalho acerca da admissibilidade de recurso de embargos por contrariedade a súmula ou orientação jurisprudencial[4]. Em relação à súmula vinculante do Supremo Tribunal Federal, sua previsão no novo texto decorre do próprio efeito vinculante previsto no art. 103-A da Constituição.

Foram incluídos três parágrafos ao artigo 894 da Consolidação das Leis do Trabalho. O primeiro corresponde à aplicação do entendimento consolidado na Súmula nº 333 do Tribunal Superior do Trabalho, com adição da súmula do Supremo Tribunal Federal. A súmula não vinculante do Supremo Tribunal Federal não autoriza a interposição do recurso de embargos, mas é determinante do não cabimento desse recurso, ao dar respaldo à decisão da Turma do Tribunal Superior do Trabalho que a observa. O segundo aplica aos embargos o que já constava do § 5º do art. 896 da Consolidação das Leis Trabalho, em relação ao recurso de revista, embargos e agravo de instrumento, que acabou não sendo incluído no texto aprovado, uma vez que o Tribunal Superior do Trabalho o deslocou para o artigo 896-B no anteprojeto e no projeto aprovado adquiriu conteúdo distinto. Refere-se à possibilidade de o relator negar seguimento ao recurso, quando a decisão recorrida estiver de acordo com súmula do Tribunal Superior do Trabalho ou do Supremo Tribunal Federal e com interativa, atual e notória jurisprudência do Tribunal Superior do Trabalho, bem como na hipótese de ausência de pressupostos extrínsecos de admissibilidade[5]. O último parágrafo prevê o recurso de agravo no caso de decisão denegatória, no prazo de oito dias. O anteprojeto

---

4. OJ-SDI1-219. RECURSO DE REVISTA OU DE EMBARGOS FUNDAMENTADO EM ORIENTAÇÃO JURISPRUDENCIAL DO TST (inserida em 02.04.2001)É válida, para efeito de conhecimento do recurso de revista ou de embargos, a invocação de Orientação Jurisprudencial do Tribunal Superior do Trabalho, desde que, das razões recursais, conste o seu número ou conteúdo.

5. A Lei nº 13.467, de 2017, acrescentou o § 14 ao art. 896 da CLT com a seguinte redação: "O relator do recurso de revista poderá denegar-lhe seguimento, em decisão monocrática, nas hipóteses de intempestividade, deserção, irregularidade de representação ou de ausência de qualquer outro pressuposto extrínseco ou intrínseco de admissibilidade."

previa multa na hipótese de agravo manifestamente inadmissível ou infundado, mas o dispositivo foi suprimido no Congresso Nacional.

A reforma no recurso de revista (art. 896 da CLT) abrange a obrigatoriedade da uniformização da jurisprudência nos tribunais regionais do trabalho, que, se não foi providenciada anteriormente, será assegurada na tramitação do recurso de revista.

O artigo 896 da Consolidação das Leis do Trabalho foi alterado na alínea "a", e acrescido de oito parágrafos. Além disso, incluíram-se os dispositivos correspondentes ao "Art. 896-B" e "Art. 896-C", este último com dezessete parágrafos.

Em relação à alínea "a" do artigo 896 da Consolidação das Leis do Trabalho, não houve modificação substancial, a não ser o acréscimo em seu texto de cabimento do recurso de revista por contrariedade a súmula vinculante do Supremo Tribunal Federal, ao lado da súmula do Tribunal Superior do Trabalho.

No § 1º-A, foram introduzidas exigências formais para o conhecimento do recurso de revista. São elas: a indicação do trecho da decisão recorrida que contém o pré-questionamento; a apresentação da contrariedade, de forma explícita e fundamentada, a dispositivo de lei, súmula ou orientação jurisprudencial do Tribunal Superior do Trabalho, que conflite com a decisão recorrida; e as razões do pedido de reforma, impugnando todos os fundamentos da decisão recorrida, mediante demonstração analítica dos dispositivos de lei, da Constituição Federal, de súmula ou orientação jurisprudencial contrariados.

A Lei 13.467/2017 acrescentou um inciso com a seguinte redação: "transcrever na peça recursal, no caso de suscitar preliminar de nulidade de julgado por negativa de prestação jurisdicional, o trecho dos embargos declaratórios em que foi pedido o pronunciamento do tribunal sobre questão veiculada no recurso ordinário e o trecho da decisão regional que rejeitou os embargos quanto ao pedido, para cotejo e verificação, de plano, da ocorrência da omissão."

Os §§ 3º a 6º do artigo 896 da Consolidação das Leis do Trabalho trataram da uniformização da jurisprudência nos tribunais regionais do trabalho, que estavam obrigados a observá-la, nos termos do Capítulo I do Título IX do Livro I do Código de Processo Civil. Aliás, isso já constava da redação dada pela Lei nº 9.756, de 1998. O que mudou, no caso, foi o estabelecimento de mecanismos para tornar a obrigatoriedade realidade.

O incidente de uniformização de jurisprudência podia ser provocado de ofício, pelas partes ou pelo Ministério Público, hipótese em que o Tribunal Superior do Trabalho determinava o retorno dos autos ao tribunal de origem para as providências nesse sentido. Além disso, o incidente podia ser instaurado por iniciativa do Presidente do tribunal regional do trabalho, por ocasião do exame da admissibilidade do recurso de revista, ou pelo ministro relator no Tribunal Superior do Trabalho. As decisões que impusessem o retorno do feito ao regional para proceder à uniformização de jurisprudência eram irrecorríveis.

Julgado o incidente pelo regional, apenas a súmula regional ou a tese jurídica prevalecente, e não conflitante com súmula ou orientação jurisprudencial do Tribunal Superior do Trabalho, viabilizavam o conhecimento do recurso de revista por divergência.

A menção a incidente do Código de Processo Civil revogado e não previsto no atual causou dificuldades para sua aplicação prática.[6]

O § 7º reproduz o anterior § 4º, que trata da atualidade da divergência. O único acréscimo é que não se considera atual a divergência ultrapassada por súmula do Supremo Tribunal Federal.

O § 8º refere-se à prova da divergência jurisprudencial, o que é importante, pois, até então, o tema estava a cargo da jurisprudência. Segundo o novo dispositivo, o ônus da prova do dissenso de julgados compete ao recorrente e será feita "mediante certidão, cópia ou citação do repositório de jurisprudência, oficial ou credenciado, inclusive em mídia eletrônica, em que houver sido publicada a decisão divergente, ou ainda pela reprodução do julgado disponível na internet, com indicação da respectiva fonte, mencionando, em qualquer caso, as circunstâncias que identifique ou assemelhem os casos confrontados".

O § 9º trata do cabimento do recurso de revista nas causas sujeitas ao procedimento sumaríssimo, mantendo a mesma redação do anterior § 6º, com inclusão da súmula vinculante do Supremo Tribunal Federal.

O § 10 prevê o cabimento do recurso de revista, "por violação a lei federal, por divergência jurisprudencial e por ofensa à Constituição Federal nas execuções fiscais e nas controvérsias da fase de execução

---

6. Lei 13.467, de 2017, revogou os §§ 3º a 6º do artigo 896 da CLT, o que elimina a aplicação do incidente de uniformização de jurisprudência do Código de Processo Civil anterior.

que envolvam a Certidão Negativa de Débitos Trabalhistas (CNDT), criada pela Lei nº 12.440, de 7 de julho de 2011."

Já o § 11 contém importante garantia contra o formalismo exagerado, que inviabiliza o exame do mérito dos recursos de revista. No caso de recurso tempestivo, o defeito formal, não reputado grave, poderá ser desconsiderado ou sanado, julgando-se o mérito. Este dispositivo foi incluído na Câmara dos Deputados e baseou-se, na época, no projeto do novo Código de Processo Civil que ali tramitava.

O § 12 parece estar solto, pois não esclarece qual decisão monocrática denegatória a que se refere. Ele também foi incluído na Câmara dos Deputados e não está bem conectado ao § 11, que não faz menção a decisão monocrática denegatória.

Da mesma forma, pouco claro é o § 13, incluído na Câmara dos Deputados, ao fazer menção ao julgamento a que se refere o § 3º. Este parágrafo tratava da uniformização de jurisprudência pelos tribunais regionais do trabalho ao passo que o § 13 cuida de matéria relevante que pode ser deslocada da Seção Especializada em Dissídios Individuais do Tribunal Superior do Trabalho para o Pleno.[7]

A redação do artigo 897-A, que trata dos embargos de declaração, acrescentou novos parágrafos ao *caput*. Na redação anterior, só havia o parágrafo único, que se converteu no § 1º, com igual redação. O § 2º prevê a possibilidade de concessão eventual de efeito modificativo em virtude da correção de vício na decisão embargada, desde que ouvida a parte contrária, no prazo de cinco dias, como já havia sido consagrado na jurisprudência dos tribunais[8]. O § 3º esclarece que os "embargos de declaração interrompem o prazo para interposição de outros recursos, por qualquer das partes, salvo quando intempestivos, irregular a representação da parte ou ausente a sua assinatura". Tal qual em relação ao agravo, o Congresso Nacional não aprovou o

---

7. No projeto de lei a previsão do § 12 se referia a embargos à SDI e, por equívoco do legislador, foi deslocado para o art. 896 da CLT; também no projeto de lei havia a previsão de decisão monocrática em parágrafo anterior ao § 13 (estava em outro artigo), e por equívoco do legislador ficou a previsão do agravo inominado sem a antecedente previsão de decisão monocrática.

8. OJ 142 da SBDI1 TSTI -É passível de nulidade decisão que acolhe embargos de declaração com efeito modificativo sem que seja concedida oportunidade de manifestação prévia à parte contrária.II - Em decorrência do efeito devolutivo amplo concedido ao recurso ordinário, o item I não se aplica às hipóteses em que não se concede vista à parte contrária para se manifestar sobre os embargos de declaração opostos contra a sentença.

texto do anteprojeto que previa a aplicação de multa nos embargos de declaração manifestamente protelatórios.

Foi incluído, ainda, o § 8º no artigo 899 da Consolidação das Leis do Trabalho, que dispensa a obrigatoriedade de efetuar o depósito recursal no agravo de instrumento, visando destrancar recurso de revista "que se insurge contra decisão que contraria a jurisprudência uniforme do Tribunal Superior do Trabalho, consubstanciada nas suas súmulas ou em orientação jurisprudencial".

Os artigos 896-B e 896-C tratam do julgamento de recursos de revista repetitivos e da possibilidade de o julgamento dos recursos múltiplos fundados em idêntica questão de direito, considerando a relevância da matéria ou a existência de entendimentos divergentes entre os Ministros da Seção ou das turmas do Tribunal Superior do Trabalho, ser deslocado para a Subseção de Dissídios Individuais ou o Tribunal Pleno, por decisão da maioria simples de seus membros. O requerimento deve ser de um dos Ministros que compõe a Subseção de Dissídios Individuais.

O artigo 896-C e todos os seus parágrafos foram acrescentados durante a tramitação do projeto na Câmara dos Deputados. Fica claro que o deslocamento da competência da turma para a Seção ou para o Pleno inicia-se por provocação dos relatores aos presidentes da turma ou da Seção (§ 1º), que comunicarão aos presidentes das turmas ou da Seção, a fim de que possam afetar outros casos, de modo que o órgão julgador tenha uma noção geral da situação (§ 2º). O Presidente do Tribunal Superior do Trabalho oficiará os tribunais regionais para a suspensão dos casos idênticos até o julgamento do recurso representativo (§ 3º). Os tribunais regionais encaminharão um ou mais recursos representativos da controvérsia, suspendendo os demais até o julgamento pelo Tribunal Superior do Trabalho (§ 4º). O § 5º prevê a suspensão dos recursos de revista e dos embargos cujo objeto seja idêntico ao recurso repetitivo. A distribuição do recurso repetitivo será feita a ministro da Seção de Dissídios Individuais ou ao pleno e terá ministro revisor (§ 6º).

O § 7º prevê a possibilidade de o relator solicitar informações aos tribunais regionais, bem como a intervenção de pessoa, órgão ou entidade que tenham interesse na controvérsia, inclusive como assistente simples (§ 8º).

Após essas providências, os autos serão encaminhados ao Ministério Público, que terá vista pelo prazo de quinze dias (§ 9º). Transcorrido esse prazo, o relatório será distribuído aos demais ministros e o processo incluído em pauta da Seção de Dissídios Individuais ou do pleno, tendo preferência em relação aos demais feitos (§10º).

O julgamento do recurso com a respectiva publicação acarreta, para os recursos sobrestados, a denegação de seu seguimento, caso a decisão recorrida coincida com o resultado do julgamento no Tribunal Superior do Trabalho. Ou então, serão reexaminados, caso haja divergência entre a decisão recorrida e a decisão do Tribunal Superior do Trabalho. Se não houver alteração da decisão recorrida que destoa do entendimento no Tribunal Superior do Trabalho, aí sim, será apreciada a admissibilidade do recurso de revista (§§ 11 e 12).

Na hipótese de o recurso repetitivo contemplar matéria constitucional, eventual recurso extraordinário interposto terá prosseguimento, caso satisfeitos os seus pressupostos.

Aos recursos extraordinários, aplica-se o disposto no artigo 543-B do CPC, em que serão encaminhados ao Supremo Tribunal Federal um ou mais recursos representativos da controvérsia e sobrestados os demais. Nesse caso, o Presidente do Tribunal Superior do Trabalho poderá oficiar os presidentes dos tribunais regionais, das turmas e da Seção Especializada do Tribunal Superior do Trabalho, para que suspendam os processos.

O § 16 trata da demonstração de distinção das questões de fato e de direito, autorizando o afastamento da decisão do recurso repetitivo.

O § 17 prevê a possibilidade de revisão da tese adotada no julgamento do recurso repetitivo, caso haja alteração da situação econômica, social ou jurídica, autorizando o tribunal a modular os efeitos da nova decisão que alterar a anterior.

O Ato nº 491/SEGJUD.GP, de 23 de setembro de 2014, publicado no Diário Eletrônico da Justiça do Trabalho, Brasília, DF, n. 1603, de 14 de novembro de 2014, foi uma espécie de regulamentação, embora não haja previsão na lei para o tribunal assim proceder, para fins de adaptação das disposições regimentais aos novos dispositivos da Consolidação das Leis do Trabalho em matéria recursal, incluídos ou modificados pela Lei n. 13.015, de 2014. O mencionado ato foi revogado em parte pela Instrução Normativa nº 38, aprovada pela Resolução nº 201, de 10 de novembro de 2015. Foram expressamente revogados os artigos 7º ao 22 do Ato 491, detalhando o procedimento dos recursos de revista e embargos repetitivos.

Referido ato dispôs sobre a aplicação das disposições da Lei n. 13.015, de 2014, no tempo, da competência do Presidente da turma, sem prejuízo da competência do Ministro Relator do recurso de embargos, para negar-lhe seguimento nas hipóteses previstas, da persistência de decisão conflitante com a jurisprudência posterior uniformizada do tribunal regional do trabalho de origem, prevendo o seu retorno para adequação à súmula regional ou tese jurídica prevalecente, desde que não conflitante com súmula ou orientação jurisprudencial do Tribunal Superior do Trabalho.

O ato do Tribunal Superior do Trabalho tratou da comprovação da súmula regional ou da tese jurídica prevalecente no tribunal regional do trabalho, bem como a possibilidade de o relator denegar seguimento ao recurso quando a decisão regional estiver em consonância com súmula ou orientação jurisprudencial do Tribunal Superior do Trabalho. As súmulas e teses jurídicas prevalecentes nos tribunais regionais do trabalho deverão constar de banco de dados, organizadas e divulgadas preferencialmente na rede mundial de computadores.

O ato cuidou também da assunção de competência nos recursos não repetitivos, restringindo-a aos processos que tramitam na Subseção de Dissídios Individuais do Tribunal Superior do Trabalho. Essa previsão foi incorporada na Instrução Normativa nº 38/2015.

No tocante aos recursos repetitivos, somente serão afetados os recursos representativos da controvérsia admissíveis e que contenham argumentação abrangente e discussão sobre a questão jurídica a ser decidida. O Presidente da Turma no Tribunal Superior do Trabalho oficiará o Presidente da Subseção que submeterá a proposta para deliberação que, se acolhida, será distribuída para um relator e revisor. O revisor proferirá decisão de afetação, para identificar a questão a ser submetida a julgamento e determinar a suspensão dos recursos de revista ou de embargos, além de requisitar aos Presidentes ou Vice-Presidentes dos Tribunais Regionais do Trabalho a remessa de até dois recursos de revista representativos da controvérsia, concedendo vista ao Ministério Público e às partes.

Os recursos afetados deverão ser julgados no prazo de um ano, com preferência sobre os demais feitos. Se não observado esse prazo, cessam a afetação e a suspensão dos processos. A questão objeto da afetação deve ser decidida com prioridade se os recursos requisitados contiverem outras questões, que serão decididas depois, em acórdão específico para cada processo.

O relator poderá designar audiência pública para ouvir pessoas com conhecimento e experiência na matéria.

A parte poderá requerer o prosseguimento de seu processo se demonstrar que a questão nele contida é distinta da constante do recurso afetado, devendo ser ouvida a outra parte. Da decisão caberá agravo.

São previstos ainda os efeitos da decisão do recurso representativo da controvérsia.

As questões de direito objeto de recursos repetitivos julgados, pendentes de julgamento ou reputados sem relevância, bem como das decisões por ocasião da assunção de competência deverão ser mantidas e dada publicidade.

Por fim, o Ato 491 tratou da dispensa do depósito recursal prevista no § 8º da Consolidação das Leis do Trabalho.

3. SÍNTESE DAS ALTERAÇÕES PROMOVIDAS PELO NOVO CÓDIGO DE PROCESSO CIVIL NA PARTE RECURSAL.

A parte recursal do Código de Processo Civil (Leis 13.105, de 16.03.2015, e 13.256, de 04.02.2016) inicia-se na Parte Especial, Livro III, que trata "dos processos nos tribunais e dos meios de impugnação das decisões" e compreende dois Títulos, o I, que se refere à ordem dos processos e dos processos de competência originária dos tribunais, e o Título II, que enumera os recursos.

Alguns aspectos acerca da ordem dos processos nos tribunais e os processos de competência originária merecem destaque.

Nas versões anteriores da tramitação do projeto do novo Código de Processo Civil, havia previsão do denominado "precedente judicial", que consistia no pronunciamento judicial que os juízes e tribunais deveriam seguir. O procedente judicial estava localizado fora do Livro III, mas acabou sendo integrado na parte que trata da uniformização da jurisprudência, em que há menção ao termo precedente, mas não em capítulo à parte como antes (art. 926 a 928 do novo CPC).

Os tribunais devem uniformizar sua jurisprudência e "mantê-la estável, íntegra e coerente", editando enunciados de súmula que correspondam à jurisprudência dominante, atendo-se às circunstâncias

Capítulo II • RECURSO DE REVISTA E EMBARGOS POR DIVERGÊNCIA

fáticas dos julgados precedentes a sua criação (art. 926, *caput*, §§ 1º e 2º, novo CPC).

Os juízes e tribunais observarão: as decisões do Supremo Tribunal Federal em controle concentrado de constitucionalidade; os enunciados de súmula vinculante; os acórdãos em incidente de assunção de competência ou de resolução de demandas repetitivas e em julgamento de recursos extraordinário e especial repetitivos; os enunciados da súmula do Supremo Tribunal Federal em matéria constitucional e do Superior Tribunal de Justiça em matéria infraconstitucional; a orientação do plenário ou do órgão especial aos quais estiverem vinculados (art. 927 do novo CPC).

Para a alteração de tese jurídica adotada em súmula ou julgamento de casos repetitivos poderão ser realizadas audiências públicas e contar com a participação de pessoas, órgãos ou entidades que contribuam para a rediscussão da tese (art. 927, § 2º, do novo CPC).

Por ocasião da alteração da jurisprudência predominante do Supremo Tribunal Federal e dos tribunais superiores ou de julgamento de casos repetitivos, admite-se a modulação dos efeitos da alteração no interesse social e no da segurança jurídica (art. 927, § 3º, do novo CPC).

A revisão de enunciado de súmula, de jurisprudência pacificada ou de tese adotada em julgamento de casos repetitivos sujeita-se à "fundamentação adequada e específica", em atenção aos princípios da segurança jurídica, da proteção da confiança e da isonomia (art. 927, § 4º, do novo CPC),

Os precedentes dos tribunais terão publicidade e serão organizados por questão jurídica decidida e divulgados preferencialmente na rede mundial de computadores (art. 927, § 5º, do novo CPC).

Esclarece-se que se considera julgamento de casos repetitivos o incidente de resolução de demandas repetitivas e os recursos especial e extraordinário repetitivos, seja a questão de direito material ou processual (art. 928 do novo CPC).

O Código de Processo Civil ampliou a margem decisória do relator, conforme previsto em seu artigo 932. A condução do processo no tribunal está a cargo do relator, incluindo-se em suas atribuições a produção da prova e a homologação da autocomposição das partes, a apreciação do pedido de tutela provisória nos recursos e nos processos de competência originária do tribunal. A previsão do procedimento abreviado de julgamento, pelo relator monocraticamente, foi igualmente ampliada. O relator não conhecerá do recurso inadmissível, prejudicado ou carente de impugnação específica dos fundamentos da decisão recorrida, e não mais negará seguimento, como na redação anterior (art. 557, CPC-73). Além disso, o relator negará provimento a recurso que for contrário a súmula do Supremo Tribunal Federal, do Superior Tribunal de Justiça ou do próprio tribunal, a acórdão do Supremo Tribunal Federal ou do Superior Tribunal de Justiça proferido em julgamento de recursos repetitivos, bem como a tese adotada em incidente de resolução de demandas repetitivas ou de assunção de competência. Por último, após abrir prazo para apresentação de contrarrazões, quando for o caso, o relator dará provimento ao recurso se a decisão recorrida for contrária a súmula do Supremo Tribunal Federal, do Superior Tribunal de Justiça ou do próprio tribunal, a acórdão do Supremo Tribunal Federal ou Superior Tribunal de Justiça proferido em julgamento de recursos repetitivos, bem como a tese adotada em incidente de resolução de demandas repetitivas ou de assunção de competência. Além disso, cabe ao relator decidir o incidente de desconsideração da personalidade jurídica, quando este for instaurado originalmente perante o tribunal, determinar a intimação do Ministério Público, quando for o caso, e exercer outras atribuições previstas no regimento interno do tribunal.

Ainda dentro das atribuições do relator, o parágrafo único do artigo 932 do Código de Processo Civil prevê que ele concederá prazo de cinco dias para o recorrente sanar vício ou complementar documentação exigível. De acordo com o *caput* do art. 933 do Código de Processo Civil, constatando o relator fato superveniente à decisão recorrida ou questão não suscitada até aquele momento que possa ser pronunciada de ofício e devam ser consideradas no julgamento, intimará as partes para que se manifestem em cinco dias. Se constatados em sessão, o julgamento será suspenso, para que as partes se manifestem especificamente (art. 933, § 1º, do CPC). Se tais ocorrências forem identificadas por ocasião de vista dos autos, estes serão encaminhados ao relator para as providências previstas no caput do citado artigo (art. 933, § 2º, do CPC).

Na mesma linha de adoção de procedimento mais informal, com vistas ao exame do mérito recursal, o artigo 938, § 1º, do Código de

Processo Civil prevê que o vício sanável poderá ser corrigido pela realização ou renovação do ato processual por determinação do relator, no próprio tribunal ou no primeiro grau, intimando-se as partes. O julgamento do recurso prosseguirá sempre que possível, após o cumprimento da diligência. Da mesma forma, se houver necessidade de produção de prova, o relator converterá o julgamento em diligência, a ser realizada no tribunal ou no primeiro grau de jurisdição. Após a conclusão da instrução, o recurso será julgado. Se não determinadas pelo relator, as medidas mencionadas nos §§ 1º e 2º do citado artigo 938, poderão ser providenciadas pelo órgão competente para o julgamento do recurso (§ 4º).

Deve-se ressaltar o disposto no artigo 76 do Código de Processo Civil, que prevê a possibilidade de concessão de prazo para regularização de representação na fase recursal (§ 2º do art. 76 do CPC).

Pelo artigo 941, § 3º, do Código de Processo Civil o voto vencido será necessariamente declarado, integrando o acórdão para todos os fins, inclusive pré-questionamento.

Outra inovação que merece destaque é a prevista no artigo 942 do Código de Processo Civil. Se o resultado da apelação não for unânime, o julgamento prosseguirá em nova sessão a ser designada e com a presença de novos julgadores, convocados nos termos do regimento interno, em número que garanta a inversão do resultado inicial, assegurada as partes e a terceiros a possibilidade de sustentar oralmente perante os novos julgadores. O julgamento pode seguir na mesma sessão, com voto de outros julgadores que porventura componham o colegiado, prevendo-se que os que já tiverem votado rever o voto anteriormente proferido.

Esse mesmo procedimento também se aplica na ação rescisória, se o resultado é a rescisão da sentença, que prosseguirá em órgão de maior composição, e no agravo de instrumento, quando houver reforma da decisão que julgar parcialmente o mérito. Por outro lado, ele não se aplica no incidente de assunção de competência, no de resolução de demandas repetitivas, no julgamento da remessa necessária, nem nos julgamentos do plenário ou da corte especial dos tribunais.

O Código de Processo Civil estabelece que o acórdão deverá ser publicado no prazo de trinta dias contados do julgamento. Se isso não ocorrer, as notas taquigráficas substituirão o teor do acórdão, independentemente de revisão, para todos os fins legais, cabendo ao presidente do tribunal lavrar as conclusões e a ementa e mandar publicá-lo (art. 944 do CPC).

Havia inovado também o novo Código de Processo Civil ao prever, no artigo 945, o julgamento por meio eletrônico dos recursos e das causas de competência originária que não admitem sustentação oral. As partes serão notificadas de que o julgamento se realizará por meio eletrônico, podendo qualquer delas apresentar memoriais ou se oporem ao julgamento eletrônico, sem necessidade de motivação, o que levará o julgamento para sessão presencial. Da mesma forma, se no julgamento eletrônico surgir divergência, ele será suspenso para que a causa seja apreciada em sessão presencial (§§ 1º a 4º). Porém, tal previsão foi revogada pela Lei 13.256, de 2016.

O artigo 947 do Código de Processo Civil prevê o incidente de assunção de competência. Referido incidente é admissível em julgamento de recurso, remessa necessária ou causa de competência originária que envolvam relevante questão de direito, com grande repercussão social, sem repetição em diversos processos. O incidente poderá ser proposto pelo relator, de ofício ou a requerimento da parte, pelo Ministério Público ou Defensoria Pública e será julgado pelo órgão colegiado que o regimento indicar, que o julgará, caso reconheça interesse público na assunção de competência (§§ 1º e 2º). O acórdão proferido vinculará todos os juízes e órgãos fracionários, salvo se houver revisão de tese (§ 3º). Esse procedimento se aplica a feitos com relevante questão de direito em que seja conveniente prevenir ou compor divergência entre câmaras ou turmas do tribunal (§ 4º).

Outro incidente previsto de forma inovadora no Código de Processo Civil é o de resolução de demandas repetitivas, a partir do artigo 976. Tal incidente busca resguardar a isonomia e a segurança jurídica, na hipótese de repetição de processos com mesma questão de direito e pode ser suscitado perante tribunal de justiça ou tribunal regional federal, na pendência de qualquer causa de sua competência.

A instauração do incidente pode dar-se por iniciativa do relator ou órgão colegiado, por ofício; pelas partes, pelo Ministério Público, pela Defensoria Pública, pela pessoa jurídica de direito público ou por associação civil que inclua entre suas finalidades institucionais a defesa do interesse objeto do incidente, por petição.

Se o Ministério Público não figurar como requerente, intervirá obrigatoriamente, devendo assumir a titularidade, no caso de desistência ou abandono do requerente.

A ausência de algum dos pressupostos para a admissibilidade do incidente não impede ser novamente suscitado, se presente o pressuposto antes ausente.

O incidente não é cabível se um tribunal superior tiver afetado recurso para definição de tese sobre questão de direito material ou processual repetitiva.

Dar-se-á ampla divulgação e publicidade à instauração e ao julgamento do incidente, por meio de registro eletrônico no Conselho Nacional de Justiça. Os tribunais manterão banco eletrônico de dados atualizados, com informações das questões de direito objeto do incidente, comunicando ao Conselho Nacional de Justiça para inclusão no cadastro. O mesmo procedimento deve ser observado no julgamento de recursos extraordinários e especiais repetitivos e da repercussão geral em recurso extraordinário.

Com a admissão do incidente pelo órgão colegiado, o relator determinará a suspensão dos processos pendentes, individuais ou coletivos, que tramitam no estado ou na região; requisitará informações a órgãos onde tramita processo em que se discute o objeto do incidente, para prestá-las no prazo de quinze dias; intimará o Ministério Público para, querendo, manifestar no prazo de quinze dias. Por razões de segurança jurídica, os legitimados para o incidente de demandas repetitivas, bem como a parte em processo com questão jurídica objeto do incidente, poderão requerer a suspensão de todos os processos individuais ou coletivos em curso no território nacional que versem sobre a mesma questão jurídica. Cessa a suspensão dos processos se não forem interpostos os recursos especial ou extraordinário, contra a decisão proferida no incidente.

O interessado poderá requerer o prosseguimento ou a suspensão de seu processo se demonstrar a distinção de seu caso ou que está abrangido pelo incidente, mediante requerimento dirigido ao juízo onde tramita o processo. A decisão denegatória poderá ser impugnada por agravo de instrumento.

O relator instruirá o incidente, ouvindo as partes e interessados, inclusive entidades e órgãos, e determinará as diligências para elucidar a questão de direito controvertida, havendo manifestação do Ministério Público. Poderá ainda designar audiência pública, para ouvir pessoas com experiência e conhecimento na matéria.

A tese jurídica resultante do julgamento do incidente será aplicada a todos os processos individuais ou coletivos que versem sobre idêntica questão de direito e que venham a tramitar no território da competência do tribunal, ressalvada a revisão da tese jurídica. Caso não seja observada a tese adotada no incidente, caberá reclamação.

O entendimento consagrado poderá ser revisto pelo próprio tribunal ou ser impugnada por recurso especial ou extraordinário, conforme o caso. Se houver exame do mérito pelo Supremo Tribunal Federal ou pelo Superior Tribunal de Justiça, a tese jurídica firmada será aplicada a todos os processos individuais ou coletivos que versem sobre idêntica questão de direito e que tramitem no território nacional.

Referidos recursos possuem efeito suspensivo, presumindo-se a repercussão geral da questão constitucional discutida.

O Código de Processo Civil institui o mecanismo da reclamação, prevista na Constituição para o Supremo Tribunal Federal e para o Superior Tribunal de Justiça. A Emenda Constitucional nº 92, de 12.07.2016, incluiu a reclamação para preservar a competência do Tribunal Superior do Trabalho, bem como para garantir a autoridade de suas decisões. A reclamação pode ser utilizada pela parte interessada ou pelo Ministério Público para preservar a competência do tribunal ou garantir a autoridade das decisões do tribunal, bem como a observância de decisão ou precedente do Supremo Tribunal Federal no controle concentrado de constitucionalidade, súmula vinculante e acórdão procedente proferido em julgamento de casos repetitivos ou em incidente de assunção de competência (arts. 988 a 993 do novo CPC).

A reclamação será proposta perante qualquer tribunal, antes do trânsito em julgado da decisão, e será julgada pelo órgão cuja competência se busca preservar ou autoridade se pretenda garantir. O relator requisitará informações de quem praticou o ato atacado, que as prestará no prazo de dez dias, determinará a suspensão do processo ou do ato atacado, se for o caso, para evitar dano irreparável, e determinará a citação do beneficiário para contestar o pedido em quinze dias. Qualquer interessado poderá impugnar o pedido do reclamante. O Ministério Público terá vista, se não figurar como reclamante.

Se julgada procedente a reclamação, o tribunal cassará a decisão e adotará a medida para solucionar a controvérsia. O cumprimento da nova decisão é imediato e o acórdão será lavrado posteriormente. No que couber, será aplicado o procedimento do mandado de segurança. A Lei 13.256, de 2016, alterou o § 5º do artigo 988 do Código de Processo Civil para não admitir a reclamação, visando garantir a observância de acórdão de recurso extraordinário com repercussão geral reconhecida ou de acórdão proferido em julgamento de recursos extraordinário ou especial repetitivos, quando não esgotadas as instâncias ordinárias.

Deve-se fazer menção a previsão que está fora do Livro III, mas que afeta o procedimento recursal.

Trata-se da figura do *amicus curiae,* no artigo 138 do Código de Processo Civil, consistente na possibilidade de o juiz ou relator, em matéria relevante e tema específico ou cuja controvérsia possua repercussão geral, determinar, por decisão irrecorrível, de ofício ou a requerimento das partes ou de quem pretenda manifestar-se, "solicitar ou admitir a manifestação de pessoa natural ou jurídica, órgão ou entidade especializada, com representatividade adequada, no prazo de quinze dias de sua intimação."

A intervenção do *amicus curiae* não altera a competência nem admite interposição de recursos, a não ser os embargos de declaração. O juiz ou relator definirá os poderes do *amicus curiae*. Poderá recorrer, contudo, da decisão que julgar o incidente de resolução de demandas repetitivas.

Já no referente aos recursos propriamente ditos, importa destacar na parte geral alguns dispositivos.

O prazo para a interposição do recurso conta-se da data da intimação da decisão. Se na audiência for proferida decisão, considera-se feita a intimação na data de sua realização. A data de interposição do recurso enviado pelo correio será a data da postagem. O prazo para os recursos fica unificado em 15 (quinze) dias, salvo embargos de declaração, cujo prazo permanece de 5 (cinco) dias. Os feriados locais serão comprovados pelo recorrente (art.1003 do CPC). Alteração relevante, refere-se ao computo dos prazos em geral. De acordo com o artigo 219 do Código de Processo Civil, os prazos em dias, fixado por lei ou pelo juiz, serão contados apenas os dias úteis. O parágrafo único estabelece que tal previsão aplica-se somente aos prazos processuais.

O preparo, inclusive porte de remessa e retorno, quando exigido, será comprovado no ato de interposição do recurso (art. 1007 do CPC). Na linha do Código de Processo Civil anterior, a insuficiência de preparo pode ser suprida com o complemento do valor no prazo de cinco dias, que, se não providenciada, acarretará a deserção (art. 1007, § 2º, do CPC). Já em relação à ausência de comprovação do recolhimento do preparo, a novidade é a possibilidade de recolhimento em dobro antes de ser considerado deserto o recurso (art. 1007, §4º, do CPC). Nessa última hipótese, de recolhimento em dobro, se houver insuficiência parcial do preparo ou do porte de remessa, não se admite a complementação (art. 1007, § 5 º, do CPC). No caso de justo impedimento, o relator relevará a pena de deserção, fixando o prazo de cinco dias para o recorrente efetuar o preparo (art. 1007, § 6, do CPC). O equívoco no preenchimento da guia de custas não enseja deserção, podendo o relator, no caso de dúvida, intimar o recorrente para sanar o vício em cinco dias (art. 1007, §7º, do CPC).

Em relação aos recursos em espécie, a apelação inicia com uma modificação substancial nas questões resolvidas na fase de conhecimento. No Código de Processo Civil anterior, foi criada a figura do agravo retido para evitar a preclusão das questões resolvidas e não impugnadas pelo agravo de instrumento. Estabeleceu-se, inclusive, o agravo oral em audiência apresentado em seguida às decisões dos incidentes verificados por ocasião de sua realização.

No Código de Processo Civil em vigor, eliminou-se o agravo retido, assegurando-se que sobre as questões resolvidas na fase de conhecimento, se não comportarem agravo de instrumento, não incide a preclusão, devendo ser suscitadas em preliminar de eventual apelação ou contrarrazões, intimando-se, neste último caso, o recorrente para manifestar-se sobre elas. Nas versões anteriores do projeto, chegou-se a adotar figura que sempre foi utilizada no processo do trabalho: o protesto. Porém, na redação final, optou-se pela não preclusão (art. 1009, §§ 1º e 2º do CPC).

Outra modificação é que após o prazo para apresentar contrarrazões, o juiz remeterá os autos ao tribunal, independentemente de juízo de admissibilidade (art. 1010, § 3º, do CPC).

O Código de Processo Civil preservou o efeito suspensivo da apelação, como regra geral, enumerando os casos em que o efeito é meramente devolutivo (art. 1012, do CPC). O pedido de efeito

Capítulo II • RECURSO DE REVISTA E EMBARGOS POR DIVERGÊNCIA

suspensivo, nesses casos, será dirigido ao tribunal, no período entre a interposição da apelação e sua distribuição, ficando o relator prevento para o julgamento da apelação. Se já distribuída a apelação, o pedido de efeito suspensivo será dirigido ao relator (art. 1012, §§ 2º e 3 º, do CPC).

Em relação ao efeito devolutivo da apelação (art. 1013 do CPC), foram mantidas as previsões do *caput*, §§ 1º e 2º do artigo 515 do Código de Processo Civil anterior, com pequena modificação de redação e o acréscimo de que as questões a serem apreciadas e julgadas pelo tribunal limitam-se ao capítulo impugnado. Já em relação ao § 3º, houve significativa ampliação, indicando o novo dispositivo que "se a causa estiver em condições de imediato julgamento, o tribunal deve decidir desde logo o mérito", nas seguintes situações: reformar a sentença com base no art. 485, que enumera os casos em que o órgão jurisdicional não resolverá o mérito; decretar a nulidade da sentença, quando não seja congruente com os limites do pedido ou da causa de pedir; constatar omissão no exame dos pedidos, podendo julgá-los; decretar a nulidade de sentença por falta de fundamentação. Quando reformar sentença que pronuncie a decadência ou prescrição, o tribunal prosseguirá no julgamento, examinando as demais questões, para resolver a matéria de fundo.

Por fim, no § 5º do artigo 1013 do Código de Processo Civil, esclarece-se que o capítulo da sentença que confirma, concede ou revoga a tutela antecipada é impugnável na apelação, merecendo ressaltar que a sentença, neste caso, produz efeitos imediatos após a sua publicação, nos termos do artigo 1012 do Código de Processo Civil.

Na parte do agravo de instrumento, não há mais o agravo retido, como já mencionado, e o artigo 1015 do Código de Processo Civil enumera as decisões interlocutórias em que o recurso é cabível, além de outras previstas em lei. São elas: tutelas provisórias; mérito do processo; rejeição da alegação de convenção de arbitragem; incidente de desconsideração da personalidade jurídica; rejeição do pedido de gratuidade da justiça ou acolhimento do pedido de sua revogação; exibição ou posse de documento ou coisa; exclusão de litisconsorte; rejeição do pedido de limitação do litisconsórcio; admissão ou inadmissão da intervenção de terceiros; concessão, modificação ou revogação do efeito suspensivo aos embargos à execução; redistribuição do ônus da prova nos termos do artigo 373, § 1º, e outros casos expressamente referidos em lei. Também cabe o agravo de instrumento das decisões interlocutórias na fase de liquidação de sentença ou de cumprimento de sentença, no processo de execução e no processo de inventário (art. 1015, parágrafo único).

Da mesma forma que o Código de Processo Civil anterior, o agravo de instrumento é dirigido diretamente ao tribunal competente (art. 1016 do CPC), sendo a petição instruída com os documentos obrigatórios e facultativos (art. 1017 do CPC). Na falta de peça ou diante de qualquer vício que inviabilize a admissibilidade do agravo de instrumento, o relator deverá conceder o prazo de cinco dias para sanar o vício ou completar a documentação exigível (art. 1017, § 3º, do CPC). O agravo de instrumento poderá ser interposto, no prazo previsto, por: protocolo realizado diretamente no tribunal competente para julgá-lo; realizado na própria comarca, seção ou subseção judiciárias; postagem, sob registro com aviso de recebimento; transmissão de dados tipo fac-símile nos termos da lei, devendo a documentação ser juntada com os originais; e por outra forma prevista na lei. No processo eletrônico, são dispensadas as peças obrigatórias (art. 1017, §§ 2º e 4º, do CPC).

Cabe ao agravante juntar nos autos do processo cópia da petição do agravo de instrumento, do comprovante de sua interposição e da relação de documentos que instruíram o recurso, no prazo de três dias a contar da interposição do recurso. A não observância da exigência, desde que arguido e provado pelo agravado, importa inadmissibilidade do agravo de instrumento (art. 1018 do CPC).

No tribunal, o agravo de instrumento será distribuído e o relator poderá atribuir efeito suspensivo ou deferir, total ou parcialmente, em antecipação de tutela a pretensão recursal, comunicando ao juiz a decisão. O agravado será intimado para responder no prazo de quinze dias, sendo facultada a juntada da documentação que entender necessária ao julgamento do recurso. Se for o caso de sua intervenção, o Ministério Público será intimado para manifestar (art. 1019 do CPC) e o julgamento deverá ocorrer em prazo não superior a um mês da intimação do agravado (art. 1020 do CPC).

O artigo 1021 do Código de Processo Civil trata do agravo interno contra decisão proferida pelo relator para o respectivo órgão colegiado, devendo ser observadas, para o seu processamento, as regras do regimento interno do tribunal. O agravante deve impugnar

Capítulo II • RECURSO DE REVISTA E EMBARGOS POR DIVERGÊNCIA

especificadamente os fundamentos da decisão agravada, dirigindo a petição ao relator, que intimará o agravado para manifestar no prazo de quinze dias. Se não houver retratação, o recurso será levado a julgamento, com inclusão em pauta. O relator não poderá reproduzir os fundamentos da decisão agravada para julgar improcedente o agravo interno. Se o agravo interno for manifestamente inadmissível ou improcedente em votação unânime, o órgão colegiado, em decisão fundamentada, condenará o agravante a pagar ao agravado multa entre um e cinco por cento do valor da causa atualizado, cujo depósito é condição para a interposição de qualquer outro recurso, à exceção do beneficiário da gratuidade da justiça e da Fazenda Pública, que farão o pagamento ao final.

Os embargos de declaração (art. 1022 a 1026 do CPC) seguem para esclarecer obscuridade, eliminar contradição, suprir omissão e corrigir erro material. Optou-se por enumerar os casos de omissão, que são os seguintes: não manifestar sobre tese firmada no julgamento de casos repetitivos ou em incidente de assunção de competência aplicável ao caso sob julgamento; limitar-se à indicação, à reprodução ou à paráfrase de ato normativo, sem explicar sua relação com a causa ou a questão decidida; utilizar conceitos jurídicos indeterminados, sem explicar sua incidência no caso; invocar motivos que se prestariam a justificar qualquer outra decisão; não enfrentar todos os argumentos que, em tese, sejam capazes de infirmar a conclusão do julgador; invocar precedente ou enunciado de súmula, sem demonstrar que o caso a eles se ajusta; e deixar de seguir enunciado de súmula, jurisprudência ou precedente invocado pela parte, sem demonstrar distinção ou superação do entendimento.

O órgão jurisdicional intimará o embargado para manifestar no prazo de cinco dias se vislumbrar a possibilidade de modificação da decisão embargada. Os embargos opostos contra decisão do relator ou unipessoal serão decididos monocraticamente. O órgão julgador conhecerá dos embargos de declaração como agravo interno, se entender ser este o recurso cabível, intimando o recorrente para complementar as razões recursais em cinco dias, a fim de impugnar especificamente os fundamentos da decisão. Se modificada a decisão e o embargado houver interposto outro recurso contra a decisão originária, possui o direito de complementar ou alterar suas razões, nos limites da modificação, no prazo de quinze dias, contados da intimação da decisão dos embargos de declaração. A rejeição dos embargos ou a não alteração da conclusão do julgamento anterior levam ao processamento e julgamento do recurso da outra parte, independentemente de ratificação.

O Código de Processo Civil incorpora o pré-questionamento ficto no artigo 1025, ao considerar incluídos no acórdão os elementos que o embargante pleiteou, para fins de pré-questionamento, mesmo que os embargos de declaração sejam inadmitidos ou rejeitados, se o tribunal superior detectar erro, omissão, contradição ou obscuridade.

Incluiu-se, também, a possibilidade de o juiz ou relator conceder efeito suspensivo à decisão, diante da probabilidade de provimento do recurso ou, sendo relevante a fundamentação, houver risco de dano grave ou de difícil reparação.

Nos embargos manifestamente protelatórios, o embargante será condenado a pagar ao embargado multa não excedente a dois por cento sobre o valor atualizado da causa. Se reiterados, a multa será elevada até dez por cento, ficando a interposição de qualquer outro recurso condicionada ao depósito prévio da multa, exceto o beneficiário da justiça gratuita e a Fazenda Pública, que recolherão ao final.

No tocante aos recursos extraordinário e especial (art. 1029 e seguintes do CPC) cumpre destacar que havia a previsão do recurso fundado em dissenso jurisprudencial, em que tinha sido mantida a forma de prova da divergência, que estabelece que é vedado sua não admissão "com base em fundamento genérico de que as circunstâncias fáticas são diferentes, sem demonstrar a existência da distinção" (art. 1029, § 2º, do CPC). Porém, esse dispositivo foi revoado pela Lei 13.256, de 2016.

O vício formal de recurso tempestivo não reputado grave poderá ser desconsiderado ou determinada sua correção pelo Supremo Tribunal Federal ou Superior Tribunal de Justiça (art. 1029, § 3º, do CPC).

Alteração bastante significativa nessa parte havia sido a previsão de que, após a intimação para apresentação de contrarrazões pelo recorrido, os autos serão remetidos ao tribunal superior respectivo, independentemente do juízo de admissibilidade (art. 1.030, parágrafo único, do CPC). Porém, o dispositivo foi alterado pela Lei 13.256, de 2016, que revigorou o primeiro juízo de admissibilidade pelo Presidente ou Vice-Presidente do tribunal que proferiu a decisão recorrida.

Admitido o recurso extraordinário ou especial, o Supremo Tribunal Federal ou o Superior Tribunal de Justiça "julgará a causa, aplicando o direito" (art. 1034 do CPC). Relevante notar que a admissão desses recursos devolve ao tribunal superior o conhecimento dos demais fundamentos, se interpostos com base em um deles, e de todas as questões relevantes para a solução do capítulo impugnado.

Em relação à repercussão geral (art. 1035 do CPC), uma vez reconhecida a sua existência, o relator no Supremo Tribunal Federal determinará a suspensão do processamento de todos os processos pendentes, individuais ou coletivos, que versem sobre a questão e tramitem no território nacional. Poderão ser excluídos do sobrestamento, a requerimento do interessado, o recurso extraordinário intempestivo, ouvida a outra parte, cuja decisão denegatória pode ser impugnada por agravo. Negada a repercussão geral, os recursos extraordinários sobrestados terão o seguimento denegado pelo presidente ou vice-presidente do tribunal de origem. O recurso em que a repercussão geral for conhecida será julgado no prazo de um ano, com preferência sobre os demais feitos, exceto os que envolvam réu preso e *habeas corpus*. Não observado o prazo, cessa a suspensão dos processos em todo o território nacional. A súmula da decisão sobre a repercussão geral será registrada em ata e publicada no diário oficial, valendo como acórdão.

Os recursos extraordinário e especial repetitivos (art. 1036 do CPC) serão selecionados pelo presidente ou vice-presidente do tribunal de justiça ou tribunal regional federal, suspendendo-se o processamento de todos os processos pendentes, individuais ou coletivos, que tramitem no estado ou na região, conforme o caso. O relator em tribunal superior também poderá selecionar recursos representativos da controvérsia, não se vinculando à escolha feita pelo presidente ou vice-presidente do tribunal de origem.

O relator no tribunal superior, selecionados os recursos, proferirá decisão de afetação, identificando com precisão a questão a ser submetida a julgamento, a qual fica limitado o órgão colegiado, determinará a suspensão do processamento de todos os processos pendentes, individuais ou coletivos, que tramitem no território nacional sobre a questão. Além disso, poderá requisitar a todos os tribunais de justiça e tribunais regionais federais a remessa de um recurso representativo da controvérsia. Os recursos afetados serão julgados em um ano e terão preferência sobre os demais feitos, exceto os que envolvam réu preso e *habeas corpus*.

O agravo em recurso especial e em recurso extraordinário caberá contra decisão do Presidente ou Vice-Presidente do tribunal recorrido que não admitir tais recursos, salvo quando baseada em julgamento de repercussão geral ou recurso repetitivo.

Também é relevante mencionar algumas alterações dos embargos de divergência (art. 1043 e 1044 do CPC) em julgamento de recurso extraordinário ou especial e nas causas de competência originária de tribunal. Porém, várias delas foram alteradas pela Lei 13.256, de 2016. Os embargos poderiam ser interpostos por divergência no mérito, no juízo de admissibilidade, e entre um acórdão de mérito e outro que não o seja, embora tenha apreciado a controvérsia, desde que a divergência seja de qualquer outro órgão do mesmo tribunal, ou da mesma turma, se sua composição foi alterada em mais da metade de seus membros. A previsão de cabimento do recurso por divergência na admissibilidade foi suprimida pela Lei 13.256, de 2016. Além disso, a divergência apta à interposição dos embargos de divergência pode referir-se a direito material ou processual. Na redação original, em relação ao dissenso jurisprudencial, o recurso não poderia ser inadmitido com base em fundamento genérico de que as circunstâncias fáticas são diferentes, sem demonstrar a existência da distinção. Essa parte também foi suprimida pela Lei 13.256, de 2016. Por fim, a interposição de embargos de divergência no Superior Tribunal de Justiça interrompe o prazo para a interposição do recuso extraordinário por qualquer das partes.

O Tribunal Superior do Trabalho, por meio das Instruções Normativas nº 39 (Resolução nº 203, de 15.03.2016) e nº 40 (Resolução nº 205, de 15.03.2016), tratou da aplicação subsidiária e supletiva do Código de Processo Civil ao processo do trabalho, bem como de procedimentos com ela compatíveis.[9]

---

9. A Associação Nacional dos Magistrados Trabalhistas (ANAMATRA) ingressou com Ação Direta de Inconstitucionalidade (ADI 5.516), questionando a constitucionalidade da IN nº 39-2016 do TST. Independentemente da conclusão a que chegue o STF, o teor da resolução questionada constitui diretriz com o provável rumo que o TST tomará na interpretação da aplicação do CPC ao processo do trabalho, antecipando as discussões

Destacam-se da Instrução Normativa nº 39, de 2016, no tocante aos recursos as seguintes previsões na fase recursal. Mantêm-se a irrecorribilidade em separado das decisões interlocutórias e o prazo de oito dias para interpor e contra-arrazoar recursos, à exceção dos embargos de declaração, com prazo de cinco dias.

Não se aplicam ao processo do trabalho o prosseguimento de julgamento não unânime na apelação; notas taquigráficas para substituir o acórdão; a dispensa do primeiro juízo de admissibilidade da apelação; embargos de divergência; e prazo para a interposição do agravo. Aplicam-se ao processo do trabalho, sem prejuízo de outras disposições, a possibilidade de sanar incapacidade processual ou irregularidade de representação; *amicus curiae*; juízo de retratação no recurso ordinário na hipótese de não resolução do mérito; fundamentação das decisões; remessa necessária; jurisprudência dos tribunais; as previsões sobre vista regimental; o incidente de assunção de competência; a ação rescisória; a reclamação; o efeito devolutivo do recurso ordinário; e o agravo interno, salvo em relação ao prazo.[10]

Aplicam-se as previsões do contraditório, porém o conceito de decisão surpresa é mitigado, para excluir matérias que podem ser pronunciadas de ofício pelo juiz. O julgamento parcial do mérito é admitido, cabendo recurso ordinário da decisão. É cabível o incidente de desconsideração da personalidade jurídica e quando instaurado no tribunal, caberá agravo da decisão interlocutória do relator que acolher ou rejeitar o incidente. A instauração do incidente suspende o processo, sem prejuízo da concessão de tutela de urgência de natureza cautelar. Na execução, referido incidente poderá ser iniciado de ofício. O juiz poderá julgar liminarmente improcedente o pedido quando contrariar súmula do Supremo Tribunal Federal ou do Tribunal Superior do Trabalho; acórdão proferido por esses tribunais no julgamento de recursos repetitivos; entendimento firmado em incidente de resolução de demandas repetitivas ou de assunção de competência; e súmula de tribunal regional do trabalho sobre direito

---

a respeito da matéria. Ressalte-se que a aprovação da resolução pelo órgão plenário reflete o entendimento prevalecente no TST.

10. A Lei 13.467, de 2017, altera pontos da IN nº 39/2016, como a contagem dos prazos em dias úteis, uma vez que altera o art. 775 da CLT, para estabelecer a contagem em dias úteis, e confirma em parte outros pontos, como o incidente de desconsideração da personalidade jurídica.

local, convenção coletiva de trabalho, acordo coletivo de trabalho, sentença normativa ou regulamento empresarial que não excedam a área de um tribunal regional.

Do julgamento do mérito do incidente de resolução de demandas repetitivas caberá recurso de revista sem efeito suspensivo. A tese jurídica adotada pelo Tribunal Superior do Trabalho será aplicada em todo o território nacional, a todos os processos individuais ou coletivos que versem sobre idêntica questão de direito.

Os embargos de declaração podem impugnar qualquer decisão, tendo o Código aplicação supletiva, exceto a garantia de prazo em dobro para litisconsortes. A omissão, para fins de pré-questionamento ficto, se dá quando o tribunal regional do trabalho, provocado mediante embargos de declaração, se recusa a emitir tese.

Antes de considerar inadmissível o recurso, o relator concederá o prazo de 5 (cinco) dias ao recorrente para que seja sanado vício ou complementada a documentação exigível. Da mesma forma, constatada a ocorrência de vício sanável, inclusive aquele que possa ser conhecido de ofício, o relator determinará a realização ou a renovação do ato processual, no próprio tribunal ou em primeiro grau de jurisdição, intimadas as partes. A parte será intimada para suprir a insuficiência do preparo no prazo de cinco dias, sob pena de ser o recurso considerado deserto. Essa possibilidade se verificava apenas em relação às custas processuais e não ao depósito recursal. Porém, ela foi ampliada para alcançar este último. O equívoco no preenchimento da guia de custas não implicará a aplicação da pena de deserção, cabendo ao relator, na hipótese de dúvida quanto ao recolhimento, intimar o recorrente para sanar o vício no prazo de 5 (cinco) dias. Admitido o recurso de revista por um fundamento, devolve-se ao Tribunal Superior do Trabalho o conhecimento dos demais fundamentos para a solução do capítulo impugnado.

Em relação à fundamentação das decisões, consideram-se precedentes acórdãos proferidos pelo Supremo Tribunal Federal ou Tribunal Superior do Trabalho em incidente de recursos repetitivos; entendimento firmado em incidente de resolução de demandas repetitivas ou de assunção de competência; decisão do Supremo Tribunal Federal em controle concentrado de constitucionalidade; tese jurídica prevalecente em tribunal regional do trabalho não conflitante com súmula ou orientação jurisprudencial do Tribunal Superior do Trabalho; decisão do plenário, do órgão especial ou de seção especializada competente para uniformizar a jurisprudência do tribunal a que o juiz estiver vinculado ou do Tribunal Superior do Trabalho; súmulas do Supremo Tribunal Federal, orientação jurisprudencial e súmula do Tribunal Superior do Trabalho, súmula de Tribunal Regional do Trabalho não conflitante com súmula ou orientação jurisprudencial do TST, que contenham explícita referência aos fundamentos determinantes da decisão (*ratio decidendi*).[11]

A Resolução nº 218, de 17 de abril de 2017 revogou o parágrafo único do artigo 10 da Instrução Normativa nº 39, de 2016, que somente aplicava o Código de Processo Civil no tocante à insuficiência do preparo às custas e não ao depósito recursal. Com a revogação, aplica-se a ambos a possibilidade de complementação do valor.

A Instrução Normativa nº 40 (Resolução nº 215, de 15.03.2016) trata do cabimento de agravo de instrumento em caso de admissibilidade parcial de recurso de revista no Tribunal Regional do Trabalho e dá outras providências. Com o cancelamento da Súmula nº 285 do Tribunal Superior do Trabalho e da Orientação Jurisprudencial da Subseção de Dissídios Individuais-I nº 377, que, respectivamente, não previa o recurso de agravo de instrumento da decisão parcial de admissibilidade pelo primeiro juízo e de embargos de declaração em qualquer circunstância, passou a ser possível a interposição de ambos os recursos ou porque parte da decisão é denegatória ou é omissa.

Referida instrução normativa também cuidou da subsistência do incidente de uniformização de jurisprudência, considerando o disposto nos §§ 3º a 6º do artigo 896 da Consolidação das Leis do Trabalho, incluídos pela Lei 13.015, de 2014, mesmo após o Código de Processo Civil em vigor, que não o previu.[12]

---

11. A mencionada Reforma Trabalhista altera pontos da IN nº 39/2016, como a contagem dos prazos em dias úteis, uma vez que altera o art. 775 da CLT, para estabelecer a contagem em dias úteis, e confirma outros pontos, como o incidente de desconsideração da personalidade jurídica.

12. Como já ressaltado a Lei 13.467, de 2017, revogou os §§ 3º a 6º do artigo 896 da CLT, o que elimina a aplicação do incidente de uniformização de jurisprudência do Código de Processo Civil anterior.

Capítulo III

CONSIDERAÇÕES GERAIS SOBRE OS RECURSOS E SUA APLICAÇÃO AO RECURSO DE REVISTA E EMBARGOS POR DIVERGÊNCIA

1. ATOS JUDICIAIS SUJEITOS A RECURSOS.

O artigo 203 do Código de Processo Civil estabelece que "os pronunciamentos do juiz consistirão em sentenças, decisões interlocutórias e despachos". A diferenciação apresentada no mesmo dispositivo legal acerca dessas três modalidades de pronunciamentos do juiz é que sentença, ressalvando-se as disposições expressas dos procedimentos especiais, "é o pronunciamento por meio do qual o juiz, com fundamento nos arts. 485 e 487, põe fim à fase cognitiva do procedimento comum, bem como extingue a execução." (§ 1º), decisão interlocutória "é todo pronunciamento judicial de natureza decisória que não se enquadre no § 1º" (§ 2º) e por fim despachos são "todos os demais pronunciamentos do juiz praticados no processo, de ofício ou a requerimento da parte." (§ 3º).

Antes da Lei nº 11.232, de 2005, a sentença consistia no "ato pelo qual o juiz põe termo ao processo, decidindo ou não o mérito da causa" (art. 162, §1º do CPC anterior). A opção conceitual estabelecida com base nesse suposto impacto do ato judicial na relação processual, determinante de seu encerramento, não era a mais adequada, considerando que o processo prossegue após proferida a sentença, quando, por exemplo, há a interposição de recursos. Ou seja, eventual recurso não origina nova relação processual, mas dá prosseguimento à anteriormente existente, de modo que o equívoco da previsão legal era evidente.

Com a reforma da legislação processual, por meio da Lei n. 11.232/2005, para implantar o sincretismo processual, que passou a reunir dois processos distintos, conhecimento e de execução, como duas fases de uma mesma relação processual, alterou-se a redação do referido parágrafo primeiro para compatibilizar com o conjunto de providências adotado na reforma da legislação processual civil. Apesar da mudança, a citada lei, no artigo 267 do Código de Processo Civil anterior, preservou a redação do dispositivo, substituindo apenas o termo "julgamento" por "resolução". Dessa forma, enumerou os casos de extinção do processo sem resolução do mérito.

Já o artigo 269 do Código de Processo Civil anterior, de maneira mais apropriada e simples, foi alterado em seu *caput* para constar que "Haverá resolução do mérito", apresentando, a seguir, as hipóteses de sua ocorrência.

No Código de Processo Civil em vigor, o artigo 485 simplificou ao prever as hipóteses em que o juiz não resolverá o mérito e, no artigo 487, as em que haverá a resolução do mérito.

De qualquer forma, a alteração do artigo 162 do Código de Processo Civil anterior, sobretudo no que se refere ao estabelecimento de elementos diferenciadores entre os atos "sentença" e "decisão interlocutória", não resolveu todos os problemas.

O elemento terminação deve-se fazer presente na análise da distinção entre esses dois atos do juiz, não mais terminação do processo, o que efetivamente constituía impropriedade, mas do ofício de julgar pelo órgão do Poder Judiciário, podendo estender essa atividade julgadora nas situações e limites expressamente previstos no ordenamento jurídico. Na expressão mais esclarecedora do Código atual, a sentença é o pronunciamento que põe fim à fase cognitiva do procedimento comum ou extingue a execução. Já a decisão interlocutória passa a ideia de continuidade. A decisão sobre determinado ponto constitui uma etapa para que o feito prossiga até sua resolução final. Ressalte-se que o exercício da atividade pelo mesmo órgão que proferiu a decisão pode não ocorrer imediatamente, quando, por exemplo, se afasta uma preliminar e os autos retornam para o prosseguimento do feito no órgão que proferiu o ato recorrido, cassado pelo órgão recursal.

Portanto, a diferença consiste no prosseguimento ou não do ofício do órgão jurisdicional em que proferida a decisão. A que ne-

Capítulo III · CONSIDERAÇÕES GERAIS SOBRE OS RECURSOS

cessariamente acarreta o prosseguimento da atividade jurisdicional no mesmo órgão é interlocutória. Já a decisão que, em geral, finaliza o julgamento no âmbito do órgão julgador é a sentença, podendo prosseguir o exercício de atividades expressamente previstas e eventuais, como a correção de erros materiais, julgamento dos embargos de declaração e primeiro exame de admissibilidade de recursos interpostos da competência de outros órgãos.

Deve-se ressaltar aspecto relevante da distinção entre sentença e decisão interlocutória. A primeira, uma vez proferida, torna-se, como regra geral, irretratável após sua publicação, de modo que o órgão julgador não pode revê-la para modificar o posicionamento ali adotado, a não ser nos casos expressamente previstos e de forma excepcional e limitada. É esta que poderá adquirir o atributo da imutabilidade.

As decisões interlocutórias, por sua vez, que pressupõem o prosseguimento da atividade do mesmo órgão julgador para proferir decisão final, caracterizam-se pela possibilidade de retratação, como regra geral. O efeito regressivo da interlocutória confere a esse tipo de decisão a possibilidade de ser revisada pelo mesmo órgão que a proferiu, até o pronunciamento final. Sendo assim, não forma coisa julgada.

Segundo Katia Magalhães Arruda e Rubem Milhomem:

> São interlocutórias (não terminativas do feito), por exemplo, as decisões do TRT nas quais é declarada a competência da Justiça do Trabalho, é afastada a incidência da prescrição, são reconhecidas as legitimidades ativa e passiva *ad causam* ou reconhecido o vínculo de emprego, determinando-se a devolução dos autos à Vara do Trabalho para o exame dos pedidos. Em sentido contrário, não são interlocutórias (ou seja, são terminativas do feito), por exemplo, as decisões da Corte regional nas quais é declarada a incompetência da Justiça do Trabalho, é detectada a incidência da prescrição, são reconhecidas as ilegitimidades ativa e passiva *ad causam* ou é afastado o vínculo de emprego.[1]

No processo do trabalho, prevalece o princípio da irrecorribilidade das interlocutórias, de modo que sua apreciação ocorrerá nos recursos da decisão definitiva (art. 893, § 1º, CLT).

---

1. *Op. cit.,* p. 63.

Há, porém, algumas situações em que decisões interlocutórias são tratadas como se decisões finais fossem, admitindo a recorribilidade imediata, situação prevista apenas para decisões de tribunais e não no primeiro grau.[2] A Súmula 214 do Tribunal Superior do Trabalho[3] estabelece as hipóteses de recorribilidade imediata das decisões interlocutórias. Isso porque o julgamento do feito ou prosseguirá em órgão jurisdicional vinculado a tribunal distinto ou contraria súmula ou orientação jurisprudencial do Tribunal Superior do Trabalho ou o recurso cabível é para o mesmo tribunal. Diferencia-se, nesse caso, a decisão interlocutória monocrática da do colegiado. O recurso cabível da decisão colegiada para outro tribunal será o mesmo como se decisão final fosse. Se o recurso é para o mesmo tribunal, no caso da decisão monocrática interlocutória, será cabível o agravo, com juízo de retratação. Comporta recurso imediato, no caso os embargos por divergência, a decisão interlocutória colegiada em grau de recurso de revista. De qualquer forma, é importante destacar que o momento para a interposição dos recursos nos casos previstos na referida súmula é imediatamente, sob pena de preclusão.[4]

As decisões interlocutórias que não comportam recurso imediato poderão ser impugnadas na eventual interposição de novo

---

2. Miessa, Élisson. *Recursos trabalhistas. De acordo com a Lei nº 13.015/14*. Salvador, Editora Juspodivm, 2014, p. 53.

3. SUM-214 DECISÃO INTERLOCUTÓRIA. IRRECORRIBILIDADE (nova redação) - Res. 127/2005, DJ 14, 15 e 16.03.2005Na Justiça do Trabalho, nos termos do art. 893, § 1º, da CLT, as decisões interlocutórias não ensejam recurso imediato, salvo nas hipóteses de decisão: a) de Tribunal Regional do Trabalho contrária à Súmula ou Orientação Jurisprudencial do Tribunal Superior do Trabalho; b) suscetível de impugnação mediante recurso para o mesmo Tribunal; c) que acolhe exceção de incompetência territorial, com a remessa dos autos para Tribunal Regional distinto daquele a que se vincula o juízo excepcionado, consoante o disposto no art. 799, § 2º, da CLT.

4. RECURSOS DE REVISTA INTERPOSTOS PELO MINISTÉRIO PÚBLICO DO TRABALHO E PELO MUNICÍPIO DE SANTA CLARA DO SUL. ANÁLISE CONJUNTA. NULIDADE DO CONTRATO DE TRABALHO POR AUSÊNCIA DE PRÉVIA APROVAÇÃO EM CONCURSO PÚBLICO. EFEITOS. DECISÃO INTERLOCUTÓRIA CONTRÁRIA À SÚMULA DO TST. RECURSO DE REVISTA NÃO INTERPOSTO EM MOMENTO OPORTUNO. PRECLUSÃO. SÚMULA Nº 214, a, DO TST. A teor do item a da Súmula nº 214 deste Tribunal, as decisões interlocutórias proferidas por Tribunal Regional ensejam recurso imediato quando contrárias à Súmula do Tribunal Superior do Trabalho. Na hipótese, não houve interposição de recurso de revista em face da primeira decisão proferida pela Corte local, que, embora interlocutória, era contrária à Súmula nº 363/TST. Os interessados somente recorreram após proferido o segundo acórdão regional, momento em que o exame da matéria encontra óbice na preclusão, nos termos do art. 473 do CPC. Recursos de revista de que não se conhece. (RR 161500-84.2005.5.04.0771, DEJT 28.06.2010, Rel. Min. Fernando Eizo Ono)

recurso quando do retorno para a discussão de outras questões. O órgão que proferiu a decisão interlocutória não suscetível de recurso imediato não poderá decidi-la novamente, como se definitiva fosse, de modo que ainda que o recorrente não a inclua nas suas razões recursais, por esse motivo, fica resguardada a possibilidade de sua revisão ou cassação por ocasião do recurso interposto da decisão em relação aos demais tópicos do recurso.

Nas palavras de Katia Magalhães Arruda e Rubem Milhomem:

> Em todos os casos nos quais não é cabível de imediato o recurso de revista, ante a natureza jurídica interlocutória da decisão recorrida, subsiste que, após a baixa dos autos à Vara do Trabalho e o exame dos pedidos no primeiro grau de jurisdição, pode ser interposto novo recurso ordinário (para impugnar o acolhimento ou a rejeição das pretensões) e, em seguida, novo recurso de revista por meio do qual poderão ser impugnados, direta e simultaneamente, sem nenhum prejuízo processual, o primeiro acórdão do TRT do qual não se pôde recorrer de imediato e o segundo acórdão da Corte regional no qual foram apreciadas as matérias remanescentes.[5]

No entender de Victor Russomano Júnior a impossibilidade de recurso imediato não alcança os embargos de declaração e apresenta o seguinte exemplo:

> Acórdão regional afirma vínculo empregatício que havia sido negado pela sentença vestibular e determina o retorno dos autos à VT, para fins de análise meritória da reclamatória. (Trata-se de decisão interlocutória e não recorrível de imediato.)
>
> A parte objetiva interpor RR, para desconfigurar a relação empregatícia, porque ausente um dos pressupostos da mesma, qual seja, a pessoalidade (o reclamante fazia-se substituir na prestação laboral).
>
> Caso o acórdão regional não se manifeste quanto ao tema, EDs deverão ser opostos para prequestioná-lo.
>
> O processo retorna à VT, após julgamento dos EDs e, interposto novo RO, é prolatado o segundo acórdão regional, impugnável por meio de RR, que contemplará a ausência de pessoalidade.[6]

---

5. *Op. cit.,* p. 63
6. *Recursos trabalhistas de natureza extraordinária. Pressupostos intrínsecos.* 4ª. ed., Curitiba, Juruá, 2011, p. 44-45.

Aliás, essa hipótese está contemplada na própria Súmula 214 do Tribunal Superior do Trabalho, quando prevê a recorribilidade imediata se a decisão é suscetível de impugnação mediante recurso para o mesmo tribunal.

As considerações destinadas a propor uma diferenciação entre decisão interlocutória e sentença não possuem caráter absoluto, pois há previsão no ordenamento jurídico de retratação de sentença, como, por exemplo, a situação do artigo 198, VII, da Lei n. 8.069, de 13.07.1990 (Estatuto da Criança e do Adolescente), na hipótese de apelação, antes de determinar a remessa dos autos ao tribunal, poderá, no prazo de cinco dias, manter ou reformar a decisão.

Da mesma forma é a previsão do artigo 332 do Código de Processo Civil, que autoriza o Juiz nas causas que dispensem a fase instrutória, independentemente de citação do réu, a proferir sentença de improcedência liminar do pedido que contrariar súmula do Supremo Tribunal Federal ou do Superior Tribunal de Justiça, acórdão proferido nesses tribunais em incidente de recursos repetitivos, em entendimento firmado em incidente de resolução de demandas repetitivas ou de assunção de competência e súmula de tribunal de justiça sobre direito local. O julgamento nesses moldes também alcança a hipótese de ocorrência da prescrição ou decadência. A Instrução Normativa nº 39 do Tribunal Superior do Trabalho procede à adaptação de referido dispositivo, para jugar liminarmente improcedente o pedido que contrariar: enunciado de súmula do Supremo Tribunal Federal ou do Tribunal Superior do Trabalho (CPC, art. 927, inciso V); acórdão proferido pelo Supremo Tribunal Federal ou pelo Tribunal Superior do Trabalho em julgamento de recursos repetitivos (CLT, art. 896-B; CPC, art. 1046, § 4º); entendimento firmado em incidente de resolução de demandas repetitivas ou de assunção de competência; enunciado de súmula de Tribunal Regional do Trabalho sobre direito local, convenção coletiva de trabalho, acordo coletivo de trabalho, sentença normativa ou regulamento empresarial de observância obrigatória em área territorial que não exceda à jurisdição do respectivo Tribunal (CLT, art. 896, "b", a *contrario sensu*). Acrescenta, ainda, a ocorrência de decadência, mas não a prescrição em razão da jurisprudência que não admite sua pronúncia de ofício no processo do trabalho. Se o autor apelar, faculta-se ao juiz no prazo de cinco dias retratar-se e determinar o prosseguimento da ação. Se mantida, o réu será citado para responder ao recurso.

O artigo 485 do Código de Processo Civil, ao enumerar as hipóteses em que não haverá resolução do mérito, prevê a retratação pelo juiz no prazo de cinco dias da sentença que acolhe alguma delas, caso haja apelação (§ 7º). A Instrução Normativa nº 39, de 2016, considera aplicável ao processo do trabalho referida previsão.

Deve-se ressaltar também a possibilidade de o órgão colegiado rever a decisão mediante a introdução da sistemática da repercussão geral e do incidente de recursos repetitivos em nosso ordenamento jurídico.

Na fase de execução, o princípio da irrecorribilidade das decisões interlocutórias é abrandado.[7]

Nos tribunais, o colegiado é o órgão por excelência. Atualmente, vem sendo ampliada a possibilidade de decisões monocráticas para a resolução dos recursos. O que antes era sempre objeto de deliberação pelo órgão colegiado, passou, de uns tempos para cá, a ser atribuído aos relatores, tema que será objeto de tópico próprio. Uma vez que não figura como decisão final de um recurso no tribunal a posição monocrática, essas decisões, que podem se restringir a questões processuais, mas podem também apreciar o mérito, são equivalentes às interlocutórias, ou seja, com um grau de precariedade mais acentuado do que os acórdãos, embora tratem da mesma matéria da decisão final. Estão sempre sujeitas a impugnação por meio do agravo para que o julgamento abreviado seja revisado pelo colegiado. Muitas vezes são denominados de despachos, mas constituem verdadeiras resoluções

---

7. MANDADO DE SEGURANÇA. DECISÃO DO JUIZ DA EXECUÇÃO QUE INDEFERE O PEDIDO DE LEVANTAMENTO IMEDIATO DA QUANTIA SEQÜESTRADA EM CONTA DO ESTADO DE SÃO PAULO. NÃO-CABIMENTO. INCIDÊNCIA DA OJ Nº 92 DA SBDI-2. I - Não é demais lembrar que o princípio da irrecorribilidade das decisões interlocutórias, consagrado no art. 893, § 1º, da CLT, só se aplica ao processo de conhecimento, em virtude de não haver atividade cognitiva no processo de execução, em que os atos aí praticados se classificam como materiais e expropriatórios com vistas à satisfação da sanção jurídica. II - O que pode ocorrer durante a tramitação do processo de execução é a erupção de incidentes de cognição, quer se refiram aos embargos do devedor, quer se refiram a pretensões ali deduzidas marginalmente, em que as decisões que os examinam desafiam a interposição do agravo de petição do art. 897, alínea "a", da CLT. III – Consistindo o ato impugnado em decisão do juiz da execução que indeferira o pedido de imediato levantamento dos valores sequestrados em conta do Estado de São Paulo, defronta-se com o não-cabimento do mandado de segurança, nos termos do art. 5º, inciso II, da Lei nº 1.533/51, vigente na data da impetração, em virtude de ela ser atacável mediante agravo de petição. IV – Extinção do processo sem julgamento do mérito. (ROMS 175500-63.2008.5.15.0000, DEJT de 19.02.2010, Rel. Min. Antonio José de Barros Levenhagen)

de questões que anteriormente eram da competência exclusiva do órgão colegiado.

Ainda no tocante às decisões interlocutórias, deve-se fazer menção a uma situação que diz respeito ao acesso à justiça, de forma célere e efetiva, e, ao mesmo tempo, à ampla defesa e ao contraditório, que são as antecipações de tutela ou concessão de liminares em momento anterior à decisão final, modalidades de tutelas provisórias.

No direito processual civil, tanto as decisões que concedem como as que negam essas providências podem ser atacadas pela via do agravo de instrumento (art. 1.015 do CPC).

No processo do trabalho, em razão da irrecorribilidade das decisões interlocutórias, uma vez que não cabe recurso da decisão que concede a tutela antecipada ou liminar antes da sentença, admite-se o cabimento do mandado de segurança[8]. Já em relação à decisão que denega a antecipação de tutela ou liminar a jurisprudência não se admitia, em princípio, o mandado de segurança[9]. Percebia-se grande resistência pelo Poder Judiciário de assimilar as alterações promovidas na legislação para redistribuir o ônus do tempo do processo, que foi suportado por muito tempo, com exclusividade, pelo autor da ação. A previsão da antecipação da tutela do direito material modifica esse quadro, mas ainda dependia da mudança de cultura no Judiciário trabalhista, que acabava por conferir mais relevância ao contraditório

---

8. .Súmula nº 414 do TST. MANDADO DE SEGURANÇA. TUTELA PROVISÓRIA CONCEDIDA ANTES OU NA SENTENÇA (nova redação em decorrência do CPC de 2015) - Res. 217/2017 - DEJT divulgado em 20, 24 e 25.04.2017I – A tutela provisória concedida na sentença não comporta impugnação pela via do mandado de segurança, por ser impugnável mediante recurso ordinário. É admissível a obtenção de efeito suspensivo ao recurso ordinário mediante requerimento dirigido ao tribunal, ao relator ou ao presidente ou ao vice-presidente do tribunal recorrido, por aplicação subsidiária ao processo do trabalho do artigo 1.029, § 5º, do CPC de 2015. II – No caso de a tutela provisória haver sido concedida ou indeferida antes da sentença, cabe mandado de segurança, em face da inexistência de recurso próprio. III – A superveniência da sentença, nos autos originários, faz perder o objeto do mandado de segurança que impugnava a concessão ou o indeferimento da tutela provisória.

9. SUM-418   MANDADO DE SEGURANÇA VISANDO À CONCESSÃO DE LIMINAR OU HOMOLOGAÇÃO DE ACORDO (conversão das Orientações Jurisprudenciais nºs 120 e 141 da SBDI-2) - Res. 137/2005, DJ 22, 23 e 24.08.2005A concessão de liminar ou a homologação de acordo constituem faculdade do juiz, inexistindo direito líquido e certo tutelável pela via do mandado de segurança. (ex-Ojs da SBDI-2 nºs 120 - DJ 11.08.2003 - e 141 - DJ 04.05.2004)Redação atual:Súmula nº 418 do TST**MANDADO DE SEGURANÇA VISANDO À HOMOLOGAÇÃO DE ACORDO (nova redação em decorrência do CPC de 2015) - Res. 217/2017 - DEJT divulgado em 20, 24 e 25.04.2017**A homologação de acordo constitui faculdade do juiz, inexistindo direito líquido e certo tutelável pela via do mandado de segurança.

Capítulo III · CONSIDERAÇÕES GERAIS SOBRE OS RECURSOS

e ampla defesa na perspectiva do réu do que ao acesso efetivo à justiça do autor. Essa mudança começou a ser operada na jurisprudência, como se observa em decisão da Subseção II de Dissídios Individuais.[10] Finalmente, ela foi incluída em recente revisão jurisprudencial.

O entendimento consagrado pelo Tribunal Superior do Trabalho acerca da irrecorribilidade das decisões concessivas da tutela antes da sentença ou de liminares, o que autoriza a impetração de mandado de segurança, traz alguns problemas. Sem mencionar que reforçava a ideia de que a concessão da tutela antecipada ou liminar acarretava violação a direito líquido e certo do réu, diferentemente da situação jurídica do autor, em relação a não concessão dessas medidas, antes da mencionada modificação de entendimento. O mandado de segurança contra ato de juiz é geralmente julgado, nos tribunais, por órgão distinto do que julgará eventual recurso interposto da decisão final, confirmando ou não a decisão concessiva acaba desvirtuando o curso normal do processo.

---

10. **RECURSO ORDINÁRIO EM MANDADO DE SEGURANÇA. LEI Nº 5.869/73. MANDADO DE SEGURANÇA CONTRA INDEFERIMENTO DA ANTECIPAÇÃO DE TUTELA NO PROCESSO ORIGINÁRIO. PRESENÇA DOS REQUISITOS DO ART. 273 DO CPC VERIFICADOS PELA PRÓPRIA AUTORIDADE COATORA. DIREITO LÍQUIDO E CERTO DO IMPETRANTE.** 1. A tutela provisória deita suas raízes na efetividade do processo, pois, enquanto espécie de providência imediata e de urgência, afasta a possibilidade de dano decorrente da demora na prestação jurisdicional (CF, art. 5º, LXXVIII). 2. Funciona, portanto, como instrumento de harmonização entre a segurança jurídica e a efetividade do processo, na medida em que viabiliza a outorga de providências de natureza temporária, tendentes a frear situações de risco. 3. Nessa perspectiva e a teor do art. 273 do CPC, a concessão de tutela antecipada depende tanto da existência de prova inequívoca capaz de convencer o julgador da verossimilhança da alegação quanto do "fundado receio de dano irreparável ou de difícil reparação" ou do "abuso de direito ou o manifesto propósito protelatório do réu" (incisos I e II do art. 273 do CPC). 4. A noção de urgência dá margem ao julgador para decidir sem a necessidade de aprofundar a cognição, desde que presentes os elementos que impulsionem a formação do seu convencimento quanto à existência do direito. 5. Na espécie, decorre da própria fundamentação do ato coator a existência de prova inequívoca da verossimilhança da alegação do impetrante, reclamante no processo matriz. Com efeito, ao indeferir a imediata reintegração do autor ao posto de trabalho, a autoridade judicial dita coatora afirmou existir, nos autos principais, ato oficial da Previdência Social concedendo ao trabalhador, no período de aviso prévio, auxílio doença acidentário, pelo código B91. Este fato, ao contrário do que decidiu a autoridade coatora, revela a plausibilidade do direito a ser resguardado. 6. Não há que se cogitar da compreensão da Súmula 418, na hipótese em que, repita-se, a própria autoridade coatora, embora reconheça presentes os requisitos do art. 273 do CPC, indefere a tutela de urgência, causando prejuízo desproporcional ao empregado despedido. 7. Recurso ordinário conhecido e desprovido. **(TST-SBDI2- RO-578-75.2015.5.05.0000, Relator: Ministro Alberto Luiz Bresciani de Fontan Pereira, DJE 5.8.2016)**

Nesse caso, a irrecorribilidade dessa modalidade de decisão traz mais prejuízos que benefícios em termos de celeridade e efetividade. Melhor seria, *de lege ferenda*, admitir, excepcionalmente, a interposição do agravo de instrumento, quando a decisão concessiva ou denegatória da antecipação da tutela ou liminar puder causar à parte grave lesão ou de difícil reparação.

O Código de Processo Civil limitou bastante o cabimento do agravo de instrumento, enumerando as hipóteses de sua ocorrência, além de eliminar o agravo retido, assegurando a recorribilidade posterior das decisões não impugnáveis por agravo de instrumento. Entre as hipóteses de cabimento do agravo de instrumento, o primeiro inciso o prevê para a decisão interlocutória que versem sobre "tutelas provisórias" (art. 1.015 do novo CPC).

2. JUÍZO DE ADMISSIBILIDADE E JUÍZO DE MÉRITO

Barbosa Moreira bem coloca a distinção entre juízo de admissibilidade e de mérito. Segundo o autor, toda postulação judicial pressupõe o exame de condições para a análise de seu conteúdo pelo Judiciário.

> "Embora a segunda se revista, em perspectiva global, de maior importância, constituindo o alvo normal a que tende a atividade do órgão, a primeira tem prioridade lógica, pois tal atividade só se há de se desenvolver plenamente se concorrerem os requisitos indispensáveis para tornar legítimo o seu exercício".

> "Chama-se *juízo de admissibilidade* àquele em que se declara a presença ou a ausência de semelhantes requisitos; *juízo de mérito* àquele em que se apura a existência ou inexistência de fundamento para o que se postula, tirando-se daí as consequências cabíveis, isto é, acolhendo-se ou rejeitando-se a postulação. No primeiro, julga-se esta *admissível* ou *inadmissível*; no segundo, *procedente ou improcedente*.[11]

O juízo de admissibilidade recursal é tanto da atribuição do órgão em que foi interposto o recurso, quanto do órgão competente para julgá-lo, neste caso monocrática e colegiadamente. A apreciação da admissibilidade pelo órgão perante o qual o recurso foi interposto não suprime, tampouco vincula, a análise nesse âmbito pelo órgão competente para o julgamento do recurso.

---

11. *Comentários* cit., p. 261.

Capítulo III · CONSIDERAÇÕES GERAIS SOBRE OS RECURSOS

No processo do trabalho, os recursos são interpostos invariavelmente perante o órgão que proferiu a decisão. Não há a interposição direta no órgão que julgará o recurso, como ocorre no caso do agravo de instrumento no Código de Processo Civil (art. 1016 do novo CPC). Em princípio, não haveria impedimento para a adoção do mesmo procedimento no processo do trabalho, pelo menos da denegação de seguimento do recurso ordinário, considerando que em relação à revista, há previsão expressa de sua interposição no tribunal regional recorrido. A Instrução Normativa nº 39, de 2016, do Tribunal Superior do Trabalho não prevê a aplicação do artigo 1010, § 3º do Código de Processo Civil, que trata da desnecessidade de o juízo *a quo* exercer o controle de admissibilidade da apelação.

Da decisão que denega seguimento a recurso para outro órgão julgador, é cabível o agravo de instrumento. Os embargos de declaração, segundo a jurisprudência do Tribunal Superior do Trabalho, não eram admitidos[12]. Esse posicionamento foi alterado, com o cancelamento da Súmula nº 285 do Tribunal Superior do Trabalho e da Orientação Jurisprudencial nº 377 da Subseção I de Dissídios Individuais. Como os embargos de declaração, de acordo com o Código de Processo Civil, são cabíveis de qualquer pronunciamento judicial, o primeiro juízo de admissibilidade deverá abordar todos os pontos do recurso, devendo a parte interessada, na hipótese de exame parcial do recurso, o que era frequente, provocá-la mediante embargos de declaração (IN 40, de 2016, do TST).

O agravo de instrumento é o meio de impugnação que devolverá à apreciação do tribunal a decisão denegatória do seguimento recursal, bem como a análise ampla dos pressupostos recursais do recurso trancado.

Nesse sentido, a admissibilidade parcial do recurso pelo tribunal de origem, de acordo com a nova sistemática, inviabiliza a apreciação integral dos pressupostos do recurso de revista pelo Tribunal Superior

---

12. OJ-SDI1-377: CANCELADA RES. 204/2016, DEJT DIVULGADO EM 17, 18 E 21.03.2016. EMBARGOS DE DECLARAÇÃO. DECISÃO DENEGATÓRIA DE RECURSO DE REVISTA EXARADO POR PRESIDENTE DO TRT. DESCABIMENTO. NÃO INTERRUPÇÃO DO PRAZO RECURSAL (DEJT divulgado em 19, 20 e 22.04.2010) Não cabem embargos de declaração interpostos contra decisão de admissibilidade do recurso de revista, não tendo o efeito de interromper qualquer prazo recursal.

do Trabalho, sendo necessária a interposição de agravo de instrumento em relação à parte do recurso que teve a admissibilidade negada pelo primeiro juízo. Somente assim, quando a parte provocar os pontos omissos e impugnar os pontos denegados é que afastados os óbices que levaram) ao trancamento do recurso, o órgão *ad quem* procederá ao exame de todos os pressupostos extrínsecos e intrínsecos do recurso.[13]

O provimento do agravo de instrumento depende da apreciação dos demais pressupostos recursais. Não seria razoável dar-lhe provimento, para em seguida não conhecer do recurso de revista, por ausência de outro pressuposto recursal.

Por outro lado, nada impede, sendo inclusive conveniente, que se dê provimento ao agravo de instrumento para melhor análise, especialmente quando o tribunal regional adota tese acerca de matéria controvertida no âmbito do Tribunal Superior do Trabalho.

O agravo de instrumento desprovido inviabilizará, regra geral, o prosseguimento da discussão na fase extraordinária. O provimento desse recurso para melhor análise, ainda que o resultado seja o não conhecimento do recurso de revista propicia o seguimento do debate no Judiciário.

Como observa José Alberto Couto Maciel:

> Se o despacho do Presidente do Tribunal Regional em nenhuma hipótese vincula o julgamento, pela instância superior, da revista, é evidente que o agravo, que substitui tal despacho, também não pode vincular o referido julgamento. A Turma, ao julgar o agravo, poderá entender que a divergência sobre deserção parece ser flagrante, mas só na fase de julgamento da revista é que se dará o conhecimento ou não por esta tese, ou por qualquer outra.[14]

---

13. SUM-285 CANCELADA. Res. 204/2016, DEJT divulgado em 17, 18 e 21.03.2016. RECURSO DE REVISTA. ADMISSIBILIDADE PARCIAL PELO JUIZ-PRESIDENTE DO TRIBUNAL REGIONAL DO TRABALHO. EFEITO (mantida) - Res. 121/2003, DJ 19, 20 e 21.11.2003 O fato de o juízo primeiro de admissibilidade do recurso de revista entendê-lo cabível apenas quanto a parte das matérias veiculadas não impede a apreciação integral pela Turma do Tribunal Superior do Trabalho, sendo imprópria a interposição de agravo de instrumento. OJ-SDI1-282. AGRAVO DE INSTRUMENTO. JUÍZO DE ADMISSIBILIDADE "AD QUEM" (DJ 11.08.2003) No julgamento de Agravo de Instrumento, ao afastar o óbice apontado pelo TRT para o processamento do recurso de revista, pode o juízo "ad quem" prosseguir no exame dos demais pressupostos extrínsecos e intrínsecos do recurso de revista, mesmo que não apreciados pelo TRT.

14. *Recurso de revista*. São Paulo, LTr, 1991, p. 35.

Em síntese, diante do novo posicionamento do Tribunal Superior do Trabalho, decisão que denega seguimento a recurso dirigido a outro tribunal cabe ser questionada na sua integralidade, uma vez que o Tribunal Superior do Trabalho somente julgará o que foi objeto de impugnação pela parte recorrente (IN nº 40, de 2016).

A terminologia utilizada em matéria recursal difere da que frequentemente se aplica ao primeiro grau de jurisdição. Enquanto no primeiro grau, o órgão julgador, na fase processual, ao acolher preliminar, extingue sem resolução do mérito e, adentrando no mérito da causa, decreta a total ou parcial procedência ou não dos pedidos deduzidos pelo autor, no juízo recursal de admissibilidade utiliza-se os termos receber, admitir ou dar e negar seguimento. Ou seja, trata-se de juízo sumário para o fim de mero encaminhamento. Já o juízo de admissibilidade nos tribunais pelo órgão colegiado se expressa pelo termo conhecer ou não conhecer. Quando o órgão colegiado conhece do recurso, julga para dar-lhe provimento, total ou parcial, ou negar-lhe provimento.

O relator, nas hipóteses previstas no artigo 932 do Código de Processo Civil, está autorizado a não conhecer do recurso, negar-lhe provimento ou, após facultar a apresentação de contrarrazões, dar-lhe provimento. A decisão monocrática poderá ser objeto de agravo, no prazo de quinze dias no processo civil e oito dias no processo do trabalho (art. 3º, IN nº 39-TST), a fim de levar a decisão ao órgão colegiado competente para julgar o recurso, podendo o relator se retratar. Se assim não ocorrer, o processo será apresentado em mesa pelo relator, que proferirá voto. Provido o agravo, o recurso terá seguimento. Independentemente de a decisão tratar do mérito recursal, a decisão monocrática pode ser impugnada por meio do recurso de agravo, sendo possível o juízo de retratação.

Referida previsão de julgamento do recurso monocraticamente pelo relator foi incluída pela Lei n. 9.756, de 17.12.1998. No processo do trabalho, já havia a previsão de decisão monocrática para o julgamento do recurso de revista, embargos e agravo de instrumento desde a Lei n. 7.701/1988, que incluiu o § 5º no artigo 896 da Consolidação das Leis do Trabalho, estabelecendo a possibilidade de o relator negar seguimento ao recurso se a decisão recorrida estiver em consonância com Súmula do Tribunal Superior do Trabalho, e também nas hipóteses de "intempestividade, deserção, falta de alçada e ilegitimidade de representação, cabendo a interposição de Agravo".

Tal dispositivo (§ 5º do art. 896) já não integrava a Consolidação das Leis do Trabalho, pois houve o seu deslocamento para outro artigo (896-B) no anteprojeto apresentado pelo Tribunal Superior do Trabalho, que culminou na Lei n. 13.015/2014. As modificações feitas durante a tramitação do projeto no Congresso Nacional resultaram na supressão do dispositivo, considerando nova redação atribuída ao artigo 896-B. Por outro lado, aprovou-se o mesmo procedimento para o recurso de embargos. O § 3º do inciso II da nova redação do artigo 894 da Consolidação das Leis do Trabalho, atribuída pela Lei n. 13.015, de 2014, acrescentou a possibilidade de o relator denegar seguimento ao recurso de embargos "se a decisão recorrida estiver em consonância com súmula da jurisprudência do Tribunal Superior do Trabalho ou do Supremo Tribunal Federal, ou com iterativa, notória e atual jurisprudência do Tribunal Superior do Trabalho, cumprindo-lhe indicá-la", bem como nas hipóteses de "intempestividade, deserção, irregularidade de representação ou de ausência de qualquer outro pressuposto extrínseco de admissibilidade". Da decisão denegatória, caberá agravo no prazo de oito dias.[15]

Considerando esse histórico, a conclusão é que a supressão do julgamento abreviado para o recurso de revista e de agravo de instrumento resultou de um equívoco[16]. Não há razão para afastar a aplicação subsidiária do artigo 932 do Código de Processo Civil, aliás, como já vinha sendo consagrado na jurisprudência do Tribunal Superior do Trabalho[17].

A decisão do relator, no julgamento abreviado do recurso trabalhista, pode ser objeto de embargos de declaração. O próprio relator deverá sanar eventual obscuridade, contrariedade ou omissão. A ju-

---

15. A Lei 13.467, de 2017, restituiu a previsão expressa para o recurso de revista, incluindo a possibilidade de decisão monocrática na hipótese de pressuposto intrínseco. (nota: O relator do recurso de revista denegar-lhe-á seguimento na hipótese de intempestividade, deserção, irregularidade de representação ou ausência de pressuposto extrínseco ou intrísenco do recurso (art. 896, § 14).

16. A mencionada proposta de reforma trabalhista restitui a possibilidade de o relator do recurso de revista denegar-lhe seguimento na hipótese de intempestividade, deserção, irregularidade de representação ou ausência de pressuposto extrínseco ou intrínseco do recurso (art. 896, § 14).

17. SUM-Nº 435 DECISÃO MONOCRÁTICA. RELATOR. ART. 932 DO CPC DE 2015. ART. 557 DO CPC DE 1973. APLICAÇÃO SUBSIDIÁRIA AO PROCESSO DO TRABALHO – (atualizada em decorrência do CPC de 2015) - Res. 208/2016, DEJT divulgado em 22, 25 e 26.04.2016 Aplica-se subsidiariamente ao processo do trabalho o art. 932 do CPC de 2015 (art. 557 do CPC de 1973).

risprudência do Tribunal Superior do Trabalho admite o julgamento dos embargos de declaração diretamente pelo órgão monocrático, quando se perseguem meros esclarecimentos. Já, se houver pedido de efeito modificativo, os embargos de declaração serão convertidos em agravo para apreciação pelo órgão colegiado. Caso seja decidido pelo relator, caberá agravo para o órgão competente[18].

O Código de Processo Civil, como mencionado, ampliou as hipóteses de julgamento abreviado, mediante as quais incumbe ao relator, entre outras atribuições, não conhecer, negar ou dar provimento aos recursos.

O artigo 932 do novo Código de Processo Civil prevê, entre as atribuições do relator, a de:

> III – não conhecer de recurso inadmissível, prejudicado ou que não tenha impugnado especificamente os fundamentos da decisão recorrida; IV – negar provimento a recurso que for contrário a: a) súmula do Supremo Tribunal Federal, do Superior Tribunal de Justiça ou do próprio tribunal; b) acórdão proferido pelo Supremo Tribunal Federal ou pelo Superior Tribunal de Justiça em julgamento de recursos repetitivos; c) entendimento firmado em incidente de resolução de demandas repetitivas ou de assunção de competência; V – depois de facultada, quando for o caso, a apresentação de contrarrazões, dar provimento ao recurso se a decisão recorrida for contrária a: a) súmula do Supremo Tribunal Federal, do Superior Tribunal de Justiça ou do próprio tribunal; b) acórdão proferido pelo Supremo Tribunal Federal ou pelo Superior Tribunal de Justiça em julgamento de recursos repetitivos; c) entendimento firmado em incidente de resolução de demandas repetitivas ou de assunção de competência.

Em suma, de acordo com a legislação atual os fundamentos para o relator não conhecer do recurso são inadmissibilidade, prejudiciali-

---

18. **SUM-Nº 421 do TSTEMBARGOS DE DECLARAÇÃO. CABIMENTO. DECISÃO MONO-CRÁTICA DO RELATOR CALCADA NO ART. 932 DO CPC DE 2015. ART. 557 DO CPC DE 1973. (atualizada em decorrência do CPC de 2015) – Res. 208/2016, DEJT divulgado em 22, 25 e 26.04.2016** I – Cabem embargos de declaração da decisão monocrática do relator prevista no art. 932 do CPC de 2015 (art. 557 do CPC de 1973), se a parte pretende tão somente juízo integrativo retificador da decisão e, não, modificação do julgado.II – Se a parte postular a revisão no mérito da decisão monocrática, cumpre ao relator converter os embargos de declaração em agravo, em face dos princípios da fungibilidade e celeridade processual, submetendo-o ao pronunciamento do Colegiado, após a intimação do recorrente para, no prazo de 5 (cinco) dias, complementar as razões recursais, de modo a ajustá-las às exigências do art. 1.021, § 1º, do CPC de 2015.

dade ou que não tenha impugnado especificamente os fundamentos da decisão recorrida. Para negar provimento, os fundamentos são contrariedade do recurso à súmula do Supremo Tribunal Federal, do Superior Tribunal de Justiça ou do próprio tribunal, acórdão proferido por esses tribunais em julgamento de recursos repetitivos e entendimento firmado em incidentes de resolução de demandas repetitivas e assunção de competência. Os fundamentos para dar provimento ao recurso são os mesmos acima citados para negar provimento, mas a contrariedade se verifica da decisão recorrida. Neste caso, a decisão é antecedida de vista ao recorrido para apresentar contrarrazões. A súmula, nos casos citados, possui a função de impedir o julgamento do recurso pelo órgão colegiado. Deve-se ressaltar que o relator só poderá dar provimento a recurso de revista ou de embargos quando a decisão contrariar súmula vinculante do Supremo Tribunal Federal, uma vez que a contrariedade a súmula não vinculante daquele tribunal não figura entre as hipóteses de cabimento desses recursos.

O agravo interno é cabível das decisões proferidas pelo relator dos recursos e processos de competência originária, nos tribunais nas hipóteses em que há autorização para decisões monocráticas.

Importante reforçar que o agravo interno só cabe para atacar decisão monocrática que abrevia o julgamento do recurso a ser submetido a órgão do mesmo tribunal. Se o recurso é dirigido a outro tribunal, a decisão que a ele denega seguimento é passível de impugnação mediante agravo de instrumento. Ambos os recursos são dirigidos contra decisões monocráticas. Contra decisão de órgão colegiado não cabe agravo interno nem agravo de instrumento.

Não é demais advertir que o juízo de mérito no julgamento dos recursos não necessariamente coincide com o mérito da causa. A preliminar acolhida no órgão *a quo*, por decisão final, que obsta o ingresso no mérito da causa, quando impugnada pela via cabível, será objeto do mérito recursal.

No tocante à natureza da decisão denegatória, se declaratória ou constitutiva[19], a jurisprudência trabalhista firmou-se no sentido de ser constitutiva, de modo que retarda o momento do trânsito em julgado, salvo no caso de recurso intempestivo ou incabível, se não houver

---

19. Sobre o tema Élisson Miessa. Op. cit., 63.

Capítulo III • CONSIDERAÇÕES GERAIS SOBRE OS RECURSOS 119

dúvida razoável.[20] Devem-se acrescentar as hipóteses previstas na nova redação do artigo 897-A, § 3º, dada pela Lei n. 13.015, de 2014, de não interrupção do prazo recursal pelos embargos de declaração, no caso de irregularidade de representação ou ausência de assinatura, além da intempestividade. Porém, em razão das previsões do Código de Processo Civil, apenas a intempestividade produzirá diretamente o efeito da não interrupção do prazo, considerando que em relação à irregularidade de representação ou à ausência de assinatura deve ser concedido prazo para a parte providenciar a regularização. Somente quando não o fizer é que se aplica o referido efeito.[21]

---

20. SUM-100 AÇÃO RESCISÓRIA. DECADÊNCIA (incorporadas as Orientações Jurisprudenciais nºs 13, 16, 79, 102, 104, 122 e 145 da SBDI-2) - Res. 137/2005, DJ 22, 23 e 24.08.2005I - O prazo de decadência, na ação rescisória, conta-se do dia imediatamente subseqüente ao trânsito em julgado da última decisão proferida na causa, seja de mérito ou não. (ex-Súmula nº 100 - alterada pela Res. 109/2001, DJ 20.04.2001) II - Havendo recurso parcial no processo principal, o trânsito em julgado dá-se em momentos e em tribunais diferentes, contando-se o prazo decadencial para a ação rescisória do trânsito em julgado de cada decisão, salvo se o recurso tratar de preliminar ou prejudicial que possa tornar insubsistente a decisão recorrida, hipótese em que flui a decadência a partir do trânsito em julgado da decisão que julgar o recurso parcial. (ex-Súmula nº 100 - alterada pela Res. 109/2001, DJ 20.04.2001) III - Salvo se houver dúvida razoável, a interposição de recurso intempestivo ou a interposição de recurso incabível não protrai o termo inicial do prazo decadencial. (ex-Súmula nº 100 - alterada pela Res. 109/2001, DJ 20.04.2001) IV - O juízo rescindente não está adstrito à certidão de trânsito em julgado juntada com a ação rescisória, podendo formar sua convicção através de outros elementos dos autos quanto à antecipação ou postergação do "dies a quo" do prazo decadencial. (ex-OJ nº 102 da SBDI-2 - DJ 29.04.2003) V - O acordo homologado judicialmente tem força de decisão irrecorrível, na forma do art. 831 da CLT. Assim sendo, o termo conciliatório transita em julgado na data da sua homologação judicial. (ex-OJ nº 104 da SBDI-2 - DJ 29.04.2003) VI - Na hipótese de colusão das partes, o prazo decadencial da ação rescisória somente começa a fluir para o Ministério Público, que não interveio no processo principal, a partir do momento em que tem ciência da fraude. (ex-OJ nº 122 da SBDI-2 - DJ 11.08.2003) VII - Não ofende o princípio do duplo grau de jurisdição a decisão do TST que, após afastar a decadência em sede de recurso ordinário, aprecia desde logo a lide, se a causa versar questão exclusivamente de direito e estiver em condições de imediato julgamento. (ex-OJ nº 79 da SBDI-2 – inserida em 13.03.2002) VIII - A exceção de incompetência, ainda que oposta no prazo recursal, sem ter sido aviado o recurso próprio, não tem o condão de afastar a consumação da coisa julgada e, assim, postergar o termo inicial do prazo decadencial para a ação rescisória. (ex-OJ nº 16 da SBDI-2 – inserida em 20.09.2000) IX - Prorroga-se até o primeiro dia útil, imediatamente subseqüente, o prazo decadencial para ajuizamento de ação rescisória quando expira em férias forenses, feriados, finais de semana ou em dia em que não houver expediente forense. Aplicação do art. 775 da CLT. (ex-OJ nº 13 da SBDI-2 – inserida em 20.09.2000) X - Conta-se o prazo decadencial da ação rescisória, após o decurso do prazo legal previsto para a interposição do recurso extraordinário, apenas quando esgotadas todas as vias recursais ordinárias. (ex-OJ nº 145 da SBDI-2 – DJ 10.11.2004)

21. **OJ Nº 120 SBDI1 RECURSO. ASSINATURA DA PETIÇÃO OU DAS RAZÕES RECURSAIS. ART. 932, PARÁGRAFO ÚNICO, DO CPC DE 2015. (alterada em decorrência do CPC**

3. ADMISSIBILIDADE E MÉRITO NOS RECURSOS DE NATUREZA EXTRAORDINÁRIA.

A sistemática adotada pelo Tribunal Superior do Trabalho para o exame da admissibilidade do recurso de revista é distinta, caso trate de recurso por divergência jurisprudencial ou por contrariedade a súmula e orientação jurisprudencial e violação à lei ou à Constituição.

Em relação ao recurso por divergência, inclui-se no âmbito da admissibilidade o exame da existência de divergência válida, ou seja, oriunda de órgão previsto na lei para autorizar o processamento; específica, isto é, que trate da mesma situação fática e dispositivo do ordenamento jurídico, mas com teses distintas, tópico em que pode ser incluída a exigência de identidade de fundamentação; atual, em outras palavras, não superada por súmula, orientação jurisprudencial ou iterativa, notória e atual jurisprudência do tribunal; e citada regularmente, conforme previsão legal e entendimento jurisprudencial para a comprovação da divergência.

Satisfeitos esses requisitos, o Tribunal Superior do Trabalho conhece o recurso e julga o caso, aplicando o direito à espécie, o que significa que o tribunal não está vinculado à tese consagrada na decisão recorrida, nem na decisão ou decisões apontadas como paradigmas. No mérito, o tribunal pode julgar as questões objeto do recurso, como melhor entender[22], havendo discussão acerca de se a aplicação do direito ao caso alcança o efeito translativo. De qualquer forma, nesse caso, há uma diferenciação nítida entre juízo de admissibilidade e juízo de mérito.

Porém, em relação ao recurso fundamentado em violação legal ou constitucional, e também por contrariedade a súmula ou orientação

---

de 2015) Res. 212/2016, DEJT divulgado em 20, 21 e 22.09.2016I - Verificada a total ausência de assinatura no recurso, o juiz ou o relator concederá prazo de 5 (cinco) dias para que seja sanado o vício. Descumprida a determinação, o recurso será reputado inadmissível (art. 932, parágrafo único, do CPC de 2015).II - É válido o recurso assinado, ao menos, na petição de apresentação ou nas razões recursais.

22. PROCESSUAL TRABALHISTA - DIVERGÊNCIA JURISPRUDENCIAL - PACIFICAÇÃO. Os arestos apresentados para configuração de divergência têm por fim demonstrar que existem posicionamentos diferentes sobre um mesmo tema que justifique a pacificação pela instância extraordinária, não significando que um ou outro dos posicionamentos divergentes sejam corretos, ou que se deva optar por algum deles. O Órgão julgador que aprecia o apelo extraordinário é que, analisando o direito, dá a solução cabível, pacificando a divergência. O entendimento daí resultante, eventualmente - mas não necessariamente - pode ser o mesmo do aresto trazido a confronto. (E-RR 336528-08.1997.5.02.55555, DJ de 20.10.2000, Rel. Min. Rider de Brito)

jurisprudencial, toda a análise acerca da compatibilidade da decisão recorrida com os dispositivos apontados como violados, ou com a jurisprudência consolidada, ocorre no âmbito da admissibilidade. Se nesse momento, o Tribunal não vislumbra violação às disposições do ordenamento jurídico ou a contrariedade apontada à súmula ou orientação jurisprudencial, ele não conhece do recurso. Nessa sistemática, o tribunal em regra não pronuncia o não provimento do recurso, seja por violação de lei seja por contrariedade a súmula ou orientação jurisprudencial. Quando o órgão julgador conclui, no âmbito da admissibilidade pela violação do dispositivo de lei ou da Constituição, ou contrariedade a jurisprudência sumulada ou consolidada, a consequência necessária é o provimento do recurso, sem qualquer fundamento adicional. Essa sistemática traz confusão entre admissibilidade e mérito no julgamento do recurso por violação ou contrariedade, cujo efeito prático é a ampliação da fase processual, dificultando o acesso da parte à prestação jurisdicional de mérito, como assegurado na Constituição, além de inviabilizar o prosseguimento da discussão na fase recursal extraordinária.

A redação dos dispositivos que preveem o cabimento dos recursos de natureza extraordinária contribui para a adoção desse procedimento, pois o correto seria a alegação de que a decisão contraria, diverge ou viola e não quando a decisão contrariar, divergir ou violar.

Essa técnica apresenta vários problemas, como se observa do entendimento sumulado do tribunal acerca da competência para o julgamento da ação rescisória. A ação rescisória visa desconstituir decisão de mérito transitada em julgado. Portanto, se o recurso não é conhecido, o tribunal não ingressa no seu mérito, de modo que a rigor não deteria competência para o julgamento desse meio de impugnação autônomo. Porém, de forma contraditória e insustentável, o tribunal prefere preservar a sistemática totalmente inadequada para a análise do juízo de admissibilidade e de mérito, preferindo modificar o entendimento acerca da competência para a rescisória, de modo que ela será da competência do Tribunal Superior do Trabalho, caso o recurso não tenha sido conhecido, mas o tribunal na fundamentação remeta a sua jurisprudência de direito material. Daí chegar a essa contradição: o recurso não é conhecido, mas a decisão que lhe nega conhecimento equivale a de mérito para fins de ação rescisória![23]

---

23. SUM-Nº 192 AÇÃO RESCISÓRIA. COMPETÊNCIA (atualizada em decorrência do CPC de 2015) – Res. 212/2016, DEJT divulgado em 20, 21 e 22.09.2016. I – Se não houver o

O prejuízo é inegável para o recorrente, que não acessa formalmente o mérito recursal, embora o tribunal nele ingresse, e para o autor da rescisória, que pode se equivocar em relação à competência para o ajuizamento da ação, considerando a solução nada técnica, por meio da qual decisão que não conhece de recurso pode ser enquadrada como de mérito.

A mesma sistemática já foi adotada pelo Supremo Tribunal Federal, que sensatamente a abandonou, como se verifica em decisão de 2004, por considerá-la imprópria.[24]

No Superior Tribunal de Justiça, há vários acórdãos que também fazem a distinção entre juízo de admissibilidade e de mérito no

---

conhecimento de recurso de revista ou de embargos, a competência para julgar ação que vise a rescindir a decisão de mérito é do Tribunal Regional do Trabalho, ressalvado o disposto no item II. II – Acórdão rescindendo do Tribunal Superior do Trabalho que não conhece de recurso de embargos ou de revista, analisando arguição de violação de dispositivo de lei material ou decidindo em consonância com súmula de direito material ou com iterativa, notória e atual jurisprudência de direito material da Seção de Dissídios Individuais (Súmula nº 333), examina o mérito da causa, cabendo ação rescisória da competência do Tribunal Superior do Trabalho. (ex-Súmula nº 192 – alterada pela Res. 121/2003, DJ 21.11.2003). III – Sob a égide do art. 512 do CPC de 1973, é juridicamente impossível o pedido explícito de desconstituição de sentença quando substituída por acórdão do Tribunal Regional ou superveniente sentença homologatória de acordo que puser fim ao litígio. IV – Na vigência do CPC de 1973, é manifesta a impossibilidade jurídica do pedido de rescisão de julgado proferido em agravo de instrumento que, limitando-se a aferir o eventual desacerto do juízo negativo de admissibilidade do recurso de revista, não substitui o acórdão regional, na forma do art. 512 do CPC. (ex-OJ nº 105 da SBDI-2 - DJ 29.04.2003) V- A decisão proferida pela SBDI, em agravo regimental, calcada na Súmula nº 333, substitui acórdão de Turma do TST, porque emite juízo de mérito, comportando, em tese, o corte rescisório. (ex-OJ nº 133 da SBDI-2 - DJ 04.05.2004).

24. EMENTA: I. Recurso extraordinário: letra a: possibilidade de confirmação da decisão recorrida por fundamento constitucional diverso daquele em que se alicerçou o acórdão recorrido e em cuja inaplicabilidade ao caso se baseia o recurso extraordinário: manutenção, lastreada na garantia da irredutibilidade de vencimentos, da conclusão do acórdão recorrido, não obstante fundamentado este na violação do direito adquirido. II. Recurso extraordinário: letra a: alteração da tradicional orientação jurisprudencial do STF, segundo a qual só se conhece do RE, a, se for para dar-lhe provimento: distinção necessária entre o juízo de admissibilidade do RE, a - para o qual é suficiente que o recorrente alegue adequadamente a contrariedade pelo acórdão recorrido de dispositivos da Constituição nele prequestionados - e o juízo de mérito, que envolve a verificação da compatibilidade ou não entre a decisão recorrida e a Constituição, ainda que sob prisma diverso daquele em que se hajam baseado o Tribunal a quo e o recurso extraordinário. III. Irredutibilidade de vencimentos: garantia constitucional que é modalidade qualificada da proteção ao direito adquirido, na medida em que a sua incidência pressupõe a licitude da aquisição do direito a determinada remuneração. IV. Irredutibilidade de vencimentos: violação por lei cuja aplicação implicaria reduzir vencimentos já reajustados conforme a legislação anterior incidente na data a partir da qual se prescreveu a aplicabilidade retroativa da lei nova. RE 298694, DJ de 23.04.2004.

Recurso Especial por contrariedade ou negativa de vigência de lei ou tratado federal.[25]

O Supremo Tribunal Federal, em seu procedimento mais atual, adota a teoria da asserção para aferir a presença de condição que autoriza o ingresso no mérito recursal. Basta a alegação de violação a dispositivos da Constituição pré-questionados na decisão. No mérito, o tribunal concentra a análise, com a profundidade necessária, para constatar se houve ou não violação ao texto constitucional. Nesse sentido é a Súmula 456 do Supremo Tribunal Federal e o artigo 257 do Regimento Interno do Superior Tribunal de Justiça.[26] Há precedentes não só do Supremo Tribunal Federal nesse sentido, mas também do Superior Tribunal de Justiça[27]. O Código de Processo Civil prevê que "admitido o recurso extraordinário ou o recurso especial, o Supremo Tribunal Federal ou o Superior Tribunal de Justiça julgará o processo, aplicando o direito" (art. 1.034 do CPC).

Esse é o procedimento mais consentâneo com o acesso à justiça, na sua dimensão material e como direito subjetivo da parte, de ver a demanda respondida adequadamente pelo Poder Judiciário, ainda que não exatamente para a satisfação dos interesses postos em juízo. O que se mostra inadmissível é construir artifícios processuais para barrar o julgamento de recursos, em postura denegatória de justiça,

---

25. Rodolfo de Camargo Mancuso cita, para exemplificar, os Resp. 115.063, 120.668, 140.158, 165.946 e 179.541. *Op. cit.,* p. 233.

26. Súmula 456 do STF. O Supremo Tribunal Federal, conhecendo do recurso extraordinário, julgará a causa, aplicando o direito à espécie.

27. PROCESSUAL CIVIL. PREQUESTIONAMENTO IMPLÍCITO. JUÍZO DE ADMISSIBILIDADE QUE DIFERE DO JUÍZO DE REJULGAMENTO. ABERTURA DE INSTÂNCIA. PROFUNDIDADE DO EFEITO DEVOLUTIVO. SÚMULA 456 /STF. APLICAÇÃO DO DIREITO À ESPÉCIE. 1. O Tribunal de origem quando julgou a causa apreciou a questão da violação do princípio da razoabilidade, o que configura o prequestionamento implícito do art. 2º da Lei n. 9.784 /99. 2. Conhecido o recurso especial por qualquer dos seus fundamentos, opera-se a abertura de instância, de modo que, ao julgá-lo, poderá esta Corte Superior conhecer de ofício, ou por provocação, de todas as matérias que podem ser alegadas a qualquer tempo, bem como, de todas as questões suscitadas e discutidas no processo, mesmo que não tenham sido enfrentadas no acórdão recorrido. 3. É preciso fazer uma diferenciação entre o juízo de admissibilidade e juízo de rejulgamento. Para ser admitido o recurso especial, é indispensável o prequestionamento; mas, uma vez admitido, no juízo de rejulgamento não há qualquer limitação cognitiva, a não ser a limitação horizontal estabelecida pelo recorrente. 4. Trata-se do chamado efeito translativo (profundidade do efeito devolutivo), reconhecido na Sumula 456 /STF, segundo a qual, "O Supremo Tribunal Federal, conhecendo do recurso extraordinário, julgará a causa, aplicando o direito à espécie." Agravo regimental improvido. SEGUNDA TURMA - AGRAVO REGIMENTAL NO RECURSO ESPECIAL AgRg no REsp 1200904. DJe 29/03/2011.

uma vez que afeta a interposição de outros recursos e o ajuizamento da ação rescisória.

A distinção entre juízo de admissibilidade e mérito, especialmente no recurso fundamentado em violação de dispositivo da lei ou da Constituição, integra o direito de acesso à justiça da parte, na fase recursal, cujo dever correlato é enfrentar o problema, propiciando as condições para eventual prosseguimento da discussão em órgão jurisdicional distinto.

Por isso que, conhecido o recurso, a aplicação do direito à espécie autoriza o órgão do tribunal a decidir o caso de forma adequada, levando em conta o ordenamento jurídico, sem as limitações aplicadas para o juízo de admissibilidade, evidentemente em relação ao capítulo devolvido pelo recurso.

Como já mencionado, o Código de Processo Civil prevê em seu artigo 1.034 o que consta atualmente do Regimento Interno do Superior Tribunal de Justiça e da citada súmula do Supremo Tribunal Federal. *Admitido o recurso extraordinário ou especial, o Supremo Tribunal Federal ou Superior Tribunal de Justiça julgará a causa, aplicando o direito.* Em seu parágrafo único, há a previsão de que *tendo sido admitido o recurso extraordinário ou especial por um fundamento, devolve-se ao tribunal superior o conhecimento dos demais fundamentos para a solução do capítulo impugnado.*

Esse aspecto está relacionado com a dimensão subjetiva do direito de recorrer como desdobramento do direito de ação, pois o tribunal possui condições de enfrentar o problema e oferecer uma resposta para a resolução do conflito submetido ao Judiciário.

4. PRESSUPOSTOS RECURSAIS.

4.1. Divergências nas classificações

Os artigos 997, § 2º, e 1028 do Código de Processo Civil mencionam a expressão requisitos de admissibilidade dos recursos. No âmbito trabalhista, consagrou-se a expressão pressupostos recursais.

José Carlos Barbosa Moreira subdivide os requisitos recursais em extrínsecos e intrínsecos. Os requisitos intrínsecos são aqueles

Capítulo III · CONSIDERAÇÕES GERAIS SOBRE OS RECURSOS

que dizem respeito à existência do direito de recorrer, enquanto os extrínsecos são atinentes ao modo de exercício daquele direito.[28]

Os requisitos intrínsecos dos recursos são: cabimento; legitimação para recorrer; interesse em recorrer e inexistência de fato impeditivo ou extintivo do direito de recorrer. Os requisitos recursais extrínsecos são: tempestividade; regularidade formal e preparo.

Alexandre Freitas Câmara considera as condições do recurso são projeções das ações aplicadas ao recurso. Inclui nessa categoria a legitimidade para recorrer, o interesse em recorrer e a possibilidade jurídica do recurso. Os pressupostos recursais, por sua vez, são projeções dos pressupostos processuais, destacando o órgão *ad quem* investido de jurisdição, capacidade processual no recurso e regularidade formal no recurso.[29]

Nelson Nery Júnior afirma que adota o critério de Barbosa Moreira, porém diverge no enquadramento feito em relação aos fatos impeditivos ou extintivos do direito de recorrer, que, para Barbosa Moreira, figuram como requisitos intrínsecos, enquanto, para Nery, como extrínsecos.[30]

Na verdade, a abordagem feita pelos dois autores não coincide inteiramente. Segundo Nery, requisitos extrínsecos correspondem a fatores externos e, normalmente, posteriores à decisão que se pretende impugnar. Incluem-se neles a regularidade formal, o preparo, a tempestividade e a inexistência de fato impeditivo ou extintivo do poder de recorrer. Os requisitos intrínsecos dizem respeito à decisão em si considerada, enumerando o cabimento do recurso, a legitimação e o interesse para recorrer.

Parte da doutrina preserva a diferenciação dos pressupostos recursais em objetivos e subjetivos, cujos fatores determinantes da classificação recairiam em aspectos relacionados ou não com as partes do processo.[31]

A jurisprudência e a legislação trabalhistas incorporaram a distinção denominada pressupostos "extrínsecos e intrínsecos", com as colocações da doutrina, para referir-se ao cabimento de recursos ou

---

28. *Comentários* cit., p. 263.
29. *Lições de Direito Processual Civil* cit., Vol. 2., p. 71 e ss.
30. *Teoria geral dos recursos cit.*, p. 265 e ss.
31. Como Manoel Antonio Teixeira Filho. *Op. cit.*, p. 113 e ss.

às atribuições do relator, de modo que toda a discussão possui efeito prático importante.[32]

Porém, há grande confusão nesses conceitos, quando aplicados aos recursos de natureza extraordinária. Isso porque além dos pressupostos exigidos dos recursos em geral, há pressupostos específicos desses recursos, podendo-se citar o pré-questionamento, a divergência jurisprudencial, a violação à lei e à Constituição e a transcendência[33]. Nesse caso, não é raro utilizar como pressupostos intrínsecos, ao lado dos demais que aí se enquadram, os específicos dos recursos de natureza extraordinária, ou então isoladamente, de modo que extrínsecos seriam os pressupostos gerais aplicáveis a todos os recursos[34].

---

32. O artigo 894, II, da CLT, ao disciplinar o recursos de embargos, prevê em seu § 3o: O Ministro Relator denegará seguimento aos embargos: I - se a decisão recorrida estiver em consonância com súmula da jurisprudência do Tribunal Superior do Trabalho ou do Supremo Tribunal Federal, ou com iterativa, notória e atual jurisprudência do Tribunal Superior do Trabalho, cumprindo-lhe indicá-la; II - nas hipóteses de intempestividade, deserção, irregularidade de representação ou de ausência de **qualquer outro pressuposto extrínseco de admissibilidade.**O artigo 897-A da CLT, ao enumerar as hipóteses de cabimento dos embargos de declaração, estabelece: Caberão embargos de declaração da sentença ou acórdão, no prazo de cinco dias, devendo seu julgamento ocorrer na primeira audiência ou sessão subsequente a sua apresentação, registrado na certidão, admitido efeito modificativo da decisão nos casos de omissão e contradição no julgado e **manifesto equívoco no exame dos pressupostos extrínsecos do recurso.**A Súmula 353 do TST, em diversas passagens faz alusão aos pressupostos extrínsecos, como se observa a seguir:**SUM-Nº 353 EMBARGOS. AGRAVO. CABIMENTO (atualizada em decorrência do CPC de 2015) – Res. 208/2016, DEJT divulgado em 22, 25 e 26.04.2016.** Não cabem embargos para a Seção de Dissídios Individuais de decisão de Turma proferida em agravo, salvo: a) da decisão que não conhece de agravo de instrumento ou de agravo pela ausência de pressupostos extrínsecos; b) da decisão que nega provimento ao agravo contra decisão monocrática do Relator, em que se proclamou a ausência de pressupostos extrínsecos de agravo de instrumento; c) para revisão dos pressupostos extrínsecos de admissibilidade do recurso de revista, cuja ausência haja sido declarada originariamente pela Turma no julgamento do agravo; d) para impugnar o conhecimento de agravo de instrumento; e) para impugnar a imposição de multas previstas nos arts. 1.021, § 4º, do CPC de 2015 ou 1.026, § 2º, do CPC de 2015 (art. 538, parágrafo único, do CPC de 1973, ou art. 557, § 2º, do CPC de 1973). f) contra decisão de Turma proferida em agravo em recurso de revista, nos termos do art. 894, II, da CLT. Grifos ausentes do original.

33. A Lei 13.467, de 2017, disciplina a transcendência do recurso de revista ao inserir diversos dispositivos no art. 896-A da CLT.

34. A parte da ementa a seguir transcrita, por exemplo, faz a distinção entre pressupostos extrínsecos e intrínsecos, mas não esclarece onde seriam enquadrados pressupostos gerais intrínsecos, como legitimidade e interesse:AGRAVO DE INSTRUMENTO. RITO SUMARÍSSIMO. JUÍZO DE ADMISSIBILIDADE *A QUO*. USURPAÇÃO DE COMPETÊNCIA. NÃO CONFIGURAÇÃO. A invocação de nulidade do despacho impugnado, por adentrar o mérito da demanda, ao negar admissibilidade do recurso, é insubsistente, pois despreza conceitos elementares da recorribilidade extraordinária, qual seja a submissão do agravo de instrumento ao Presidente do Regional, na forma determinada pelo artigo 896, § 1º,

Aloysio Corrêa da Veiga, em artigo doutrinário sobre o recurso de revista, ao tratar dos pressupostos extrínsecos, esclarece que esses pressupostos são "condições exteriores para que se possa tomar conhecimento do recurso. A esses pressupostos dá-se, também, o nome de pressupostos gerais do recurso."

Adiante, os enumera: "São eles: I – adequação; II – legitimidade; III – interesse; IV – representação regular; V – tempestividade; VI – fundamentação e VII – preparo."[35]

Percebe-se que há vários pressupostos considerados intrínsecos pela doutrina mas que são apresentados como extrínsecos nos recursos de natureza extraordinária.

Júlio César Bebber noticia exatamente a prevalência desse critério no Tribunal Superior do Trabalho. Segundo ele de *acordo com o TST, esse recurso (recurso de revista) está sujeito aos pressupostos intrínsecos e extrínsecos, compreendendo-se como pressupostos intrínsecos a efetiva constatação de divergência jurisprudencial e violação da lei federal ou da CF, e extrínsecos todos os demais.*[36]

Ou seja, a classificação dos pressupostos recursais em extrínsecos e intrínsecos, nos recursos de natureza extraordinária, carecem, definitivamente, de maior precisão. Além disso, é necessário distinguir, como já mencionado, o que diz respeito a pressuposto recursal e o que está afeto ao mérito recursal.

De qualquer forma, detecta-se uma carência, no âmbito dos recursos de natureza extraordinário, de aprofundamento de análise acerca dos pressupostos processuais específicos desses recursos, para fins de estabelecer a produção de efeitos ou não, conforme previsão

---

da CLT, ocasião em que a autoridade responsável pelo Juízo de admissibilidade *a quo* está obrigada a fundamentar, em despacho primeiro de admissibilidade, o recebimento ou denegação da revista. Isso, obviamente, implica a verificação dos requisitos, tanto extrínsecos (tempestividade, preparo, propriedade e regularidade de representação) como intrínsecos (violação de lei federal ou da Constituição da República, contrariedade a súmula ou orientação jurisprudencial deste Tribunal ou divergência jurisprudencial). Dessa forma, fica evidente que, ao contrário do que alega a agravante, o Juízo de admissibilidade realizado pelo Tribunal *a quo* alcança, não somente a análise dos pressupostos extrínsecos como também dos pressupostos intrínsecos de conhecimento do recurso de revista. Agravo de instrumento desprovido. (AIRR – 1018-41.2011.5.03.0138, DEJT de 22.02.2013, Rel. Min. José Roberto Freire Pimenta)

35. "Admissibilidade do recurso de revista. *Revista do Tribunal Superior do Trabalho*. Brasília, vol. 69, nº 2, jul/dez 2003, p. 86.

36. *Recursos no processo do trabalho*. 2ª. Ed., São Paulo, LTr, 2009, p. 289.

da jurisprudência e legislação, quando se referem a pressupostos extrínsecos.

Desde logo, não se apresenta satisfatório o exame dos pressupostos específicos como intrínsecos, por ausência de coerência com a abordagem doutrinária. Parece ser mais consentâneo inserir os pressupostos específicos dentro dos pressupostos aplicáveis a todos os recursos. Nesse caso, os pressupostos específicos poderão ser incluídos tanto na regularidade formal (pressuposto extrínseco) quanto no cabimento (pressuposto intrínseco).

A seguir, serão tratados os pressupostos dos recursos trabalhistas de natureza extraordinária, com análise mais abreviada em relação aos que são comuns a todos os recursos, a não ser para sugerir o enquadramento de pressupostos específicos em alguns deles.

4.2. Tempestividade

Na justiça do trabalho, o prazo para a interposição de recursos é de oito dias (art. 6º. Lei n. 5.584/70), salvo os embargos de declaração, que é de cinco dias (art. 897-A, CLT). Não se aplica o artigo 191 do Código de Processo Civil aos processos trabalhistas, que prevê prazo em dobro para litisconsortes com procuradores distintos, em prestígio ao princípio da celeridade do processo do trabalho.[37]

De acordo com os artigos 774 e 775 da Consolidação das Leis do Trabalho, os prazos no processo do trabalho contam-se da intimação pessoal, do recebimento da notificação, da publicação no jornal oficial ou em que afixado edital na sede da Vara, Juízo ou Tribunal. Os prazos podem ser prorrogados em virtude de força maior, devidamente comprovada. Para sua contagem, exclui-se o dia do começo e inclui-se o dia do vencimento. A notificação postal, caso não encontrado o destinatário ou que se recusou a recebê-la será devolvida ao tribunal de origem, no prazo de 48 horas, sob pena de responsabilidade do

---

37. OJ-SDI1-Nº 310 LITISCONSORTES. PROCURADORES DISTINTOS. PRAZO EM DOBRO. art. 229, *caput* e §§ 1º e 2º, do CPC de 2015. ART. 191 DO CPC de 1973. INAPLICÁVEL AO PROCESSO DO TRABALHO (atualizada em decorrência do CPC de 2015) - Res. 208/2016, DEJT divulgado em 22, 25 e 26.04.2016Inaplicável ao processo do trabalho a norma contida no art. 229, *caput* e §§ 1º e 2º, do CPC de 2015 (art. 191 do CPC de 1973), em razão de incompatibilidade com a celeridade que lhe é inerente.

Capítulo III · CONSIDERAÇÕES GERAIS SOBRE OS RECURSOS

servidor. O ônus da prova do não recebimento da notificação ou o recebimento após esse prazo é do destinatário.[38]

O Código de Processo Civil trouxe modificação relevante na contagem dos prazos processuais, que é o computo apenas dos dias úteis, conforme previsto no artigo 219: *Na contagem de prazo em dias, estabelecido por lei ou pelo juiz, computar-se-ão somente os úteis.* Porém, a Instrução Normativa nº 39, de 2016, não previu a aplicação do referido dispositivo ao processo do trabalho[39].

O recesso forense suspende a contagem dos prazos recursais no âmbito da Justiça do Trabalho, não devendo o período ser computado para a determinação do termo final.[40]

O Código de Processo Civil determina a suspensão dos prazos no período de 20 de dezembro a 20 de janeiro (art. 220).

A existência de feriado local, para fins de prorrogar o prazo recursal, depende de comprovação pela parte interessada. Na hipótese de feriado forense, cabe à autoridade que proferiu a decisão, certificar nos autos a sua ocorrência, admitindo-se prova documental superveniente, por ocasião da interposição do recurso de embargos de declaração, agravo regimental ou agravo de instrumento.[41]

---

38. Súmula nº 16 do TST. NOTIFICAÇÃO (nova redação) - Res. 121/2003, DJ 19, 20 e 21.11.2003. Presume-se recebida a notificação 48 (quarenta e oito) horas depois de sua *postagem*. O seu não-recebimento ou a entrega após o decurso desse prazo constitui ônus de prova do destinatário.

39. Como já destacado, a Lei 13.467, de 2017, alterou o art. 775 da CLT para estabelecer a contagem dos prazos em dias úteis.

40. Súmula nº 262 do TST. PRAZO JUDICIAL. NOTIFICAÇÃO OU INTIMAÇÃO EM SÁBADO. RECESSO FORENSE. (redação do item II alterada na sessão do Tribunal Pleno realizada em 19.05.2014) – Res. 194/2014, DEJT divulgado em 21, 22 e 23.05.2014. I - Intimada ou notificada a parte no sábado, o início do prazo se dará no primeiro dia útil imediato e a contagem, no subsequente. (ex-Súmula nº 262 - Res. 10/1986, DJ 31.10.1986). II - O recesso forense e as férias coletivas dos Ministros do Tribunal Superior do Trabalho suspendem os prazos recursais. (ex-OJ nº 209 da SBDI-1 - inserida em 08.11.2000).

41. SUM-385 FERIADO LOCAL. AUSÊNCIA DE EXPEDIENTE FORENSE. PRAZO RECURSAL. PRORROGAÇÃO. COMPROVAÇÃO. NECESSIDADE. ATO ADMINISTRATIVO DO JUÍZO "A QUO" (redação alterada na sessão do Tribunal Pleno realizada em 14.09.2012) - Res. 185/2012 – DEJT divulgado em 25, 26 e 27.09.2012I – Incumbe à parte o ônus de provar, quando da interposição do recurso, a existência de feriado local que autorize a prorrogação do prazo recursal. II – Na hipótese de feriado forense, incumbirá à autoridade que proferir a decisão de admissibilidade certificar o expediente nos autos. III – Na hipótese do inciso II, admite-se a reconsideração da análise da tempestividade do recurso, mediante prova documental superveniente, em Agravo Regimental, Agravo de Instrumento ou Embargos de Declaração.

O recurso interposto via fac-símile está previsto na Lei n. 9.800, de 1999, com a previsão de a parte juntar os originais cinco dias após o término do prazo recursal, devendo observar que o início do prazo poderá coincidir com sábado, domingo ou feriado, já que a parte possui ciência que necessita desincumbir-se de tal ônus.[42] Por cautela, é importante a parte ficar atenta também ao término do prazo, sendo recomendável apresentar os originais em dia útil, se recair em fim de semana ou feriado, embora a jurisprudência trate do início do prazo. O mesmo entendimento aplica-se ao recurso enviado por e-mail.[43]

Deve-se destacar a previsão contida no Código de Processo Civil, acerca da aferição da tempestividade do recurso remetido pelo correio (art. 1.000, § 4º, novo CPC), que deve levar em conta a data da postagem e não do ingresso do recurso no tribunal, como chegou a prevalecer na jurisprudência.[44]

---

42. SUM-Nº 387 RECURSO. FAC-SÍMILE. LEI Nº 9.800/1999 (atualizada em decorrência do CPC de 2015) – Res. 208/2016, DEJT divulgado em 22, 25 e 26.04.2016 I – A Lei nº 9.800, de 26.05.1999, é aplicável somente a recursos interpostos após o início de sua vigência. (ex-OJ nº 194 da SBDI-I - inserida em 08.11.2000) II – A contagem do quinquídio para apresentação dos originais de recurso interposto por intermédio de fac-símile começa a fluir do dia subsequente ao término do prazo recursal, nos termos do art. 2º da Lei nº 9.800, de 26.05.1999, e não do dia seguinte à interposição do recurso, se esta se deu antes do termo final do prazo. (ex-OJ nº 337 da SBDI-I – primeira parte – DJ 04.05.2004). III – Não se tratando a juntada dos originais de ato que dependa de notificação, pois a parte, ao interpor o recurso, já tem ciência de seu ônus processual, não se aplica a regra do art. 224 do CPC de 2015 (art. 184 do CPC de 1973) quanto ao "dies a quo", podendo coincidir com sábado, domingo ou feriado. (ex-OJ nº 337 da SBDI-I – "in fine" - DJ 04.05.2004)

43. RECURSO DE REVISTA EM FACE DE DECISÃO PUBLICADA ANTES DA VIGÊNCIA DA LEI Nº 13.015/2014. RECURSO ORDINÁRIO. INTERPOSIÇÃO POR E-MAIL. AUSÊNCIA DE ASSINATURA. VALIDADE. LEI Nº 9.800/99. Nos termos da Lei nº 9.800/99, autoriza-se a utilização do fac-símile e outros meios de transmissão de dados e imagens similares para a prática de atos processuais que dependam de petição escrita, inclusive o e-mail. O Pleno do TST, quando do julgamento do processo nºTST-E-AIRR-793624-44.2001.5.03.5555, adotou o entendimento de que é válida a petição enviada por e-mail, ainda que não contenha a assinatura de seu subscritor, desde que, no prazo legal, seja juntada a petição original do recurso devidamente assinada. Recurso de revista de que se conhece e a que se dá provimento. (RR - 889-29.2012.5.03.0032 , Relator Ministro: Cláudio Mascarenhas Brandão, Data de Julgamento: 04/02/2015, 7ª Turma, Data de Publicação: DEJT 06/02/2015)

44. AGRAVO. AGRAVO DE INSTRUMENTO EM RECURSO DE REVISTA. DECISÃO MONOCRÁTICA DENEGATÓRIA DE SEGUIMENTO. RECURSO POSTADO EM AGÊNCIA DOS CORREIOS. AUSÊNCIA DE PROTOCOLO NO TRIBUNAL. IMPOSSIBILIDADE DE AFERIÇÃO DA TEMPESTIVIDADE. Conforme entendimento sedimentado no âmbito desta Corte, para aferição da tempestividade do agravo de instrumento não pode ser considerada a data da postagem da respectiva petição nos Correios, devendo ser comprovada a data da efetiva protocolização do apelo no Tribunal Regional. A ausência desta impede a aferição da tempestividade. Agravo conhecido e desprovido. Ag-AIRR - 96-84.2011.5.04.0101 , Relator Ministro: Douglas Alencar Rodrigues, Data de Julgamento: 25/11/2014, 7ª Turma, Data de Publicação: DEJT 28/11/2014.

Capítulo III • CONSIDERAÇÕES GERAIS SOBRE OS RECURSOS

No processo eletrônico, a data da publicação da decisão é o primeiro dia útil seguinte ao da sua disponibilização no Diário da Justiça eletrônico. Inicia-se a contagem do prazo no primeiro dia útil seguinte à data da publicação, sendo tempestiva a petição eletrônica encaminhada até as 24 (vinte e quatro) horas do último dia de prazo. A intimação feita por meio eletrônico dispensa a publicação no órgão oficial e será considerada realizada no dia em que o destinatário consulta o teor da intimação, produzindo esse mesmo efeito se não consultada no prazo de dez dias. A consulta da intimação feita em dia não útil considera-se realizada no primeiro dia útil seguinte. As intimações feitas dessa forma serão consideradas pessoais, para todos os efeitos legais. (Lei n. 11.419/2006 e arts. 183, § 1º, e 224, § 2º, entre outros, do CPC).

Não mais prevalece o entendimento de que as partes deverão aguardar a publicação da decisão que se pretende impugnar mediante recurso, sob pena de que não seja conhecido por prematuridade. Nesse sentido, era a jurisprudência do Tribunal Superior do Trabalho.[45]

Esse posicionamento do Tribunal Superior do Trabalho resultou de decisões do Supremo Tribunal Federal, que chegou a esboçar uma reação em direção à sua modificação, mas que só se consolidou com a mudança do Código de Processo Civil.[46]

---

45. SUM-434 - CANCELADA. Res. 198, de 2015, DEJT de 12, 15 e 16.06.2015. RECURSO. INTERPOSIÇÃO ANTES DA PUBLICAÇÃO DO ACÓRDÃO IMPUGNADO. EXTEMPORANEI-DADE (conversão da Orientação Jurisprudencial nº 357 da SBDI-1 e inserção do item II à redação) – Res. 177/2012, DEJT divulgado em 13, 14 e 15.02.2012.I) É extemporâneo recurso interposto antes de publicado o acórdão impugnado. (ex-OJ nº 357 da SBDI-1 – inserida em 14.03.2008)II) A interrupção do prazo recursal em razão da interposição de embargos de declaração pela parte adversa não acarreta qualquer prejuízo àquele que apresentou seu recurso tempestivamente.

46. No HC 101132, DJ DE 22.05.2012, Rel. Min. Luiz Fux, há a sinalização da alteração:E-MENTA: EMBARGOS DE DECLARAÇÃO. RECURSO INTERPOSTO ANTES DA PUBLICAÇÃO DO ACÓRDÃO. CONHECIMENTO. INSTRUMENTALISMO PROCESSUAL. PRECLUSÃO QUE NÃO PODE PREJUDICAR A PARTE QUE CONTRIBUI PARA A CELERIDADE DO PROCESSO. BOA-FÉ EXIGIDA DO ESTADO-JUIZ. DOUTRINA. RECENTE JURISPRUDÊNCIA DO PLENÁRIO. MÉRITO. ALEGAÇÃO DE OMISSÃO E CONTRADIÇÃO. INEXISTÊNCIA. RECURSO CONHE-CIDO E REJEITADO.1. A doutrina moderna ressalta o advento da fase instrumentalista do Direito Processual, ante a necessidade de interpretar os seus institutos sempre do modo mais favorável ao acesso à justiça (art. 5º, XXXV, CRFB) e à efetividade dos direitos materiais (OLIVEIRA, Carlos Alberto Alvaro de. O formalismo-valorativo no confronto com o formalismo excessivo. In: Revista de Processo, São Paulo: RT, n.º 137, p. 7-31, 2006; DINAMARCO, Cândido Rangel. A instrumentalidade do processo. 14ª ed. São Paulo: Malheiros, 2009; BEDAQUE, José Roberto dos Santos. Efetividade do Processo e Técnica Processual. 3ª ed. São Paulo: Malheiros, 2010).2. "A forma, se imposta rigidamente, sem

No âmbito do Tribunal Superior do Trabalho, não se considerava prematuro o recurso em razão da interposição de embargos de declaração pela outra parte, que dará ensejo à nova decisão. Nesse caso, a outra parte que interpôs o seu recurso tempestivamente não sofria qualquer prejuízo, não necessitando sequer ratificar o seu recurso.[47]

O entendimento do recurso prematuro não se aplicava às partes que possuem a prerrogativa da intimação pessoal. São elas, os membros do Ministério Público da União e dos Estados (Lei n. 8.625/1993), da Advocacia Geral da União (LC 73/1993), da Procuradoria da Fazenda Nacional (LC 73/1993), da Procuradoria Federal (Lei n. 10.910/04) e a Defensoria Pública da União (LC 80/1994) e dos Estados (Lei n.

---

dúvidas conduz ao perigo do arbítrio das leis, nos moldes do velho brocardo dura lex, sed lex" (BODART, Bruno Vinícius Da Rós. Simplificação e adaptabilidade no anteprojeto do novo CPC brasileiro. In: O Novo Processo Civil Brasileiro – Direito em Expectativa. Org. Luiz Fux. Rio de Janeiro: Forense, 2011. p. 76).3. As preclusões se destinam a permitir o regular e célere desenvolvimento do feito, por isso que não é possível penalizar a parte que age de boa-fé e contribui para o progresso da marcha processual com o não conhecimento do recurso, arriscando conferir o direito à parte que não faz jus em razão de um purismo formal injustificado.4. O formalismo desmesurado ignora a boa-fé processual que se exige de todos os sujeitos do processo, inclusive, e com maior razão, do Estado-Juiz, bem como se afasta da visão neoconstitucionalista do direito, cuja teoria proscreve o legicentrismo e o formalismo interpretativo na análise do sistema jurídico, desenvolvendo mecanismos para a efetividade dos princípios constitucionais que abarcam os valores mais caros à nossa sociedade (COMANDUCCI, Paolo. Formas de (neo)constitucionalismo: un análisis metateórico. Trad. Miguel Carbonell. In: "Isonomía. Revista de Teoría y Filosofía del Derecho", nº 16, 2002).5. O Supremo Tribunal Federal, recentemente, sob o influxo do instrumentalismo, modificou a sua jurisprudência para permitir a comprovação posterior de tempestividade do Recurso Extraordinário, quando reconhecida a sua extemporaneidade em virtude de feriados locais ou de suspensão de expediente forense no Tribunal a quo (RE nº 626.358-AgR/MG, rel. Min. Cezar Peluso, Tribunal Pleno, julg. 22/03/2012).Julgamentos mais recentes demonstravam que se tratava de decisão (a acima transcrita) isolada:RE 606376 ED-EDv / RS - RIO GRANDE DO SUL. EMB. DIV. NOS EMB. DECL. NO RECURSO EXTRAORDINÁRIO, DJe-250 DIVULG 18-12-2014, PUBLIC 19-12-2014, Rel.: Min. CÁRMEN LÚCIA. **Órgão Julgador: Tribunal Pleno.** EMENTA: EMBARGOS DE DIVERGÊNCIA NOS EMBARGOS DE DECLARAÇÃO NO RECURSO EXTRAORDINÁRIO. PRIMEIROS EMBARGOS DE DIVERGÊNCIA EXTEMPORÂNEOS E DESERTOS. SEGUNDOS EMBARGOS DE DIVERGÊNCIA OPOSTOS POR QUEM NÃO É PARTE. 1. O Supremo Tribunal Federal assentou que a simples notícia do julgamento não fixa o termo inicial da contagem do prazo recursal, de modo que o recurso interposto antes da publicação do acórdão recorrido é prematuro, a menos que seja posteriormente ratificado. 2. A jurisprudência deste Supremo Tribunal está pacificada no sentido de que o preparo dos embargos de divergência deve ser comprovado no ato da interposição do recurso, sob pena de deserção. 3. Não cabe embargos de divergência opostos por quem não é parte no processo. 4. Embargos de divergência rejeitados.

47. Como se verificava no item II da Súmula 434 do TST: II) A interrupção do prazo recursal em razão da interposição de embargos de declaração pela parte adversa não acarreta qualquer prejuízo àquele que apresentou seu recurso tempestivamente.Nesse aspecto, o Supremo Tribunal Federal e o Superior Tribunal de Justiça são mais rigorosos.

Capítulo III • CONSIDERAÇÕES GERAIS SOBRE OS RECURSOS 133

1.060/1950). Não possuíam referida prerrogativa, segundo a jurisprudência então prevalecente, os Procuradores dos Estados, do Distrito Federal e dos Municípios, aplicando-se, nestes casos, a regra geral do Código de Processo Civil anterior.[48] Havendo previsão de intimação pessoal, a publicação da decisão no órgão oficial não desencadeava qualquer efeito para elas.[49]

---

48. ADMINISTRATIVO E PROCESSUAL CIVIL. INTIMAÇÃO PESSOAL DE PROCURADORES DE ESTADO. INAPLICÁVEL. OFENSA AO ART. 535 NÃO CONFIGURADA. ART. 538, PARÁGRAFO ÚNICO, DO CPC. EMBARGOS PROTELATÓRIOS. 1. No que se refere à alegada afronta ao disposto no art. 535, inciso II, do CPC, o julgado recorrido não padece de omissão, porquanto decidiu fundamentadamente a quaestio trazida à sua análise, não podendo ser considerado nulo tão somente porque contrário aos interesses da parte. 2. No que tange à nulidade da intimação, a jurisprudência do STJ entende que a prerrogativa de intimação pessoal somente é conferida aos Procuradores Federais, Advogados da União, Procuradores da Fazenda Nacional, Defensores Públicos e membros do Ministério Público, não se aplicando aos Procuradores Estaduais, do Distrito Federal e dos Municípios. 3. Segundo a jurisprudência do STJ, "a pretensão de rediscussão da lide pela via dos embargos declaratórios, sem a demonstração de quaisquer dos vícios de sua norma de regência, é sabidamente inadequada, o que os torna protelatórios, a merecerem a multa prevista no artigo 538, parágrafo único, do CPC" (EDcl no AgRg no Ag 1.115.325/RS, Rel. Ministra Maria Isabel Gallotti, Quarta Turma, DJe 4.11.2011). 4. A leitura da petição dos Embargos de Declaração opostos pelo agravante na origem (fls. 309-311, e-STJ), verifica-se que sua intenção era meramente rediscutir o feito, e nem mesmo há menção de pedido de prequestionamento de dispositivos legais, afastando-se a incidência da Súmula 98/STJ. 5. Agravo Regimental não provido. (STJ AgRg no Resp 1447374, DJe 15/08/2014.)O mesmo entendimento era adotado pelo TST, como se verifica na ementa a seguir transcrita:AGRAVO. AGRAVO DE INSTRUMENTO. INTEMPESTIVIDADE. PROCURADORIA DO ESTADO. INTIMAÇÃO PESSOAL. A parte agravante não apresenta argumentos novos capazes de desconstituir a juridicidade da decisão agravada. O Código de Processo Civil prevê, em seu art. 236, que a intimação das partes será feita pela publicação dos atos no órgão oficial. Nesse contexto, não havendo previsão legal para que a intimação de Procurador do Estado seja pessoal, aplica-se, por consequência, a regra geral do Código de Processo Civil. Na hipótese vertente, o agravo de instrumento foi interposto quando já exaurido o prazo em dobro para recurso, fixado no art. 1º, III, do Decreto-Lei nº 779/69. Precedentes desta Corte Superior. Agravo a que se nega provimento. (Ag-AIRR - 206600-60.2007.5.02.0088, Relator Ministro: Walmir Oliveira da Costa, Data de Julgamento: 17/12/2014, 1ª Turma, Data de Publicação: DEJT 23/12/2014.)

49. Em relação ao Ministério Público do Trabalho, pode-se citar a seguinte ementa:RECURSO DE REVISTA DO MINISTÉRIO PÚBLICO – TEMPESTIVIDADE. INTERPOSIÇÃO ANTES DA PUBLICAÇÃO DO ACÓRDÃO. AUSÊNCIA DE INTIMAÇÃO PESSOAL. NULIDADE ABSOLUTA. A interposição do recurso de revista do Ministério Público antes da publicação do acórdão regional não pode ser considerada intempestiva, por prematuridade, quando o Tribunal Regional omitiu-se no cumprimento das diversas normas legais e constitucionais que asseguram a intimação pessoal do Órgão Ministerial. Isso porque, a ausência de intimação pessoal, oportunizando-lhe recorrer do acórdão regional quanto à matéria afeta ao exercício de suas funções, contamina o processo a partir desse vício, conforme estabelece o art. 246, parágrafo único, do CPC, não se podendo perquirir sobre o início de qualquer prazo recursal. A nulidade do processo, no entanto, somente deixa de ser declarada por força do art. 249, § 1º e § 2º, do CPC, que autoriza que a falta seja suprida quando a parte não for prejudicada. Assim, considerando que a interposição do recurso de revista pelo Ministério Público visou, justamente, a suprir o vício processual apon-

O Código de Processo Civil alterou tais previsões. Em relação ao recurso prematuro, o artigo 218, § 4º, estabelece que "será considerado tempestivo o ato praticado antes do termo inicial do prazo". No tocante à intimação e ao prazo dos entes públicos, o artigo 183 prevê que a "União, os Estados, o Distrito Federal, os Municípios e suas respectivas autarquias e fundações de direito público gozarão de prazo em dobro para todas as suas manifestações processuais, cuja contagem terá início a partir da intimação pessoal." E o artigo 269, § 3º, complementa: "A intimação da União, dos Estados, do Distrito Federal, dos Municípios e de suas respectivas autarquias e fundações de direito público será realizada perante o órgão de Advocacia Pública responsável por sua representação judicial.".

Existe discussão acerca do momento inicial da contagem do prazo para quem detém a prerrogativa da intimação pessoal: se seria do ingresso dos autos na secretaria dessas instituições, ou da ciência de seu membro. Apesar de haver decisões no sentido de que essa contagem deve ocorrer imediatamente após a entrega dos autos na secretaria, é questionável o cumprimento da prerrogativa da intimação pessoal, quando se é indiferente a pessoa que recebe os autos na instituição. Se a intimação pessoal pode ser feita a qualquer pessoa, ela perde esse caráter, sendo substituída por um critério material, que é a chegada dos autos à estrutura física que abriga a secretaria da Instituição. Eventuais abusos e distorções devem ser repreendidos, mas sem comprometer a prerrogativa assegurada por lei.[50]

---

tado, não pode ser considerada extemporânea. Note-se que não se trata de considerar como marco inicial do prazo recursal do Ministério Público a data de ciência lançada no acórdão regional, pois essa formalidade tem por objetivo o aperfeiçoamento do ato processual, sem o qual este não entra no mundo jurídico, tendo em vista a disposição expressa do art. 84, IV, da Lei Complementar nº 75/93. Verifica-se, portanto, que o marco inicial para a interposição de recurso pelo Ministério Público é uno, devendo ser considerada a data de sua intimação pessoal, que não se confunde com a ciência lançada nas decisões judiciais em que tenha oficiado, tampouco com a publicação da decisão na imprensa oficial. (SBDI1 E-RR-582023/1999 PUBLICAÇÃO: DJ - 23/05/2008, Redator Vieira de Mello)

50. Há decisão do TST do ano de 2013 rejeitando o entendimento de que a contagem se inicia com o ingresso dos autos na secretaria da Procuradoria do Trabalho, como se observa na parte da ementa a seguir transcrita:RECURSO DE REVISTA ADESIVO INTERPOSTO PELA BRASIL TELECOM S.A. Após o conhecimento do recurso de revista principal interposto pelo Ministério Público do Trabalho, apreciam-se as questões prejudiciais objetos do recurso de revista adesivo antes do mérito do recurso de revista principal. TEMPESTIVIDADE DOS RECURSOS ORDINÁRIOS INTERPOSTOS PELO MINISTÉRIO PÚBLICO DO TRABALHO. Segundo o disposto no artigo 236 e § 2º do CPC e no artigo 18, item II,

4.3. Preparo

O preparo, no processo do trabalho, refere-se às custas processuais, emolumentos e ao depósito recursal.

As custas são calculadas, observando-se o percentual de 2% (dois por cento) sobre o valor do acordo ou da condenação; sobre o valor da causa, na hipótese de extinção sem resolução do mérito, improcedência ou procedência do pedido em ação declaração e em ação constitutiva; e, por fim, sobre o valor fixado pelo juiz, quando indeterminado. O vencido pagará as custas após o trânsito em julgado da decisão. Porém, se houver recurso, o recolhimento deverá ser comprovado dentro do prazo recursal (art. 789, CLT).

Nas relações de emprego, não se aplica a sucumbência recíproca no tocante ao pagamento das custas. A vitória do reclamante em algum dos pedidos é suficiente para transferir a responsabilidade pelo pagamento das custas ao reclamado. Se o empregado não obteve o benefício da justiça gratuita, o sindicato que eventualmente tenha participado do processo responderá solidariamente pelas custas a que condenado o empregado. Nas demais modalidades de relação de trabalho, ao contrário, as custas serão pagas proporcionalmente pelas partes sucumbentes (IN 27/2005-TST).

O pagamento das custas na fase de execução se dá no fim do processo, independentemente da interposição de recursos, e será de responsabilidade do executado (art. 789-A, CLT).

Na hipótese de inversão do ônus da sucumbência são previstas duas situações. Na primeira, o vencido, no primeiro grau, ficara isento das custas, de modo que não as recolheu. Em razão do recurso interposto, a parte então vencida passa a ser vencedora. Neste caso, a parte vencida após o julgamento do recurso está obrigada a pagar as custas

---

alínea "h", da Lei Complementar nº 75/1983, a intimação do representante do Ministério Público é pessoal. Desse modo, o protocolo de recebimento dos autos na Secretaria da Procuradoria do Trabalho não constitui o marco inicial para contagem do prazo recursal, pois, nessa data, não ocorreu a intimação pessoal do procurador. Somente quando esse recebe os autos e apõe a sua assinatura considera-se efetivada sua intimação pessoal, para o início da fluência do prazo recursal. Assim, como esse foi o marco adotado pelo Regional, não há falar na intempestividade dos recursos ordinários interpostos pelo Ministério Público do Trabalho. Recurso de revista conhecido e desprovido. (RR-2175200-64.2001.5.09.0005, Relator Ministro: José Roberto Freire Pimenta, Data de Julgamento: 25/09/2013, 2ª Turma, Data de Publicação: 04/10/2013.)

fixadas na sentença.[51] Antes de abordar a segunda, serão feitas algumas considerações sobre a isenção das custas.

A isenção das custas está prevista no artigo 790-A da Consolidação das Leis do Trabalho e alcança os beneficiários da justiça gratuita (Lei n. 1.060/50), a União, os Estados, o Distrito Federal, os Municípios e respectivas autarquias e fundações públicas federais, estaduais ou municipais que não explorem atividade econômica. Apesar da previsão no parágrafo único do referido artigo de que a isenção não se aplica às entidades que fiscalizam o exercício das profissões, a jurisprudência do Tribunal Superior do Trabalho firmou-se no sentido de aplicar-lhes a isenção, considerando sua natureza autárquica.[52] Relacionado a esse ponto, o Supremo Tribunal Federal consagrou tese em repercussão geral de recurso extraordinário no sentido de que os conselhos profissionais não se submetem ao regime dos precatórios[53]. De acordo com a jurisprudência a ausência de recolhimento de custas e de depósito recursal não torna deserto o recurso da massa falida, entendimento que não se aplica à empresa em liquidação extrajudicial.[54]

---

51. SUM-25 CUSTAS (mantida) - Res. 197/2015, DEJT de 14, 15 e 18.05.2015.I – A parte vencedora na primeira instância, se vencida na segunda, está obrigada, independentemente de intimação, a pagar as custas fixadas na sentença originária, das quais ficara isenta a parte então vencida;II – No caso de inversão do ônus da sucumbência em segundo grau, sem acréscimo ou atualização do valor das custas e se estas já foram devidamente recolhidas, descabe um novo pagamento pela parte vencida, ao recorrer. Deverá ao final, se sucumbente, reembolsar a quantia; (ex-OJ nº 186 da SBDI-I);III – Não caracteriza deserção a hipótese em que, acrescido o valor da condenação, não houve fixação ou cálculo do valor devido a título de custas e tampouco intimação da parte para o preparo do recurso, devendo ser as custas pagas ao final; (ex-OJ nº 104 da SBDI-I);IV – O reembolso das custas à parte vencedora faz-se necessário mesmo na hipótese em que a parte vencida for pessoa isenta do seu pagamento, nos termos do art. 790-A, parágrafo único, da CLT.

52. RECURSO DE EMBARGOS. CONSELHO DE FISCALIZAÇÃO PROFISSIONAL - DECRETO-LEI Nº 779/69 - INEXIGIBILIDADE DE RECOLHIMENTO DE CUSTAS E DEPÓSITO RECURSAL PARA INTERPOSIÇÃO DE RECURSO. A jurisprudência desta SBDI1, consignando o entendimento do STF sobre a matéria, vem se posicionando no sentido de que os conselhos de fiscalização profissional possuem natureza jurídica de autarquias e, portanto, se beneficiam dos privilégios do Decreto-Lei nº 779/69, dentre eles a dispensa do depósito recursal e o pagamento das custas ao final. Recurso de embargos conhecido e provido. (E-RR - 1362-63.2012.5.04.0007 , Relator Ministro: Renato de Lacerda Paiva, Data de Julgamento: 04/12/2014, Subseção I Especializada em Dissídios Individuais, Data de Publicação: DEJT 12/12/2014)

53. STF-RE 938837, TEMA 877.

54. SUM-86 DESERÇÃO. MASSA FALIDA. EMPRESA EM LIQUIDAÇÃO EXTRAJUDICIAL (incorporada a Orientação Jurisprudencial nº 31 da SBDI-1) - Res. 129/2005, DJ 20, 22 e 25.04.2005.Não ocorre deserção de recurso da massa falida por falta de pagamento de custas ou de depósito do valor da condenação. Esse privilégio, todavia, não se aplica à

O requerimento para a concessão do benefício da justiça gratuita pode ser feito em qualquer momento e grau de jurisdição, porém, na fase recursal deve ser formulado no prazo previsto para o recurso.[55]

Na segunda situação mencionada, as custas foram devidamente recolhidas pelo vencido por ocasião da interposição do recurso e não houve acréscimo em seu valor. Nesse caso, não se exige novo pagamento de custas para a admissibilidade do recurso interposto do acórdão que inverteu o ônus da sucumbência, devendo ao final ser ressarcido o valor pela parte então sucumbente.

O recolhimento das custas é feito por intermédio da Guia de Recolhimento da União – GRU Judicial (AC 21/TST.CSJT.GP.SG/2010) e sua comprovação deve ocorrer dentro do prazo para a interposição do recurso (art. 789, § 1º, CLT).

Na sistemática anterior, a insuficiência do valor do preparo, ao contrário do que previa a legislação processual civil (art. 511, § 2º, CPC), não dava ensejo à intimação do recorrente para complementá-lo. Ainda que a diferença de valor fosse ínfima, caracterizava-se a deserção.[56]

De acordo com o Código de Processo Civil, o preparo, inclusive porte de remessa e retorno, quando exigido, será comprovado no ato de interposição do recurso (art. 1.007 do novo CPC). Na linha do Código de Processo Civil anterior, a insuficiência de preparo pode

---

empresa em liquidação extrajudicial. (primeira parte - ex-Súmula nº 86 - RA 69/78, DJ 26.09.1978; segunda parte - ex-OJ nº 31 da SBDI-1 - inserida em 14.03.1994).

55. OJ-SDI1-269 JUSTIÇA GRATUITA. REQUERIMENTO DE ISENÇÃO DE DESPESAS PROCESSUAIS. MOMENTO PORTUNO (inserido item II em decorrência do CPC de 2015). I - O benefício da justiça gratuita pode ser requerido em qualquer tempo ou grau de jurisdição, desde que, na fase recursal, seja o requerimento formulado no prazo alusivo ao recurso; II – Indeferido o requerimento de justiça gratuita formulado na fase recursal, cumpre ao relator fixar prazo para que o recorrente efetue o preparo (art. 99, § 7º, do CPC de 2015).
No Código de Processo Civil a matéria está prevista da seguinte maneira:
"Art. 99. O pedido de gratuidade da justiça pode ser formulado na petição inicial, na contestação, na petição para ingresso de terceiro no processo ou em recurso.
§ 1º Se superveniente à primeira manifestação da parte na instância, o pedido poderá ser formulado por petição simples, nos autos do próprio processo, e não suspenderá seu curso."

56. OJ-SDI1-140 DEPÓSITO RECURSAL E CUSTAS. DIFERENÇA ÍNFIMA. DESERÇÃO. OCORRÊNCIA (nova redação) - DJ 20.04.2005. Redação anterior.Ocorre deserção do recurso pelo recolhimento insuficiente das custas e do depósito recursal, ainda que a diferença em relação ao "quantum" devido seja ínfima, referente a centavos.

ser suprida com o complemento do valor no prazo de cinco dias, que, se não providenciada, acarretará a deserção (art. 1.007, § 2º). Já em relação à ausência de comprovação do recolhimento do preparo, a novidade é a possibilidade de recolhimento em dobro antes de ser considerado deserto o recurso (art. 1.007, § 4º). Nessa última hipótese, de recolhimento em dobro, se houver insuficiência parcial do preparo ou do porte de remessa, não se admite a complementação (art. 1.007, § 5 º).

Previu-se a hipótese de justo impedimento, em que o relator relevará a pena de deserção, fixando o prazo de cinco dias para o recorrente efetuar o preparo (art. 1.007, § 6º). Da mesma forma, o equívoco no preenchimento da guia de custas, que não enseja deserção, podendo o relator, no caso de dúvida, intimar o recorrente para sanar o vício em cinco dias (art. 1007, §7º). Esta última está de acordo com o novo § 11º do artigo 896 da Consolidação das Leis do Trabalho, incluído pela Lei n. 13.015, de 2014, que trata da possibilidade de desconsideração ou de ser sanado o defeito formal não reputado grave no recurso tempestivo.

A Instrução Normativa nº 39, de 2016, do Tribunal Superior do Trabalho admitiu, inicialmente, a aplicação da previsão na hipótese de insuficiência do valor apenas para as custas, mas não o depósito recursal (art. 10, par. único). Posteriormente, ampliou o entendimento para alcançar também o depósito recursal, alterando sua jurisprudência.[57]

Importante atentar que o horário de funcionamento do protocolo dos órgãos do Judiciário não coincide com o horário de funcionamento bancário. Por essa razão, o Superior Tribunal de Justiça uniformizou o entendimento de que protocolado o recurso no prazo, mas depois do horário de expediente bancário, não há deserção se o recorrente realizar o preparo no dia útil seguinte a data do protocolo do recurso.[58]

---

57. OJ 140 SBDI1 **DEPÓSITO RECURSAL E CUSTAS PROCESSUAIS. RECO-LHIMENTO INSUFICIENTE. DESERÇÃO. (nova redação em decorrência do CPC de 2015) - Res. 217/2017 - DEJT divulgado em 20, 24 e 25.04.2017** Em caso de recolhimento insuficiente das custas processuais ou do depósito recursal, somente haverá deserção do recurso se, concedido o prazo de 5 (cinco) dias previsto no § 2º do art. 1.007 do CPC de 2015, o recorrente não complementar e comprovar o valor devido.

58. Corte Especial do STJ. Resp. 137.092, DJU 19.02.2002.

Existe, também, previsão de depósito de valores, em situações específicas, que figura como condição para o conhecimento do recurso interposto. É o que se passa na interposição dos segundos embargos de declaração protelatórios, em que a multa é elevada até 10% sobre o valor da causa (art. 1.026, § 3º, CPC) e quando manifestamente inadmissível ou infundado o agravo interposto da decisão do relator que não conhece, nega provimento ou dá provimento após facultada a apresentação de contrarrazões). A multa, neste caso, varia de 1 a 10% do valor corrigido da causa (art. 1.021, §§ 4º e 5º, CPC). Em ambos os casos, o conhecimento de novo recurso estará condicionado ao depósito do valor correspondente à multa. A previsão alcançava inclusive alguns entes que estão isentos de recolher custas, como se observava na jurisprudência do Tribunal Superior do Trabalho.[59] Este posicionamento já discrepava do entendimento mais recente prevalecente no Superior Tribunal de Justiça.[60] O Código de Processo Civil, expressamente, prevê o pagamento da multa pela Fazenda Pública ao final, tanto no artigo 1.021 quanto no 1.026, que tratam, respectivamente, da multa no agravo manifestamente inadmissível ou improcedente e na reiteração de embargos de declaração manifestamente protelatórios, como se observa nos dispositivos a seguir citados:

> Art. 1.021 (...)
>
> § 4º Quando o agravo interno for declarado manifestamente inadmissível ou improcedente em votação unânime, o órgão colegiado, em decisão fundamentada, condenará o agravante a pagar ao agravado multa fixada entre um e cinco por cento do valor atualizado da causa.

---

59. OJ 389 SBDI1 MULTA PREVISTA NO ART. 1.021, §§ 4º E 5º, DO CPC DE 2015. ART. 557, § 2º, DO CPC DE 1973. RECOLHIMENTO. PRESSUPOSTO RECURSAL. beneficiário da justiça gratuita e FAZENDA PÚBLICA. PAGAMENTO AO FINAL. (nova redação em decorrência do CPC de 2015) – Res. 209/2016 – DEJT divulgado em 01, 02 e 03.06.2016.Constitui ônus da parte recorrente, sob pena de deserção, depositar previamente a multa aplicada com fundamento nos §§ 4º e 5º, do art. 1.021, do CPC de 2015 (§ 2º do art. 557 do CPC de 1973), à exceção da Fazenda Pública e do beneficiário de justiça gratuita, que farão o pagamento ao final.

60. PROCESSUAL CIVIL. DEPÓSITO RECURSAL. FAZENDA PÚBLICA. NÃO-SUJEIÇÃO. EMBARGOS DE DIVERGÊNCIA PROVIDOS. 1. As pessoas jurídicas de direito público federais, estaduais, distritais e municipais estão dispensadas de depósito prévio, para fins de interposição de recurso, conforme dispõe o art. 1º-A da Lei n. 9.494/97. 2. Embargos de divergência providos. (Rel. Castro Meira, DJe de 16.08.2012, EREsp 1068207).

§ 5° A interposição de qualquer outro recurso está condicionada ao depósito prévio do valor da multa prevista no § 4°, à exceção da Fazenda Pública e do beneficiário de gratuidade da justiça, que farão o pagamento ao final.

Artigo 1.026 (...)

§ 3° Na reiteração de embargos de declaração manifestamente protelatórios, a multa será elevada a até dez por cento sobre o valor atualizado da causa, e a interposição de qualquer recurso ficará condicionada ao depósito prévio do valor da multa, à exceção da Fazenda Pública e do beneficiário de gratuidade da justiça, que a recolherão ao final.

Por fim, em caso de condenação, há a necessidade de se efetuar o depósito recursal para que o recurso seja conhecido. É o que consta do artigo 899, §§ 1° a 6°, da Consolidação das Leis do Trabalho, que prevê o depósito prévio do valor da condenação até determinado limite, para que o recurso seja conhecido, inclusive o recurso extraordinário. Em relação a este último, foi reconhecida repercussão geral a recurso extraordinário interposto, questionando justamente a exigência de depósito recursal como pressuposto de admissibilidade desse tipo de recurso[61]. O depósito era feito na conta vinculada do empregado de FGTS, por meio da guia GFIP (IN 26 – TST), admitindo-se o depósito judicial nas relações de trabalho não submetidas ao regime do FGTS[62]. A Lei n° 13.467, de 2017, estabelece que o depósito recursal será feito em conta vinculada ao juízo e corrigido pelos índices da poupança. Os limites do depósito recursal são previstos em lei, bem como a forma de seu reajuste (Leis 8.177/1991 e 8.542/1992), aplicado

---

61. Tema 679. Validade da exigência do depósito recursal como pressuposto de admissibilidade do recurso extraordinário no processo do trabalho (RE 607447)

62. SUM-426 DEPÓSITO RECURSAL. UTILIZAÇÃO DA GUIA GFIP. OBRIGATORIEDADE (editada em decorrência do julgamento do processo TST-IUJEEDRR 91700-09.2006.5.18.0006) - Res. 174/2011, DEJT divulgado em 27, 30 e 31.05.2011. Nos dissídios individuais o depósito recursal será efetivado mediante a utilização da Guia de Recolhimento do FGTS e Informações à Previdência Social – GFIP, nos termos dos §§ 4° e 5° do art. 899 da CLT, admitido o depósito judicial, realizado na sede do juízo e à disposição deste, na hipótese de relação de trabalho não submetida ao regime do FGTS. A reforma trabalhista prevê que o depósito recursal será feito em conta vinculada ao juízo e reduz pela metade no caso de entidades sem fins lucrativos, empregadores domésticos, microempreendedores individuais, microempresas e empresas de pequeno porte.

Capítulo III · CONSIDERAÇÕES GERAIS SOBRE OS RECURSOS   141

por ato do Presidente do Tribunal Superior do Trabalho.[63] O prazo para a sua comprovação é o previsto para o recurso.[64]

Enquanto não depositado o valor integral da condenação, a cada recurso interposto, mesmo no recurso adesivo, o depósito recursal deve ser observado no valor estipulado como limite para o recurso específico. Alcançado o valor da condenação, não será mais exigido qualquer depósito para eventual recurso, a menos que haja elevação do valor da condenação. Da mesma forma, quando garantida a execução, a exigência de depósito para a interposição de recurso viola a Constituição. Na hipótese de condenação solidária ou subsidiária, o depósito feito por uma das condenadas aproveita às demais, desde que a depositante não postule no recurso sua exclusão da lide.[65]

O depósito recursal possui natureza de garantia do juízo recursal, não de taxa de recurso, e pressupõe decisão condenatória ou executória, que conste obrigação de pagar valor líquido ou arbitrado[66]. Se o valor total da condenação for integralmente depositado, nenhum

---

63. Os valores observados a partir de agosto de 2014 foram determinados pelo Ato Nº 360/ SEGJUD.GP, DE 13 DE JULHO DE 2017:. Art. 1º Os novos valores referentes aos limites de depósito recursal previstos no artigo 899 da Consolidação das Leis do Trabalho, reajustados pela variação acumulada do INPC/IBGE, no período de julho de 2016 a junho de 2017, serão de: a) R$ 9.189,00 (nove mil, cento e oitenta e nove reais), no caso de interposição de Recurso Ordinário; b) R$ 18.378,00 (dezoito mil, trezentos e setenta e oito reais), no caso de interposição de Recurso de Revista, Embargos e Recurso Extraordinário; c) R$ 18.378,00 (dezoito mil, trezentos e setenta e oito reais), no caso de interposição de Recurso em Ação Rescisória. Art. 2º Os valores fixados no artigo anterior são de observância obrigatória a partir de 1º de agosto de 2017. Publique-se no Diário Eletrônico da Justiça do Trabalho e no Boletim Interno do Tribunal.

64. SUM-245 DEPÓSITO RECURSAL. PRAZO (mantida) - Res. 121/2003, DJ 19, 20 e 21.11.2003O depósito recursal deve ser feito e comprovado no prazo alusivo ao recurso. A interposição antecipada deste não prejudica a dilação legal.

65. SUM-128 DEPÓSITO RECURSAL (incorporadas as Orientações Jurisprudenciais nºs 139, 189 e 190 da SBDI-1) - Res. 129/2005, DJ 20, 22 e 25.04.2005. I - É ônus da parte recorrente efetuar o depósito legal, integralmente, em relação a cada novo recurso interposto, sob pena de deserção. Atingido o valor da condenação, nenhum depósito mais é exigido para qualquer recurso. (ex-Súmula nº 128 - alterada pela Res. 121/2003, DJ 21.11.03, que incorporou a OJ nº 139 da SBDI-1 - inserida em 27.11.1998) II - Garantido o juízo, na fase executória, a exigência de depósito para recorrer de qualquer decisão viola os incisos II e LV do art. 5º da CF/1988. Havendo, porém, elevação do valor do débito, exige-se a complementação da garantia do juízo. (ex-OJ nº 189 da SBDI-1 - inserida em 08.11.2000) III - Havendo condenação solidária de duas ou mais empresas, o depósito recursal efetuado por uma delas aproveita as demais, quando a empresa que efetuou o depósito não pleiteia sua exclusão da lide. (ex-OJ nº 190 da SBDI-1 - inserida em 08.11.2000).

66. SUM-161 DEPÓSITO. CONDENAÇÃO A PAGAMENTO EM PECÚNIA (mantida) - Res. 121/2003, DJ 19, 20 e 21.11.2003Se não há condenação a pagamento em pecúnia, descabe o depósito de que tratam os §§ 1º e 2º do art. 899 da CLT (ex-Prejulgado nº 39).

valor será exigido nos recursos interpostos posteriormente, salvo no caso de ampliação da condenação. Os valores depositados devem ser considerados e deduzidos para fins de expedição de mandado de citação, penhora e avaliação, na execução provisória ou definitiva (IN 03 – TST).

Nos termos da Lei n. 8.177/1991, com a redação da Lei n. 8.542/1992, exige-se o depósito recursal nos embargos à execução e a qualquer recurso subsequente do devedor. Porém, quando a execução estiver suficiente garantida, seja pelo depósito recursal anteriormente feito, seja pela apreensão judicial de bens do devedor, não será exigido depósito para a oposição dos embargos à execução, nem para os recursos posteriormente interpostos, a menos que haja elevação do valor (IN 03-TST).

Embora a Lei n. 8.542, de 1992 (§ 3º do art. 40, Lei n. 8.177/91) haja previsto depósito recursal para a interposição de recurso ordinário em dissídio coletivo, a interpretação dada pelo Tribunal Superior do Trabalho foi que o valor ali atribuído destina-se ao cálculo das custas processuais (IN 03-TST).

Estão dispensados de depósito recursal a União, os Estados, os Municípios, as autarquias ou fundações de direito público federais, estaduais ou municipais que não explorem atividade econômica (DL 779/69) e os entes de direito público externo, a massa falida e a herança jacente (IN 03 TST).

A legislação atual prevê o depósito recursal por ocasião da interposição de agravo de instrumento, do valor equivalente a 50% do previsto para o recurso que teve o seguimento denegado (art. 899, § 7º, CLT). A Lei n. 13.015/2014, no entanto, incluiu o § 8º no artigo 899 da Consolidação das Leis do Trabalho, dispensando a observância do depósito recursal no agravo de instrumento, se o recurso trancado busca a aplicação de súmula ou orientação jurisprudencial do Tribunal Superior do Trabalho. O Ato 491, de 23.09.2014, do Tribunal Superior do Trabalho prevê, em seu artigo 23 que a "dispensa de depósito recursal a que se refere o § 8º do artigo 899 da CLT não será aplicável aos casos em que o agravo de instrumento se refira a uma parcela de condenação, pelo menos, que não seja objeto de arguição de contrariedade a súmula ou a orientação jurisprudencial do Tribunal Superior do Trabalho". O parágrafo único estabelece que se a

Capítulo III • CONSIDERAÇÕES GERAIS SOBRE OS RECURSOS

arguição referida no caput for manifestamente infundada, temerária ou artificiosa, o agravo de instrumento será considerado deserto.

A Lei n. 13.467, de 2017, altera o artigo 899 da Consolidação das Leis do Trabalho para reduzir pela metade o valor do depósito recursal para as entidades sem fins lucrativos, empregadores domésticos, microempreendedores individuais, microempresas e empresas de pequeno porte. Isenta do depósito os beneficiários da justiça gratuita, as entidades filantrópicas e as empresas em recuperação judicial e permite a substituição do depósito recursal por fiança bancária ou seguro garantia judicial.

Na ação rescisória, exige-se o depósito recursal para a interposição do recurso ordinário, apenas no caso de procedência do pedido, impondo-se condenação de valor em pecúnia.[67]

4.4. Regularidade formal

A regularidade formal, como pressuposto recursal extrínseco, refere-se à observância das exigências formais estabelecidas na legislação, a fim de que o recurso seja considerado apto para alcançar os resultados pretendidos pelo recorrente. Essas exigências podem estar previstas para os recursos em geral, bem como de maneira diferenciada, considerando os recursos em espécie.

No processo do trabalho, há acentuado debate acerca da delimitação dos requisitos formais a serem observados por ocasião da interposição dos recursos trabalhistas, considerando o disposto no artigo 899 da Consolidação das Leis do Trabalho, ao enunciar que os recursos serão interpostos por simples petição.

Referida previsão faz com que seguimento doutrinário defenda, na fase ordinária, que uma petição registrando o inconformismo da parte em relação à decisão proferida seria suficiente para que o tribunal examinasse a decisão na sua integralidade para proceder a sua cassação, modificação ou confirmação. Nas palavras de Manoel Antonio Teixeira Filho:

---

67. SUM-99 AÇÃO RESCISÓRIA. DESERÇÃO. PRAZO (incorporada a Orientação Jurisprudencial nº 117 da SBDI-2) - Res. 137/2005, DJ 22, 23 e 24.08.2005.Havendo recurso ordinário em sede de rescisória, o depósito recursal só é exigível quando for julgado procedente o pedido e imposta condenação em pecúnia, devendo este ser efetuado no prazo recursal, no limite e nos termos da legislação vigente, sob pena de deserção. (ex-Súmula nº 99 - alterada pela Res. 110/2002, DJ 15.04.2002 - e ex-OJ nº 117 da SBDI-2 - DJ 11.08.2003)

No que respeita a motivação do recurso ordinário, entendemos ser dispensável (ou melhor, inexigível), pelas mesmas razões acima expostas, dentre as quais realçamos a simplicidade que marca o procedimento especializado. Basta que a parte vencida compareça ao juízo de proferimento da sentença e a impugne, no todo ou em parte, mesmo sem declinar os fundamentos de sua discordância ao julgado. Cumpre-lhe, apenas, observar os pressupostos de admissibilidade, tanto subjetivos como objetivos, e, em especial, o prazo para o exercício da pretensão recursal. Isso seria perfeitamente admissível, como demonstramos no início deste item.[68]

É certo que o entendimento citado vai perdendo espaço na doutrina, de modo que prevalece, na atualidade, a posição que entende ser necessária a apresentação da fundamentação, inclusive em observância ao princípio da dialeticidade, seja afastando a aplicação do citado dispositivo legal, seja conferindo-lhe interpretação no sentido de que simples petição não corresponde à dispensa das razões de inconformidade, a fim de propiciar a apresentação de contrarrazões pelo recorrido e delimitar a matéria objeto da impugnação recursal. O Código de Processo Civil, no artigo 1010, que enumera o que deve conter na apelação, estabelece no inciso I, os nomes e a qualificação das partes; no inciso II – a exposição do fato e do direito; no III – as razões do pedido de reforma ou de decretação de nulidade; e no IV – o pedido de nova decisão.

Isso porque a doutrina, ao tratar do tópico regularidade formal como pressuposto recursal extrínseco, costumava examinar o disposto no artigo 514 do Código de Processo Civil anterior, que se refere ao recurso de apelação, mas era observado para fins de atendimento das exigências formais aplicáveis aos recursos em geral. Referido dispositivo exigia que a apelação contivesse: "I – os nomes e a qualificação das partes; II – os fundamentos de fato e de direito; e III – o pedido de nova decisão".

Se poderia haver alguma dúvida em relação aos recursos de natureza ordinária, quanto à exigência de apresentação das razões recursais, é entendimento pacífico de que os recursos de natureza extraordinária só estão aptos a alcançarem os resultados pretendidos, caso haja fundamentação da qual constem as razões para a impug-

---

68. *Op. cit.*, p. 241.

Capítulo III · CONSIDERAÇÕES GERAIS SOBRE OS RECURSOS

nação da decisão recorrida. Os recursos de natureza extraordinária são recursos bastante técnicos, de modo que seria inimaginável sua apresentação por simples petição, sem a demonstração dos pressupostos específicos desses recursos, de acordo com o previsto na legislação. O recorrente está obrigado a valer de argumentos que efetivamente rebatam a decisão recorrida.[69]

Esse tecnicismo próprio dos recursos de natureza extraordinária, no processo do trabalho, é reforçado, por exemplo, pela não admissão da prática de atos no Tribunal Superior do Trabalho pessoalmente, ou seja, sem o patrocínio de um advogado. O *jus postulandi* na Justiça do trabalho é limitado às varas do trabalho e aos tribunais regionais, não sendo aceito naquele tribunal, além de ser negada essa possibilidade para a propositura de ações específicas, como o mandado de segurança, a ação rescisória e a ação cautelar.[70]

De qualquer forma, o artigo 899 da Consolidação das Leis do Trabalho, que prevê o recurso por simples petição, acaba produzindo o efeito de atenuar eventual exigência de impugnação específica no recurso ordinário, permitindo a aplicação do princípio da simplicidade

---

69. SUM-422 RECURSO. FUNDAMENTO AUSENTE OU DEFICIENTE. NÃO CONHECIMENTO (redação alterada, com inserção dos itens I, II e III) – Res. 199/2015, DEJT divulgado em 24, 25 e 26.06.2015. Com errata publicada no DEJT divulgado em 01.07.2015 I – Não se conhece de recurso para o Tribunal Superior do Trabalho se as razões do recorrente não impugnam os fundamentos da decisão recorrida, nos termos em que proferida. II – O entendimento referido no item anterior não se aplica em relação à motivação secundária e impertinente, consubstanciada em despacho de admissibilidade de recurso ou em decisão monocrática. III – Inaplicável a exigência do item I relativamente ao recurso ordinário da competência de Tribunal Regional do Trabalho, exceto em caso de recurso cuja motivação é inteiramente dissociada dos fundamentos da sentença.

70. SUM-425 *JUS POSTULANDI* NA JUSTIÇA DO TRABALHO. ALCANCE – Res. 165/2010, DEJT divulgado em 30.04.2010 e 03 e 04.05.2010O *jus postulandi* das partes, estabelecido no art. 791 da CLT, limita-se às Varas do Trabalho e aos Tribunais Regionais do Trabalho, não alcançando a ação rescisória, a ação cautelar, o mandado de segurança e os recursos de competência do Tribunal Superior do Trabalho.Ressalte-se que o STF já afastou, por decisão monocrática, alegação de inconstitucionalidade desse entendimento, por não observância da reserva do plenário na não aplicação do art. 791 da CLT.Destaca-se da decisão:A irresignação não procede. Não se afastou, por inconstitucional, a previsão do referido artigo 791 da Consolidação das Leis do Trabalho. O Órgão reclamado, no ato impugnado, apreciou os requisitos de admissibilidade de recurso da competência do Superior do Trabalho a partir do entendimento jurisprudencial consolidado no aludido Verbete nº 425, a revelar – certo ou errado, não cabe perquirir – a interpretação dominante do dispositivo legal no qual admitida a capacidade postulatória da parte perante a Justiça Trabalhista. Não se verifica, no acórdão atacado, a menção a nenhum parâmetro constitucional a configurar o aludido afastamento. — (Rcl 18232/BA, rel. Min. Marco Aurélio, decisão monocrática publicada no DJe divulgado em 8/8/2014, pág. 101.)

na fase recursal ordinária. O Tribunal Superior do Trabalho já possuía decisões no sentido de que o disposto na sua Súmula 422 não se aplicava para fins de conhecimento do recurso ordinário trabalhista. [71]

Como já mencionado, as exigências formais podem variar de acordo com o recurso interposto. No caso do agravo de instrumento, por exemplo, a jurisprudência aplica a já citada Súmula 422 do Tribunal Superior do Trabalho quando o agravante reproduz as razões do recurso de revista. Naquele recurso, que no processo do trabalho se restringe a impugnar decisões denegatórias do seguimento de recursos para outro tribunal, as razões recursais devem atacar a decisão denegatória. Mas como o Tribunal Superior do Trabalho seguirá na análise dos demais

---

71. RECURSO ORDINÁRIO. NÃO CONHECIMENTO. AUSÊNCIA DE FUNDAMENTAÇÃO. SÚMULA N.º 422 DO TRIBUNAL SUPERIOR DO TRABALHO. INAPLICABILIDADE NA INSTÂNCIA ORDINÁRIA. 1. Consoante jurisprudência reiterada desta Corte uniformizadora, o entendimento sedimentado na Súmula n.º 422 tem sua incidência limitada aos recursos dirigidos a esta instância extraordinária, não se revelando escorreita sua aplicação em sede de recurso interposto perante o Tribunal Regional do Trabalho. 2. Considerando o princípio da simplicidade que informa o recurso ordinário na Justiça do Trabalho, a reiteração dos argumentos anteriormente deduzidos, por si só, não implica ausência de fundamentação de tal recurso, ainda que essa não seja a melhor forma para a sua interposição. Num tal contexto, não há falar em ausência de fundamentação do recurso ordinário pelo simples fato de o reclamado ter reiterado os argumentos erigidos na contestação, mormente diante da procedência da pretensão obreira em primeira instância. 3. Violação do artigo 5º, LV, da Constituição da República que se reconhece. 4. Recurso de revista conhecido e provido. (RR - 1275-47.2011.5.04.0006 , Relator Ministro: Lelio Bentes Corrêa, Data de Julgamento: 14/05/2014, 1ª Turma, Data de Publicação: DEJT 16/05/2014.)No corpo do acórdão, vale destacar a seguinte passagem:Destaque-se, ademais, que a impugnação é pressuposto de qualquer recurso. Não obstante isso, o princípio da simplicidade, que informa o recurso ordinário trabalhista, mitiga a aplicação, nessa seara, de certas normas do Processo Civil.Embora se exija, igualmente, para a interposição de recurso ordinário na Justiça do Trabalho, por força do princípio da ampla devolutividade contemplada no artigo 515 do Código de Processo Civil, além do preenchimento dos pressupostos genéricos de admissibilidade recursal - tempestividade, preparo, legitimidade, cabimento e interesse recursal - que se indique os pedidos e respectivos fundamentos examinados na sentença com os quais não se conforma a parte, no caso em exame, diante da procedência da pretensão obreira em primeira instância, a reiteração dos argumentos lançados na contestação constitui fundamentação suficiente à devolutividade da matéria ao Tribunal Regional.Ressalte-se, ademais, que, consoante jurisprudência pacífica desta Corte superior, consubstanciada na edição da Súmula n.º 393, o efeito devolutivo em profundidade do recurso ordinário, que se extrai do § 1º do artigo 515 do Código de Processo Civil, transfere ao Tribunal Regional a apreciação de todos os pedidos examinados na sentença, razão pela qual o recurso ordinário patronal, ainda que na hipótese dos autos constitua reiteração dos fundamentos de fato e de direito expendidos na contestação, atendeu aos requisitos insertos no artigo 514 do Código de Processo Civil.Tem-se, num tal contexto, que a egrégia Corte de origem, ao não conhecer do recurso ordinário interposto pelo reclamado, incorreu em maltrato aos princípios do contraditório e da ampla defesa insculpidos no inciso LV do artigo 5º da Constituição da República.

pressupostos de admissibilidade do recurso trancado, é conveniente resgatar, nas razões recursais, ao lado da impugnação específica da decisão denegatória, elementos que demonstrem o atendimento dos demais pressupostos recursais.

As exigências formais para o recurso de revista são bastante rigorosas. Num primeiro momento, o Tribunal Superior do Trabalho buscou a satisfação dessas exigências com a Instrução Normativa nº 22, por meio da Resolução nº 117, de 30 de junho de 2003.

Referida instrução normativa continha regras com os padrões formais exigidos para o recurso de revista, atribuindo ao recorrente destacar os tópicos do recurso alusivos aos pressupostos extrínsecos, com indicação das folhas contendo a procuração, sublinhando o nome do advogado que o subscreve ou a ata de audiência comprovando o mandato tácito, o depósito recursal e as custas, início e termo do prazo, com os documentos que comprovam a tempestividade do recurso. Em relação aos pressupostos intrínsecos, a instrução normativa prevê a indicação das folhas do processo e o trecho com o pré-questionamento, o dispositivo de lei, súmula, orientação jurisprudencial ou ementa que atritam com a decisão regional. Em relação à divergência jurisprudencial, a sua comprovação é feita mediante a juntada da certidão ou cópia do acórdão paradigma ou citação da fonte oficial ou repositório em que foi publicado, transcrevendo nas razões recursais, as ementas e/ou trechos dos acórdãos configuradores do dissídio, mencionando as teses que identifiquem os casos confrontados, ainda que os acórdãos já se encontrem nos autos ou venham a ser juntados com o recurso. Por fim, a instrução normativa previa a aplicação às contrarrazões as mesmas regras formais estabelecidas para o recurso de revista.

A Instrução Normativa nº 22 foi cancelada, em razão do caráter impositivo nela imprimido, sendo substituída pela Instrução Normativa nº 23, por meio da Resolução nº 118, de 5 de agosto de 2003, com o mesmo teor, mas natureza meramente recomendatória.

Boa parte dessas exigências passou a integrar a Consolidação das Leis do Trabalho. A Lei n. 13.015/2014 acrescentou uma série de exigências formais para o conhecimento do recurso de revista.

> Foi incluído o § 1º-A no artigo 896 da Consolidação das Leis do Trabalho:
>
> § 1º-A Sob pena de não conhecimento, é ônus da parte:
>
> I – indicar o trecho da decisão recorrida que consubstancia o prequestionamento da controvérsia objeto do recurso de revista;

II – indicar, de forma explícita e fundamentada, contrariedade de lei, súmula ou orientação jurisprudencial do Tribunal Superior do Trabalho que conflite com a decisão regional;

III – expor as razões do pedido de reforma, impugnando todos os fundamentos jurídicos da decisão recorrida, inclusive mediante demonstração analítica de cada dispositivo de lei, da Constituição Federal, de súmula ou orientação jurisprudencial cuja contrariedade aponte.

A Lei n. 13.467, de 2017, acrescentou o inciso IV:

IV – transcrever na peça recursal, no caso de suscitar preliminar de nulidade de julgado por negativa de prestação jurisdicional, o trecho dos embargos declaratórios em que foi pedido o pronunciamento do tribunal sobre questão veiculada no recurso ordinário e o trecho da decisão regional que rejeitou os embargos quanto ao pedido, para cotejo e verificação, de plano, da ocorrência da omissão.

O conjunto de exigências para que a fundamentação do recurso de revista seja considerada satisfatória, propiciando o seu conhecimento, chega a ser excessiva, pois é praticamente imposto que haja a repetição das razões lançadas na fundamentação no tópico do pedido de reforma da decisão recorrida.

No TST, para fins de cumprimento da exigência de indicar o trecho da decisão recorrida que consubstancia o pré-questionamento, há turmas que admitem a indicação de fls. ou a transcrição do trecho. Outras não admitem a indicação de fls. Em geral, não se admite a transcrição do inteiro teor do acórdão, a menos que seja sintético e objetivo. Se os trechos transcritos não contêm todos os fundamentos da decisão, o recurso não é conhecido. Algumas turmas não admitem a transcrição da ementa, sob o fundamento de que a tese emitida no julgado deve ser extraída da fundamentação constante do corpo do acórdão. O trecho deve conter as razões de fato e de direito e não apenas os dispositivos legais ou constitucionais. A Subseção I de Dissídios Individuais começa a analisar as divergências entre as turmas, para estabelecer uma linha interpretativa no cumprimento de tais formalidades. De acordo com o posicionamento de referido órgão julgador, não é suficiente a indicação das folhas, sendo necessária a transcrição do trecho em que se encontra o pré-questionamento.[72]

---

72. "EMBARGOS EM RECURSO DE REVISTA. DECISÃO EMBARGADA PUBLICADA NA VIGÊNCIA DA LEI Nº 13.015/2014. RECURSO DE REVISTA QUE NÃO APRESENTA A TRANSCRIÇÃO DO TRECHO DO ACÓRDÃO REGIONAL QUE IDENTIFICA O PREQUESTIONAMENTO DA MATÉ-

Capítulo III · CONSIDERAÇÕES GERAIS SOBRE OS RECURSOS

Exige-se, inclusive, a explicitação da omissão diante de embargos de declaração opostos para saná-la[73].

Também diz respeito à regularidade formal do recurso de revista o que dispõe o § 8º do artigo 896 da Consolidação das Leis do Trabalho:

> § 8º Quando o recurso fundar-se em dissenso de julgados, incumbe ao recorrente o ônus de produzir prova da divergência jurisprudencial, mediante certidão, cópia ou citação do repositório de jurisprudência, oficial ou credenciado, inclusive em mídia eletrônica, em que houver sido publicada a decisão divergente, ou ainda pela reprodução de julgado disponível na internet, com indicação da respectiva fonte,

---

RIA OBJETO DO APELO. REQUISITO LEGAL INSCRITO NO ARTIGO 896, § 1º-A, I, DA CLT. REDAÇÃO CONFERIDA PELA LEI 13.015/2014. 1 - A e. 7ª Turma não conheceu do recurso de revista patronal, que versava sobre os temas 'horas extras', 'intervalo intrajornada', 'horas in itinere' e 'multa por embargos de declaração protelatórios', ressaltando o não preenchimento do requisito inscrito no artigo 896, § 1º-A, I, da CLT, uma vez que '__interpôs recurso de revista sem transcrever o trecho da decisão recorrida que consubstancia o prequestionamento da controvérsia__' (fl. 601); 2 - Efetivamente, não se sustenta a tese recursal de que, 'ainda que não transcritos literalmente, foram devidamente indicados e prequestionados no recurso de revista todos trechos da decisão recorrida objeto da controvérsia, os quais mereciam o devido enfrentamento na forma do art. 896, § 1º-A, I, da CLT' (fl. 617); 3 - __Embora o dispositivo em comento utilize o verbo "indicar", referindo-se ao requisito formal ali inscrito, esta Corte Superior tem exigido a transcrição do trecho da decisão regional que consubstancia o prequestionamento da controvérsia objeto do apelo, firme no entendimento de que a alteração legislativa empreendida pela Lei 13.015/2014, nesse aspecto, constitui pressuposto de adequação formal de admissibilidade do recurso de revista e se orienta no sentido de propiciar a identificação precisa da contrariedade a dispositivo de Lei e a Súmula e do dissenso de teses, afastando-se os recursos de revista que impugnam de forma genérica a decisão regional e conduzem sua admissibilidade para um exercício exclusivamente subjetivo pelo julgador de verificação e adequação formal do apelo.__ Assim, a necessidade da transcrição do trecho que consubstancia a violação e as contrariedades indicadas, e da demonstração analítica da divergência jurisprudencial, visa a permitir a identificação precisa e objetiva da tese supostamente ofensiva a lei, à segurança das relações jurídicas e a isonomia das decisões judiciais, de modo que contribua para a celeridade da prestação jurisdicional, possibilite a formação de precedentes como elementos de estabilidade e a decisão do TST contribua para a formação da jurisprudência nacional unificada. Precedentes. 4 - Recurso de embargos conhecido e desprovido." (E-ED-RR - 552-07.2013.5.06.0231, Relator Ministro: Alexandre de Souza Agra Belmonte, Data de Julgamento: 09/06/2016, Subseção I Especializada em Dissídios Individuais, Data de Publicação: DEJT 17/06/2016).

73. TST – E-RR-1522-62.2013.5.15.0067. Relator Cláudio Mascarenhas Brandão. Julgado em 16.03.2017. No mesmo sentido é a mencionada reforma trabalhista que inclui o inciso IV no § 1º-A do art. 896 da CLT, com a seguinte redação:IV – transcrever na peça recursal, no caso de suscitar preliminar de nulidade de julgado por negativa de prestação jurisdicional, o trecho dos embargos declaratórios em que foi pedido o pronunciamento do tribunal sobre questão veiculada no recurso ordinário e o trecho da decisão regional que rejeitou os embargos quanto ao pedido, para cotejo e verificação, de plano, da ocorrência da omissão.

mencionando, em qualquer caso, as circunstâncias que identifiquem ou assemelhem os casos confrontados.

Tal exigência, agora expressamente prevista na legislação, é objeto de entendimento sumulado, que, em razão da plurissignificação da expressão "indicação da respectiva fonte", provavelmente seguirá sendo aplicada na admissibilidade dos recursos por divergência jurisprudencial.[74]

O que é importante destacar no presente momento é que a questão da forma de citação da divergência jurisprudencial está inegavelmente vinculada à regularidade formal do recurso, tratando-se, portanto, de pressuposto extrínseco e não intrínseco como consta da Resolução nº 23 do Tribunal Superior do Trabalho.

Por último, o inciso II do § 3º do artigo 894 da Consolidação das Leis do Trabalho prevê que o Ministro Relator denegará seguimento ao recurso de embargos:

> II – nas hipóteses de intempestividade, deserção, irregularidade de representação ou de ausência de qualquer outro pressuposto extrínseco de admissibilidade.

---

74. SUM-337 COMPROVAÇÃO DE DIVERGÊNCIA JURISPRUDENCIAL. RECURSOS DE REVISTA E DE EMBARGOS (redação do item IV alterada na sessão do Tribunal Pleno realizada em 14.09.2012) - Res. 185/2012 – DEJT divulgado em 25, 26 e 27.09.2012.I – Para comprovação da divergência justificadora do recurso, é necessário que o recorrente. a) Junte certidão ou cópia autenticada do acórdão paradigma ou cite a fonte oficial ou o repositório autorizado em que foi publicado; e b) Transcreva, nas razões recursais, as ementas e/ou trechos dos acórdãos trazidos à configuração do dissídio, demonstrando o conflito de teses que justifique o conhecimento do recurso, ainda que os acórdãos já se encontrem nos autos ou venham a ser juntados com o recurso. (ex-Súmula nº 337 – alterada pela Res. 121/2003, DJ 21.11.2003) II – A concessão de registro de publicação como repositório autorizado de jurisprudência do TST torna válidas todas as suas edições anteriores. (ex-OJ nº 317 da SBDI-1 - DJ 11.08.2003) III – A mera indicação da data de publicação, em fonte oficial, de aresto paradigma é inválida para comprovação de divergência jurisprudencial, nos termos do item I, "a", desta súmula, quando a parte pretende demonstrar o conflito de teses mediante a transcrição de trechos que integram a fundamentação do acórdão divergente, uma vez que só se publicam o dispositivo e a ementa dos acórdãos. IV – É válida para a comprovação da divergência jurisprudencial justificadora do recurso a indicação de aresto extraído de repositório oficial na internet, desde que o recorrente: a) transcreva o trecho divergente; b) aponte o sítio de onde foi extraído; e c) decline o número do processo, o órgão prolator do acórdão e a data da respectiva publicação no Diário Eletrônico da Justiça do Trabalho.

Capítulo III • CONSIDERAÇÕES GERAIS SOBRE OS RECURSOS

A redação do citado inciso resultou de anteprojeto elaborado pelo Tribunal Superior do Trabalho[75], indicando que, no tribunal, o conceito de pressupostos extrínsecos do recurso de revista e do recurso de embargos está ainda em aberto.

O tema adquire maior relevância com a previsão contida no § 11 do artigo 896 da Consolidação das Leis do Trabalho, com a redação dada pela Lei n. 13.015, de 2015. Referido parágrafo foi incluído durante a tramitação no Congresso Nacional do projeto de lei que se converteu na citada lei, em razão de mesma previsão no projeto do novo Código de Processo Civil. Estabelece o mencionado parágrafo:

> § 11. Quando o recurso tempestivo contiver defeito formal que não se repute grave, o Tribunal Superior do Trabalho poderá desconsiderar o vício ou mandar saná-lo, julgando o mérito.

Como consta de estudo sobre a reforma promovida pela Lei n. 13.015/2014:

> Já o § 11 contém importante garantia contra o formalismo exagerado, que inviabiliza o exame do mérito dos recursos de revista. No caso de recurso tempestivo, o defeito formal, não reputado grave, poderá ser desconsiderado ou sanado, julgando-se o mérito. O dispositivo possui o efeito de afastar o tecnicismo processual que costuma impedir o exame do mérito do recurso. A opção explícita do legislador converte-se em princípio impulsionador para alcançar o exame meritório. A ideia é que o TST ofereça respostas aos problemas que dão origem às demandas judiciais, ainda que algumas exigências formais não se encontrem satisfeitas ou sejam corrigidas. Observa-se que este dispositivo foi incluído na Câmara dos Deputados e baseou-se no projeto do Novo Código de Processo Civil. Por isso, a afirmação anterior de que o texto originário do TST baseia-se no maior rigor formal enquanto o alterado pela Câmara, no seu abrandamento. O menor rigor formal, numa interpretação sistemática, pode, inclusive, alcançar o já mencionado §1º-A.[76]

Com base nessas considerações, é possível perceber que existe uma margem bastante duvidosa entre o que se enquadra como regularidade

---

75. Resolução Administrativa nº 1451, de 24 de maio de 2011, DEJT de 27.05.2011.
76. Pereira, Ricardo José Macêdo de Britto. "Primeiras impressões sobre a reforma recursal trabalhista – Lei n. 13.015, de 2014. *Revista LTr.* Vol. 78, nº 09, setembro de 2014, 78-09/1061-1068.

formal (pressuposto recursal extrínseco) e o cabimento do recurso (pressuposto recursal intrínseco), que será analisado posteriormente.

A diferença possui efeitos práticos, pois definirá qual a matéria poderá ser objeto de questionamento pela via dos embargos de declaração, nos termos do artigo 897-A para provocar a apreciação de "manifesto equívoco no exame dos pressupostos extrínsecos do recurso", ou então, para permitir a "revisão dos pressupostos extrínsecos de admissibilidade do recurso de revista, cuja ausência haja sido declarada originariamente pela Turma no julgamento do agravo",[77] e, denegar seguimento ao recurso de embargos por divergência.

4.5. Representação

Como já mencionado, a jurisprudência do Tribunal Superior do Trabalho não admite o exercício do *jus postulandi* na fase recursal extraordinária.

Sendo assim, os recursos devem ser subscritos por advogados com poderes atribuídos por instrumento de mandato, juntado aos autos ou em razão do registro de sua presença em audiência, que é o denominado "mandato tácito".[78] Referida modalidade de mandato é admitida para fins de representação regular no âmbito da Justiça do Trabalho, ainda que a parte não tenha atendido à determinação do Juiz de juntar aos autos instrumento de mandato conferindo expressamente os poderes de representação em juízo. O mandato tácito autoriza, inclusive, a representação na fase recursal extraordinária.[79] A Lei n. 12.437, de 2011 incluiu o § 3º no artigo 791 da Consolidação das Leis do Trabalho, prevendo que a "constituição de procurador com

---

77. Item da Súmula 353 do TST.
78. OJ-SDI1-286 AGRAVO DE INSTRUMENTO. TRASLADO. MANDATO TÁCITO. ATA DE AUDIÊNCIA. CONFIGURAÇÃO (alterada) – Res. 167/2010, DEJT divulgado em 30.04.2010 e 03 e 04.05.2010.I – A juntada da ata de audiência, em que consignada a presença do advogado, desde que não estivesse atuando com mandato expresso, torna dispensável a procuração deste, porque demonstrada a existência de mandato tácito. II – Configurada a existência de mandato tácito fica suprida a irregularidade detectada no mandato expresso.
79. RECURSO DE EMBARGOS. RECURSO DE REVISTA. MANDATO TÁCITO CONFIGURADO. CONTRARIEDADE À SÚMULA 164 DO TST DEMONSTRADA. PROVIMENTO. Pela exegese da Súmula 164 do TST, tem-se que o chamado mandato tácito (*apud acta*) configura-se com o simples registro da presença do causídico na audiência de instrução, conciliação ou julgamento, acompanhando uma das partes, isentando a apresentação de instrumento de procuração. No caso, embora a egr. Turma tenha reconhecido que a

poderes para o foro em geral poderá ser efetivada, mediante simples registro em ata de audiência, a requerimento verbal do advogado interessado, com anuência da parte representada".

A jurisprudência anterior não admitia qualquer possibilidade de regularização da representação após a interposição do recurso[80]. Tal entendimento passou a ser questionável em razão da previsão contida no citado § 11 do artigo 896 da Consolidação das Leis do Trabalho, que admite a desconsideração ou correção de vício formal não reputado grave, quando o recurso é tempestivo. Deve-se notar que referido entendimento jurisprudencial já se apresentava bastante inconsistente, ao cotejá-lo com o disposto no § 4º do artigo 515 do Código de Processo Civil anterior, incluído pela Lei n. 11.276/2006, estabelecendo que "constatando a ocorrência de nulidade sanável, o tribunal poderá determinar a realização ou renovação do ato proces-

---

patrona que acompanhou a Reclamada na audiência de conciliação seja a mesma que subscreveu o Recurso de Revista, manteve o despacho-denegatório, entendendo que não tinha sido cumprida a determinação judicial de juntada do substabelecimento na referida ata de audiência. O STF já se pronunciou, em hipótese muito semelhante, a favor da tese da Embargante, consignando que viola o devido processo legal deixar de reconhecer esse tipo de mandato tácito. De fato, a Suprema Corte não se afasta do entendimento da Súmula 164 do TST, porque, por esse verbete, tem-se que o chamado mandato tácito configura-se com o simples registro da presença do causídico na audiência de instrução, conciliação ou julgamento, tal como ocorreu *in casu*. O fato de o aludido substabelecimento não ter vindo aos autos, como exigiram a Presidência do TRT e a egr. Turma, não afasta a possibilidade do chamado mandato tácito, especialmente porque a Justiça do Trabalho é desvestida dos rigores exigidos nos outros ramos do Poder Judiciário, prevalecendo a informalidade em razão do *ius postulandi* das partes. A formalidade quanto à representação processual é cobrada nos graus superiores, tanto que se admite a aplicação do art. 13 do CPC apenas no primeiro grau de jurisdição. Assim, considerando que a subscritora do Recurso de Revista foi a mesma que acompanhou o preposto da Reclamada em uma das audiências de conciliação e julgamento, tem-se por configurado o mandato tácito, devendo ser reconhecida a contrariedade à Súmula 164 do TST (E-ED-AIRR-1.587/2002-024-03-40.2, Rel. Min. Maria Assis Calsing, DJ de 09/11/2007)

80. SUM-383 -RECURSO. MANDATO. IRREGULARIDADE DE REPRESENTAÇÃO. CPC DE 2015, ARTS. 104 E 76, § 2º (nova redação em decorrência do CPC de 2015) - Res. 210/2016, DEJT divulgado em 30.06, 1º e 04.07.2016 I – É inadmissível recurso firmado por advogado sem procuração juntada aos autos até o momento da sua interposição, salvo mandato tácito. Em caráter excepcional (art. 104 do CPC de 2015), admite-se que o advogado, independentemente de intimação, exiba a procuração no prazo de 5 (cinco) dias após a interposição do recurso, prorrogável por igual período mediante despacho do juiz. Caso não a exiba, considera-se ineficaz o ato praticado e não se conhece do recurso. II – Verificada a irregularidade de representação da parte em fase recursal, em procuração ou substabelecimento já constante dos autos, o relator ou o órgão competente para julgamento do recurso designará prazo de 5 (cinco) dias para que seja sanado o vício. Descumprida a determinação, o relator não conhecerá do recurso, se a providência couber ao recorrente, ou determinará o desentranhamento das contrarrazões, se a providência couber ao recorrido (art. 76, § 2º, do CPC de 2015).

sual, intimadas as partes; cumprida a diligência, sempre que possível prosseguirá o julgamento da apelação".

De qualquer forma, o Código de Processo Civil em vigor, além da previsão da possibilidade de desconsiderar ou sanar vícios formais em vários artigos na parte recursal, prevê, expressamente, a possibilidade de suspensão do processo, concedendo prazo para que seja sanado o vício de irregularidade de representação, inclusive em grau recursal e em tribunal superior.[81] A Instrução Normativa nº 39 estabelece a aplicação do preceito ao processo do trabalho (art. 3º, I).

A nova redação da Orientação Jurisprudencial nº 120 da Subseção I de Dissídios Individuais determina a possibilidade de regularização quando a petição ou as razões recursais não contiverem assinatura.[82]

A ausência de data em que os poderes constantes do instrumento de mandato foram outorgados não caracteriza irregularidade de representação, devendo ser considerada a data de juntada do instrumento aos autos.[83] No entanto, se consta no instrumento de mandato prazo determinado para o exercício dos poderes outorgados, tal limitação é considerada válida. Da mesma forma, se consta do instrumento de mandato prazo para a sua juntada, a sua validade depende do

---

81. Art. 76. Verificada a incapacidade processual ou a irregularidade da representação da parte, o juiz suspenderá o processo e designará prazo razoável para que seja sanado o vício.§ 1º Descumprida a determinação, caso o processo esteja na instância originária:I – o processo será extinto, se a providência couber ao autor;II – o réu será considerado revel, se a providência lhe couber;III – o terceiro será considerado revel ou excluído do processo, dependendo do polo em que se encontre.§ 2º Descumprida a determinação, caso o processo esteja em grau de recurso perante tribunal de justiça, tribunal regional federal ou tribunal superior, o relator:I – não conhecerá do recurso, se a providência couber ao recorrente;II – determinará o desentranhamento das contrarrazões, se a providências couber ao recorrido.

82. **OJ Nº 120 SBDI1 RECURSO. ASSINATURA DA PETIÇÃO OU DAS RAZÕES RECURSAIS. ART. 932, PARÁGRAFO ÚNICO, DO CPC DE 2015. (alterada em decorrência do CPC de 2015) Res. 212/2016, DEJT divulgado em 20, 21 e 22.09.2016.** I – Verificada a total ausência de assinatura no recurso, o juiz ou o relator concederá prazo de 5 (cinco) dias para que seja sanado o vício. Descumprida a determinação, o recurso será reputado inadmissível (art. 932, parágrafo único, do CPC de 2015).II – É válido o recurso assinado, ao menos, na petição de apresentação ou nas razões recursais.

83. OJ-SDI1-371 IRREGULARIDADE DE REPRESENTAÇÃO. SUBSTABELECIMENTO NÃO DATADO. INAPLICABILIDADE DO ART. 654, § 1º, DO CÓDIGO CIVIL (atualizada em decorrência do CPC de 2015) - Res. 208/2016, DEJT divulgado em 22, 25 e 26.04.2016.Não caracteriza a irregularidade de representação a ausência da data da outorga de poderes, pois, no mandato judicial, ao contrário do mandato civil, não é condição de validade do negócio jurídico. Assim, a data a ser considerada é aquela em que o instrumento for juntado aos autos, conforme preceitua o art. 409, IV, do CPC de 2015 (art. 370, IV, do CPC de 1973). Inaplicável o art. 654, § 1º, do Código Civil.

Capítulo III · CONSIDERAÇÕES GERAIS SOBRE OS RECURSOS

cumprimento da providência dentro do prazo previsto. O instrumento de mandato permite o substabelecimento ainda que não haja poderes expressos nesse sentido, sendo considerados válidos os atos praticados pelo substabelecido. Porém, o substabelecimento não pode ter ocorrido em data anterior a que os poderes foram outorgados ao substabelecente; caso contrário, estará configurada a irregularidade de representação.[84] A jurisprudência do Tribunal Superior do Trabalho não admite o substabelecimento em caso de mandato tácito.[85]

Reitere-se que com o novo Código de Processo Civil, deverá ser oportunizada a regularização da representação em juízo na fase recursal.

A limitação dos poderes outorgados no instrumento de procuração ou substabelecimento para atuação no âmbito de tribunal regional do trabalho é válida e autoriza a interposição de recurso de revista ou agravo de instrumento, uma vez que esses recursos são interpostos perante o tribunal regional do trabalho.[86]

A representação judicial da União, Estados, Municípios e Distrito Federal, suas autarquias e fundações públicas, por seus procuradores

---

84. SUM-395 MANDATO E SUBSTABELECIMENTO. CONDIÇÕES DE VALIDADE (nova redação dos itens I e II e acrescido o item V em decorrência do CPC de 2015) – Res. 211/2016, DEJT divulgado em 24, 25 e 26.08.2016.I - Válido é o instrumento de mandato com prazo determinado que contém cláusula estabelecendo a prevalência dos poderes para atuar até o final da demanda (§ 4º do art. 105 do CPC de 2015). (ex -OJ nº 312 da SBDI-1 - DJ 11.08.2003);II – Se há previsão, no instrumento de mandato, de prazo para sua juntada, o mandato só tem validade se anexado ao processo o respectivo instrumento no aludido prazo. (ex-OJ nº 313 da SBDI-1 - DJ 11.08.2003);III - São válidos os atos praticados pelo substabelecido, ainda que não haja, no mandato, poderes expressos para substabelecer (art. 667, e parágrafos, do Código Civil de 2002). (ex-OJ nº 108 da SBDI-1 - inserida em 01.10.1997);IV - Configura-se a irregularidade de representação se o substabelecimento é anterior à outorga passada ao substabelecente. (ex-OJ nº 330 da SBDI-1 - DJ 09.12.2003);V – Verificada a irregularidade de representação nas hipóteses dos itens II e IV, deve o juiz suspender o processo e designar prazo razoável para que seja sanado o vício, ainda que em instância recursal (art. 76 do CPC de 2015).

85. OJ **200 da SBDI1. MANDATO TÁCITO. SUBSTABELECIMENTO INVÁLIDO (inserido dispositivo) - DJ 20.04.2005.** É inválido o substabelecimento de advogado investido de mandato tácito.

86. OJ-SDI1-374 AGRAVO DE INSTRUMENTO. REPRESENTAÇÃO PROCESSUAL. REGULARIDADE. PROCURAÇÃO OU SUBSTABELECIMENTO COM CLÁUSULA LIMITATIVA DE PODERES AO ÂMBITO DO TRIBUNAL REGIONAL DO TRABALHO (DEJT divulgado em 19, 20 e 22.04.2010)É regular a representação processual do subscritor do agravo de instrumento ou do recurso de revista que detém mandato com poderes de representação limitados ao âmbito do Tribunal Regional do Trabalho, pois, embora a apreciação desse recurso seja realizada pelo Tribunal Superior do Trabalho, a sua interposição é ato praticado perante o Tribunal Regional do Trabalho, circunstância que legitima a atuação do advogado no feito.

ou advogados que integram o respectivo quadro, dispensa a juntada de instrumento de mandato. Não basta a indicação do número de inscrição da Ordem dos Advogados do Brasil, uma vez que ela pressupõe a contratação de advogado para a defesa do ente público, caso em que se exige a juntada do instrumento.[87] Note-se que as autarquias possuem personalidade própria, de modo que sua defesa em juízo deve ser feita por elas próprias, seja por meio de seus procuradores ou advogados constituídos para esse fim. Não se admite a defesa dessas entidades em juízo diretamente pela União, Estados, Municípios e Distrito Federal.[88]

Consideram-se revogados os poderes outorgados em instrumento constante dos autos com a juntada de novo instrumento, sem a ressalva aos poderes conferidos ao advogado anterior.[89]

A assinatura do subscritor do recurso deve constar pelo menos na folha de rosto ou nas razões recursais.[90]

4.6. Inexistência de fatos impeditivos ou extintivos do direito de recorrer

A doutrina, ao discutir a natureza jurídica dos recursos, destaca que se trata de ônus processual e, como tal, encontra-se na esfera de

---

87. SUM-436 REPRESENTAÇÃO PROCESSUAL. PROCURADOR DA UNIÃO, ESTADOS, MUNICÍPIOS E DISTRITO FEDERAL, SUAS AUTARQUIAS E FUNDAÇÕES PÚBLICAS. JUNTADA DE INSTRUMENTO DE MANDATO (conversão da Orientação Jurisprudencial nº 52 da SBDI-I e inserção do item II à redação) - Res. 185/2012, DEJT divulgado em 25, 26 e 27.09.2012 I - A União, Estados, Municípios e Distrito Federal, suas autarquias e fundações públicas, quando representadas em juízo, ativa e passivamente, por seus procuradores, estão dispensadas da juntada de instrumento de mandato e de comprovação do ato de nomeação. II - Para os efeitos do item anterior, é essencial que o signatário ao menos declare-se exercente do cargo de procurador, não bastando a indicação do número de inscrição na Ordem dos Advogados do Brasil.

88. OJ-SDI1-318 REPRESENTAÇÃO IRREGULAR. AUTARQUIA (DJ 11.08.2003)Os Estados e os Municípios não têm legitimidade para recorrer em nome das autarquias detentoras de personalidade jurídica própria, devendo ser representadas pelos procuradores que fazem parte de seus quadros ou por advogados constituídos.

89. OJ-SDI1-349 MANDATO. JUNTADA DE NOVA PROCURAÇÃO. AUSÊNCIA DE RESSALVA. EFEITOS (DJ 25.04.2007)A juntada de nova procuração aos autos, sem ressalva de poderes conferidos ao antigo patrono, implica revogação tácita do mandato anterior.

90. OJ Nº 120 SBDI1 RECURSO. ASSINATURA DA PETIÇÃO OU DAS RAZÕES RECURSAIS. ART. 932, PARÁGRAFO ÚNICO, DO CPC DE 2015. (alterada em decorrência do CPC de 2015) Res. 212/2016, DEJT divulgado em 20, 21 e 22.09.2016.I – Verificada a total ausência de assinatura no recurso, o juiz ou o relator concederá prazo de 5 (cinco) dias para que seja sanado o vício. Descumprida a determinação, o recurso será reputado inadmissível (art. 932, parágrafo único, do CPC de 2015).II – É válido o recurso assinado, ao menos, na petição de apresentação ou nas razões recursais.

Capítulo III • CONSIDERAÇÕES GERAIS SOBRE OS RECURSOS

deliberação do interessado, diante de uma decisão judicial, que lhe impõe situação desvantajosa em algum aspecto e o exercício dessa faculdade visa afastá-la ou minimizá-la.

Assim como o interessado pode recorrer para modificar a situação prevista na decisão, pode com ela conformar-se, seja deixando transcorrer o prazo recursal sem a interposição do recurso, seja praticando algum ato, dentro do prazo recursal, que indique o seu propósito de não recorrer.

Uma das hipóteses referidas é quando o interessado aceita a decisão, de forma expressa, manifestando nesse sentido. Essa declaração de vontade elimina a possibilidade de que, dentro do prazo recursal, seja interposto recurso, considerando a preclusão lógica. Essa aceitação pode também ser tácita; isto é, o interessado pratica ato em total observância ao que contém na decisão, indicando seu propósito de cumprir a decisão tal como se encontra. Nesses casos, verifica-se a extinção do direito de recorrer. O artigo 1.000 do Código de Processo Civil estabelece que "a parte, que aceitar expressa ou tacitamente a sentença ou a decisão, não poderá recorrer". No parágrafo único, esclarece-se que "considera-se aceitação tácita a prática de, sem reserva alguma, de um ato incompatível com a vontade de recorrer".

O segundo fato que extingue o direito de recorrer é a renúncia. Ela pode ser expressa ou tácita e referir-se a todo o conteúdo desfavorável da decisão ou parte dele. Nos termos do artigo 999 do Código de Processo Civil "a renúncia ao direito de recorrer independe da aceitação da outra parte".

Em último lugar, é possível desistir do recurso. A desistência, diferentemente da aceitação da decisão e renúncia do recurso, somente é possível após a interposição do recurso e antes de seu julgamento definitivo.

De acordo com o artigo 998 do Código de Processo Civil "o recorrente poderá, a qualquer tempo, sem a anuência do recorrido ou dos litisconsortes, desistir do recurso". O parágrafo único do mesmo dispositivo, porém, estabelece que "a desistência do recurso não impede a análise de questão cuja repercussão geral já tenha sido reconhecida e daquela objeto de julgamento de recursos extraordinários ou especiais repetitivos".

Nesse caso, o exercício do direito de recorrer, como expressão do direito subjetivo, cede para o interesse público decorrente do reconhecimento da repercussão geral ou da afetação do caso para julgamento do incidente de recursos repetitivos.

Nelson Nery Júnior justifica o enquadramento da inexistência de fatos extintivos ou impeditivos do direito de recorrer como pressuposto extrínseco, pois esses fatos "não têm a ver com a decisão que se pretende impugnar em si mesma considerada". Segundo ele, do "ponto de vista prático, a presença de qualquer deles no processo faz com que o recurso seja inadmissível, não conhecível".[91] A afirmação é questionável, considerando que eventual recurso nessas hipóteses não chega a ser julgado. Na desistência, por exemplo, ela independe de concordância e homologação, de modo que parece mais adequado que tais recursos sejam considerados inexistentes, não dando margem a dúvidas de que o trânsito em julgado ocorreu independentemente de qualquer pronunciamento judicial.

Por outro lado, há situações em que a jurisprudência entende que a desistência do recurso não opera o efeito normal previsto, quando, por exemplo, uma parte toma conhecimento de que a outra interpôs embargos de declaração e opta por aguardar o julgamento, para a interposição de seu recurso.[92]

Questão colocada por Nelson Nery Júnior é se seria válida a renúncia antes de proferida a decisão em relação a qual o recurso seria cabível. Embora a doutrina majoritária seja contra a renúncia prévia à decisão, até porque o direito de recorrer nem sequer nasceu, Nery a admite, mencionando o intenso debate existente no direito

---

91. *Teoria geral dos recursos cit.*, p. 366.
92. RECURSO DE EMBARGOS. INTEMPESTIVIDADE DO RECURSO ORDINÁRIO. EMBARGOS DE DECLARAÇÃO NÃO CONHECIDOS POR DESISTÊNCIA DO PRÓPRIO EMBARGANTE. PRAZO RECURSAL. **É necessário examinar o processo pelo fim a que se propõe, um mecanismo de efetivação da justiça, a consagrar o direito constitucional de acesso ao judiciário, com o fim de garantir o devido processo legal e a interposição dos recursos que são inerentes. Ainda que a oposição de embargos de declaração seja considerado como meio pelo qual a parte extirpa do julgado os vícios que inviabilizam a entrega plena da jurisdição, sua oposição não pode se dar como** mecanismo prejudicial à parte contrária que, de boa-fé, aguarda o pronunciamento judicial na sentença de embargos de declaração, e confiante na interrupção do seu prazo recursal, é surpreendida com a desistência dos embargos pela parte adversa, com o consequente trânsito em julgado da demanda e formação de coisa julgada material. O que interrompe o prazo para qualquer recurso é a simples oposição deles. É claro que os embargos intempestivos ou com irregular representação não interrompem o prazo recursal, mas se os embargos foram tempestivamente opostos, tal qual no presente caso, a simples oposição interrompe o prazo recursal para a parte contrária. Entendimento contrário viabiliza que as partes possam pela simples desistência dos

Capítulo III · CONSIDERAÇÕES GERAIS SOBRE OS RECURSOS

comparado.[93] Apesar da relevância do tema, a aceitação da renúncia do recurso antes da decisão não se apresenta compatível com o processo do trabalho, considerando eventuais pressões e represálias que envolvem o acesso à justiça pelos trabalhadores para reivindicarem a reparação e a prevenção resultantes das lesões e ameaças a seus direitos.

4.7. Legitimidade

Diante da omissão da Consolidação das Leis do Trabalho acerca da legitimidade para recorrer, aplica-se o Código de Processo Civil, que prevê a possibilidade de o recurso ser interposto pela parte vencida, pelo terceiro prejudicado e pelo Ministério Público, tanto nos processos em que é parte ou em que oficiou como fiscal da lei (art. 996, CPC).

A interposição do recurso pode ser extensiva à parte que não recorre. É o caso do litisconsórcio, em que o recurso interposto por um deles, a todos aproveita se não forem distintos ou opostos seus interesses, assim como na hipótese de solidariedade passiva, em que o recurso interposto por um devedor aproveita aos outros, quando comuns as defesas opostas ao credor (art. 1.005, CPC).

Considera-se parte, e como tal com legitimidade para a interposição de recurso, quem figura no processo como autor ou réu, litisconsorte, os que ingressaram como opoente, denunciado à lide ou chamado ao processo e o assistente litisconsorcial. O assistente simples pode recorrer apenas de forma condicionada.[94]

O Ministério Público detém legitimidade para a interposição de recurso, seja como parte, seja como fiscal do ordenamento jurídico, independentemente do fato de haver intervindo no feito; "basta ter havido a possibilidade de fazê-lo".[95] Se o membro do Ministério Público interpuser recurso "contra decisão proferida em processo onde funcionava como fiscal da lei, assume o Ministério Público, no procedimento recursal, a condição de parte, com iguais "poderes e

---

Embargos de Declaração, impedir o acesso da parte adversa aos recursos que lhe são inerentes, em manobra que não efetiva o princípio que consagra o direito das partes ao devido processo legal (art. 5º, XXXV e LV, da CF). Embargos conhecidos e providos. (E-RR 223200-17.2009.5.12.0054, DEJT de 30.05.2014, Redator Min. Aloysio Corrêa da Veiga).

93. *Op. cit.* p. 367 e ss.

94. Nery Júnior, Nelson. *Teoria geral dos recursos cit.,* p. 295.

95. *Ibidem,* p. 296.

ônus", à semelhança do que ocorre quando exerça o direito de ação (art. 81), salvo regra especial - , *v.g.*, a que dispensa de preparo os recursos por ele interpostos (art. 511, § 1º)".[96]

A jurisprudência do Tribunal Superior do Trabalho sinaliza o propósito de se estabelecer um controle em torno do exercício da atividade recursal do Ministério Público do Trabalho, por meio da análise de sua legitimidade.

O inciso VI do artigo 83 da Lei Complementar 75/93 confere ao Ministério Público do Trabalho a possibilidade de recorrer das decisões da Justiça do Trabalho, sempre que entender necessário, nos processos em que for parte ou em que oficiar como fiscal da lei, além de pedir revisão dos Enunciados da Súmula de Jurisprudência do Tribunal Superior do Trabalho.

A lei faz uso da expressão *quando entender necessário*, atribuindo ao órgão do Ministério Público do Trabalho, e não ao órgão do Judiciário, o juízo acerca da conveniência e oportunidade para a interposição de recursos, nos processos em que atuou como parte ou fiscal da lei.

A orientação jurisprudencial n.º 237 da SBDI1 do Tribunal Superior do Trabalho proclama a ilegitimidade do *Parquet* "para recorrer na defesa do interesse patrimonial privado, inclusive de empresas públicas ou sociedades de economias mistas". Embora o verbete não ofereça grandes problemas, o extremado rigor com que costuma ser aplicado pode provocar significativo esvaziamento na intervenção recursal do Ministério Público do Trabalho assegurada em lei, rigor esse que maltrata o artigo 83, VI, da Lei Complementar 75, de 1993 e também o artigo 127 da Constituição.

A intervenção em juízo do Ministério Público do Trabalho foi prevista, tanto em razão da pessoa, quanto em razão da matéria, neste último caso quando exista interesse que a justifique. A intervenção recursal, com a amplitude prevista na legislação, é garantia de que o resultado da demanda, considerando a natureza da parte ou a relevância da matéria, observe rigorosamente os ditames da Constituição e das leis. Nestes casos, os interesses próprios das partes, assim como a conduta de cada qual em juízo, orientados pelo princípio dispositivo, não constituem os únicos elementos que devem ser levados em conta para a solução mais adequada da lide.

---

96. MOREIRA, José Carlos Barbosa. Comentários ... cit., p. 297.

Desse modo, o Tribunal Superior do Trabalho parte do princípio de que carece de legitimidade para recorrer o Ministério Público do Trabalho, quando sua intervenção no processo não é obrigatória pela qualidade da parte, estabelecendo, em momento posterior, as exceções à regra geral. Seria mais consentâneo com os preceitos legais reconhecer a legitimidade ampla da instituição para recorrer, como regra geral, restringindo-se as exceções para os casos de abuso no exercício da intervenção recursal.

A interpretação do Tribunal amplia o conceito de patrimônio para restringir a atuação do Ministério Público pela via recursal. Consequentemente, a defesa da ordem jurídica, caso o resultado alcançado repercuta na esfera patrimonial de uma ou outra parte, deixa de ser realizada por essa via. Mesmo quando a parte é pessoa jurídica de direito público, hipótese em que a intervenção ministerial é obrigatória, o argumento patrimonial tem sido invocado para afastar a legitimidade recursal do Ministério Público. Não se tem admitido, por exemplo, a legitimidade do Ministério Público do Trabalho para recorrer nos casos em que se questiona o recolhimento das contribuições previdenciárias.[97] O tribunal tampouco tem admitido a legitimidade do Ministério Público para questionar, em recurso, a multa prevista no artigo 920 do Código Civil, quando o tema não é suscitado pelo Município reclamado[98]. Em relação a discussão sobre planos econômicos envolvendo entes públicos, por muito tempo foi

---

97. RECURSO DE EMBARGOS. ILEGITIMIDADE DO MINISTÉRIO PÚBLICO PARA RECORRER COMO REPRESENTANTE JUDICIAL DE ENTIDADE PÚBLICA. DECLARAÇÃO DE OFÍCIO. Não tem legitimidade o Ministério Público do Trabalho contra decisão em que o interesse do INSS foi resguardado mediante a notificação do acordo entre as partes e exercitado por procurador habilitado, através da interposição de recurso ordinário. O entendimento desta c. Corte é no sentido de que, se a autarquia pública entende que não deve mais interpor recurso, não pode o Ministério Público atuar como seu substituto, eis que não tem legitimidade para atuar em seu nome. Não há que se confundir interesse público na defesa da lei com a defesa da administração pública, que possui em seus quadros procuradoria organizada para tanto. Embargos não conhecidos. (E-ED-RR 38240-16.2003.5.15.0065, DJ de 06.06.2008, Rel. Min. Aloysio Corrêa da Veiga)

98. RECURSO DE EMBARGOS. MINISTÉRIO PÚBLICO DO TRABALHO. MULTA PREVISTA EM ACORDO COLETIVO AOS TERMOS DO ARTIGO 920 DO CÓDIGO CIVIL DE 1916. ARGÜIÇÃO EM PARECER. ILEGITIMIDADE. O Ministério Público do Trabalho não tem legitimidade para argüir, em parecer oferecido no eg. Tribunal Regional, a adequação do valor da multa prevista em acordo coletivo aos termos do artigo 920 do Código Civil de 1916, quando a matéria não foi objeto da defesa. Não se trata, pois, de restringir o direito de o douto Ministério Público recorrer nos feitos em que oficia como fiscal da lei, mas de preservar os limites objetivos da lide, não se cogitando de ofensa aos artigos 127 e 129

admitida a legitimidade do Ministério Público para a interposição de recursos[99]. Porém, as decisões mais recentes a negam[100].

Seguindo a linha de estabelecer como regra geral a ilegitimidade e prever expressamente as exceções, o Tribunal Superior do Trabalho reconhece a legitimidade do Ministério Público do Trabalho para recorrer na hipótese "que declara a existência de vínculo empregatício com sociedade de economia mista ou empresa pública, após a CF/1988, sem a prévia aprovação em concurso público" (OJ nº 237, II/SBDI1, DJ 30.06.2016).

A atribuição, como critério exclusivo do Judiciário, da determinação de quando é cabível a atuação do Ministério Público, ou mesmo se ela é justificada, constitui interferência indevida,

---

da Constituição Federal e 896 da CLT. (E-RR 629.437-53.2000.5.03.5555, (DJ 22.02.2008, Rel. Min. Aloysio Corrêa da Veiga)

99. RECURSO DE EMBARGOS. MINISTÉRIO PÚBLICO DO TRABALHO. LEGITIMIDADE PARA RECORRER NA CONDIÇÃO DE INTERVENIENTE EM LIDE QUE VERSA SOBRE INTERESSE PÚBLICO. O Ministério Público do Trabalho, na condição de interveniente em feito ajuizado na Justiça do Trabalho, tem sua legitimidade para recorrer vinculada à existência de interesse público, reconhecido em face da natureza da lide ou da qualidade da parte. Na hipótese, tal legitimidade resta evidenciada, visto existir interesse público relevante em exame, tratando-se de lide em que se discute a pretensão a reajustes salariais decorrentes de planos econômicos (matéria de índole constitucional), originados da relação jurídica existente com a Petromisa, mas, agora, sob a responsabilidade da União em decorrência da sucessão. Recurso de embargos conhecido e provido. (E-ED-RR 591.589-23.1999.5.01.5555, DJ 29.08.2008, Rel. Min. Lelio Bentes Corrêa).

100. PRELIMINAR DE NULIDADE POR NEGATIVA DE PRESTAÇÃO JURISDICIONAL. A Turma, mediante a decisão recorrida, apresentou solução para o conflito, mesmo que contrária ao interesse da embargante, configurando-se efetiva prestação jurisdicional. LEGITIMIDADE DO MINISTÉRIO PÚBLICO DO TRABALHO PARA RECORRER. DIFERENÇAS SALARIAIS DECORRENTES DOS PLANOS BRESSER E VERÃO. 1 - A teor do art. 127 da Constituição da República, incumbe ao Ministério Público a defesa da ordem jurídica, do regime democrático e dos interesses sociais e individuais indisponíveis. De outra parte, o art. 129, inc. IX, da Constituição da República, veda ao Ministério Público o exercício de representação judicial e de consultoria jurídica de entidades públicas. A questão em debate nos autos - diferenças salariais decorrentes dos planos econômicos - não se caracteriza como interesse social ou individual indisponível, e a circunstância de a União figurar no polo passivo da demanda como sucessora da sociedade anônima não transmuda a natureza do interesse em debate de privado para público. 2 - A Turma julgou prejudicado o Recurso de Revista interposto pela União em face do provimento do Recurso de Revista interposto pelo Ministério Público do Trabalho. O presente Recurso de Revista é provido para, declarando a ilegitimidade do Ministério Público do Trabalho para recorrer na espécie, não conhecer do Recurso de Revista por ele interposto e determinar o retorno dos autos à Turma de origem a fim de que julgue o Recurso de Revista interposto pela União. Recurso de Embargos de que se conhece em parte e a que se dá provimento. (E-ED-A-RR - 621117-03.2000.5.01.0040 , Relator Ministro: João Batista Brito Pereira, Data de Julgamento: 10/11/2011, Subseção I Especializada em Dissídios Individuais, Data de Publicação: DEJT 25/11/2011)

Capítulo III · CONSIDERAÇÕES GERAIS SOBRE OS RECURSOS

incompatível com as prerrogativas legais e as garantias constitucionais mencionadas. No final, o órgão que assume a identificação do interesse público é o Judiciário.

A matéria recebe tratamento distinto na jurisprudência sumulada do Superior Tribunal de Justiça[101].

O Supremo Tribunal Federal também reconhece legitimidade mais ampla para interposição de recurso pelo Ministério Público.[102]

O terceiro prejudicado deve demonstrar o gravame que a decisão lhe acarretou em sua esfera jurídica e não apenas fática ou econômica. Trata-se, como já mencionado, do direito de ação exercido de forma abreviada.

No mandado de segurança, concedida a segurança, a legitimidade para recorrer é da pessoa jurídica e, de forma estendida, à autoridade coatora (art. 14, § 2º, Lei n. 12.016/2009).

Os auxiliares do juízo não possuem legitimidade para recorrer, podendo questionar a decisão no que lhes afeta por meio de ação própria. Há debate na doutrina e jurisprudência acerca da legitimidade do advogado para recorrer da parte da decisão que trata dos honorários sucumbenciais.[103] A Subseção de Dissídios Individuais II do Tribunal Superior do Trabalho tem admitido a legitimidade do advogado para a interposição de recursos na defesa de direito próprio.[104]

---

101. A Súmula 99 do STJ possui o seguinte enunciado: "O Ministério Público tem legitimidade para recorrer no processo em que oficiou como fiscal da lei, ainda que não haja recurso da parte". A Súmula 226 também do STJ estabelece: "O Ministério Público tem legitimidade para recorrer na ação de acidente de trabalho, ainda que o segurado esteja assistido por advogado".

102. No RMS 24.901/DF, DJ 12.11.2004, Rel. Min. Carlos Ayres de Brito, sobre ato de improbidade administrativa e demissão de servidor público, examinou-se preliminarmente a legitimidade do *Parquet* para interpor o recurso. A Turma pronunciou a legitimidade do Ministério Público para recorrer em processo que oficiou como fiscal da lei, mesmo sem recurso da parte, considerando, sobretudo, a manifestação de concordância com o recurso pelo impetrante.

103. Junior, Nelson Ney. *Princípios cit.*, 298-299.

104. «FIXADOS NA SENTENÇA QUE TRANSITOU EM JULGADO. HOMOLOGAÇÃO DE ACORDO QUE INDIRETAMENTE REDUZ O CRÉDITO ATRIBUÍDO AO PATRONO PELA COISA JULGADA. ATO INQUINADO PASSÍVEL DE RECURSO PRÓPRIO. OJ 92 DA SBDI-2. Em se tratando de hipótese em que o ato inquinado, homologação de acordo em fase de execução, que indiretamente reduziu o crédito de honorários contratuais deferidos ao advogado na sentença que transitou em julgado, admite impugnação via recurso próprio, descabe o *mandamus*. Embora não tenha sido parte no processo de conhecimento, na fase de execução, como o próprio impetrante reconhece, ele se encontra diante de direito próprio, crédito deferido na coisa julgada, que deve ser defendido na qualidade de exequente,

em virtude da legitimidade concorrente que lhe é atribuída pelo ordenamento jurídico. Ainda que assim não fosse, mesmo que se considere o Impetrante como um terceiro prejudicado, a ele se estende a legitimidade para recorrer, diante da previsão constante do art. 499, §1º do CPC, na medida em que se faz presente o necessário nexo de interdependência entre o seu interesse de intervir, jurídico e não meramente econômico, e a relação jurídica submetida à apreciação. Conforme expresso no art. 897, a) da CLT, cabe agravo de petição das decisões do Juiz ou Presidente nas execuções, aí incluídas as questões incidentais que possuam natureza decisória definitiva. Processo extinto sem resolução do mérito." (Processo: RO - 946-26.2011.5.05.0000 Data de Julgamento: 02/04/2013, Relator Ministro: Alexandre de Souza Agra Belmonte, Subseção II Especializada em Dissídios Individuais, Data de Publicação: DEJT 05/04/2013)."RECURSO ORDINÁRIO. MANDADO DE SEGURANÇA. ATO COATOR EM QUE DETERMINADA A RETENÇÃO DO VALOR REFERENTE AOS HONORÁRIOS ADVOCATÍCIOS. EXISTÊNCIA DE RECURSO PRÓPRIO. ORIENTAÇÃO JURISPRUDENCIAL 92 DA SBDI-2 DO TST. Nos termos do artigo 5º, II, da Lei nº 12.016/2009, vigente à época da impetração da ação mandamental, não se concederá mandado de segurança quando se tratar de decisão judicial da qual caiba recurso com efeito suspensivo-. Na hipótese, a decisão em que indeferido o pedido de levantamento do valor referente aos honorários advocatícios deve ser atacada por medida judicial própria. Incidência da Orientação Jurisprudencial 92 da SBDI-2 do TST. Processo extinto, sem resolução do mérito." (Processo: RO - 1330900-16.2008.5.02.0000 Data de Julgamento: 13/12/2011, Relator Ministro: Emmanoel Pereira, Subseção II Especializada em Dissídios Individuais, Data de Publicação: DEJT 19/12/2011)."MANDADO DE SEGURANÇA - ATO OMISSIVO DO JUIZ DA EXECUÇÃO QUANTO AO PEDIDO DE LIBERAÇÃO DO VALOR REFERENTE AOS HONORÁRIOS ADVOCATÍCIOS CONTRATUAIS - NÃO CABIMENTO - INCIDÊNCIA DA OJ Nº 92 DA SBDI-2/TST. I - Da argumentação expendida na inicial e no recurso ordinário, percebe-se que a pretensão mandamental dirige-se, em verdade, contra o ato omisso da Juíza da execução pelo qual, examinando o pedido de liberação do valor referente aos honorários advocatícios contratuais, limitou-se a determinar se aguardasse a realização de audiência. II - Não é demais lembrar que o princípio da irrecorribilidade das decisões interlocutórias, consagrado no art. 893, § 1º, da CLT, só se aplica ao processo de conhecimento, em virtude de não haver atividade cognitiva no processo de execução, em que os atos aí praticados se classificam como materiais e expropriatórios, com vistas à satisfação da sanção jurídica. II - O que pode ocorrer durante a tramitação do processo de execução é a erupção de incidentes de cognição, quer se refiram aos embargos do devedor, quer se refiram a pretensões ali deduzidas marginalmente, em que as decisões que os examinam desafiam a interposição do agravo de petição do art. 897, alínea -a-, da CLT. III - Proferida a decisão na fase executória, defronta-se com o não cabimento do mandado de segurança, a teor do art. 5º, II, da Lei nº 12.016/2009, em virtude de ela ser atacável mediante agravo de petição, vindo à baila o contido na OJ nº 92 da SBDI-2/TST, segundo a qual -Não cabe mandado de segurança contra decisão judicial passível de reforma mediante recurso próprio, ainda que com efeito diferido-. IV - Recurso a que se nega provimento." (Processo: RO - 476800-40.2009.5.01.0000 Data de Julgamento: 23/11/2010, Relator Ministro: Antônio José de Barros Levenhagen, Subseção II Especializada em Dissídios Individuais, Data de Publicação: DEJT 26/11/2010)."RECURSO ORDINÁRIO EM MANDADO DE SEGURANÇA. DETERMINAÇÃO, PELO JUIZ DA EXECUÇÃO, DE RETENÇÃO DE PERCENTUAL A TÍTULO DE HONORÁRIOS ADVOCATÍCIOS. ATO JUDICIAL ATACÁVEL MEDIANTE REMÉDIO JURÍDICO PRÓPRIO. DESCABIMENTO DO MANDADO DE SEGURANÇA. O.J. 92 DA SBDI-2 DO TST. EXTINÇÃO DO PROCESSO SEM RESOLUÇÃO DO MÉRITO. A jurisprudência desta Corte está orientada no sentido de que "não cabe mandado de segurança contra decisão judicial passível de reforma mediante recurso próprio, ainda que com efeito diferido". Esta é a diretriz da Orientação Jurisprudencial nº 92 da SBDI-2. No caso concreto, o ordenamento jurídico prevê o manejo de agravo de petição e, ainda depois, de recurso

4.8. Interesse

Segundo Barbosa Moreira, "o interesse em recorrer, no processo, repousa sempre, a nosso ver, no binômio *utilidade + necessidade*: utilidade *da providência* judicial pleiteada, necessidade *da via* que se escolhe para obter essa providência.[105]

Considera-se que o recurso seja útil justamente para afastar o gravame imposto pela decisão recorrida à situação jurídica do recorrente. A sucumbência é necessária para a existência do interesse em recorrer.

A Consolidação das Leis do Trabalho é omissa nesse aspecto, mas o Código de Processo Civil expressamente atribui a possibilidade de interposição ao recurso à parte vencida. (art. 996 CPC). A noção de parte vencida é referencial, ou seja, deve ser verificada comparando-se as situações antes e depois da decisão proferida. Se a parte, após a decisão, encontra-se em situação menos favorável do que antes, há interesse para a interposição de recurso. Por outro aspecto, é vencida a parte que não logrou alcançar tudo o que poderia esperar com a decisão judicial. Nesse sentido, é possível que mesmo no caso de improcedência dos pedidos deduzidos pelo autor, o réu seja considerado vencido. Barbosa Moreira vale-se do seguinte exemplo:

> "se algum cidadão propõe ação popular, e o órgão de primeiro grau julga improcedente o pedido com base na 'deficiência de prova', isso não constitui o melhor resultado *possível* para os réus, porque a sentença não se reveste da autoridade de coisa julgada, tornando viáveis novas investidas subsequentes (Lei nº 4.717, art. 18); mais vantajoso será, para eles, que se julgue improcedente o pedido, negando-se no ato o alegado vício – com o que ficarão a salvo, em caráter definitivo, de ulteriores ataques identicamente fundamentados. Em tais condições, devem reputar-se 'vencidos' os réus, na medida em que deixaram de conseguir esse *plus*, e terão interesse em recorrer para tentar ainda consegui-lo, pleiteando do órgão *ad quem* a declaração de inexistência do vício ("confirmação" da sentença por fundamento diverso)."[106]

---

de revista, remédios jurídicos adequados para atacar o ato judicial em que determinada, na fase de execução, a retenção, do crédito do impetrante, de percentual a título de honorários advocatícios. Processo extinto sem resolução do mérito." (Processo: ROMS - 110300-88.2008.5.05.0000 Data de Julgamento: 08/06/2010, Relator Ministro: Alberto Luiz Bresciani de Fontan Pereira, Subseção II Especializada em Dissídios Individuais, Data de Publicação: DEJT 18/06/2010).

105. Moreira, José Carlos Barbosa. *Comentários ... cit.*, p. 298.
106. *Op. cit.*, p. 300.

De qualquer forma, adverte o doutrinador: "Deve-se aferir-se ao ângulo *prático* a ocorrência da utilidade, isto é, a relevância do proveito ou vantagem cuja possibilidade configura o interesse em recorrer".[107]

Não legitima a interposição de recurso a não coincidência das razões de decidir com os argumentos lançados pela parte, considerando que o recurso deve-se voltar contra o dispositivo e não contra a motivação. É o dispositivo que transita em julgado, e não a motivação, que poderá ser rediscutida em processo relativo a outra lide, com a ressalva dos fundamentos em que a lei atribui importância prática à motivação, como no exemplo da ação popular por improcedência de provas. Daí a ênfase colocada por Barbosa Moreira nesse ponto: "Por isso é que, com a ressalva já consignada, unicamente do dispositivo pode advir interesse *prático* na provocação de segundo pronunciamento dentro do mesmo feito."[108]

Essa discussão é bastante intensa no âmbito dos recursos de natureza extraordinária e possui relação com o efeito devolutivo desses recursos, especialmente no tocante a fundamentos aduzidos pela parte vencedora, que não foram acolhidos pelo órgão que proferiu a decisão recorrida, mas que podem beneficiar o recorrido por ocasião da interposição do recurso pela parte vencida. Nesse caso, a parte vencedora deve valer-se do recurso adesivo ou pode provocar o órgão *ad quem* em contrarrazões ao recurso oferecido pela outra parte?

Ao referir-se à necessidade do recurso, como elemento da verificação do interesse em recorrer, Barbosa Moreira destaca que "o vencedor no principal não precisa recorrer só para levar alguma questão prévia, resolvida em seu desfavor, à cognição do órgão *ad quem* se este já se investirá do poder de reexaminá-la graças ao efeito devolutivo do eventual recurso da *parte contrária*."[109]

Esse ponto será retomado no estudo do efeito devolutivo dos recursos de natureza extraordinária no processo do trabalho.

4.9. Cabimento

Para examinar a satisfação do pressuposto "cabimento", segundo Araken de Assis "avalia-se a aptidão do ato para sofrer impugnação e

---

107. Idem, p. 301.
108. Idem, p. 303.
109. *Ibidem*.

Capítulo III • CONSIDERAÇÕES GERAIS SOBRE OS RECURSOS

o recurso adequado". Ou seja, deve-se examinar "a recorribilidade do ato e a propriedade do recurso eventualmente interposto".[110]

O requisito do cabimento pode ser aferido no plano geral, por exemplo, quando se afirma que o recurso de revista é o recurso adequado das decisões proferidas pelos tribunais regionais em recurso ordinário, agravo desprovido em recurso ordinário e agravo de petição. Já em relação à decisão proferida em agravo de instrumento não cabe o recurso de revista.

O passo para uma análise mais específica leva em conta as diversas hipóteses de cabimento do recurso de revista. Elas podem ser por divergência jurisprudencial e violação a lei ou a Constituição. Na primeira, inclui-se a contrariedade a súmula e orientação jurisprudencial do Tribunal Superior do Trabalho e súmula vinculante do Supremo Tribunal Federal. Já se a decisão do tribunal regional foi proferida em procedimento sumaríssimo, o recurso de revista é cabível por contrariedade e violação, restritos, porém, a contrariedade a súmula do Tribunal Superior do Trabalho ou súmula vinculante do Supremo Tribunal Federal e violação direta à Constituição. Na execução, por sua vez, o recurso de revista só é cabível por ofensa direta e literal de norma da Constituição Federal, salvo nas execuções fiscais e nas controvérsias na fase de execução relacionadas à Certidão Negativa de Débitos Trabalhistas, casos em que a revista será cabível por violação a lei federal e a Constituição, bem como por divergência jurisprudencial.

O recurso de embargos, que possui natureza extraordinária, é cabível por divergência entre as decisões das turmas ou com a Seção de Dissídios Individuais do Tribunal Superior do Trabalho, bem como contrariedade a orientação jurisprudencial ou súmula desse tribunal ou súmula vinculante do Supremo Tribunal Federal. A jurisprudência limitou a possibilidade do recurso de embargos em decisão de agravo de instrumento ou a agravo que confirma decisão que denega seguimento àquele recurso.

Como já mencionado, existe uma vinculação entre o pressuposto intrínseco "cabimento" e o extrínseco "regularidade formal". Porém, o cabimento é examinado no plano mais geral, enquanto a regularidade formal se refere a todos os pontos do recurso, que devem atender às exigências formais previstas na legislação.

---

110. *Manual dos recursos.* 4ª. Ed., São Paulo, Ed. Revista dos Tribunais, 2012, pág. 147.

O Tribunal Superior do Trabalho admite a fungibilidade recursal, por exemplo, de recurso a ele dirigido contra decisão monocrática que indefere liminarmente ação rescisória ou mandado de segurança. Neste caso, o recurso será recebido como agravo regimental, com devolução dos autos ao tribunal regional do trabalho. Já a interposição de recurso de revista em lugar do recurso ordinário cabível de acórdãos dos tribunais regionais em ação rescisória ou mandado de segurança é hipótese de erro grosseiro. Da mesma forma, não se aplica a fungibilidade recursal ao agravo interno ou regimental interposto da decisão de órgão colegiado dos tribunais[111].

5. AUSÊNCIA DE EFEITO SUSPENSIVO NOS RECURSOS TRABALHISTAS

O artigo 899 da Consolidação das Leis do Trabalho prevê efeito meramente devolutivo a todos os recursos trabalhistas. O § 1º do artigo 896 também atribui efeito apenas devolutivo ao recurso de revista.

Apesar da disposição expressa, os órgãos do Poder Judiciário costumam atribuir efeito suspensivo aos recursos trabalhistas, por meio de ações cautelares, considerando a previsão na Súmula 414 do Tribunal Superior do Trabalho, que trata da concessão da antecipação da tutela ou de liminar. Quando essa modalidade de providência é concedida na sentença, deve ser impugnada por recurso ordinário,

---

111. OJ 69 SDI2 FUNGIBILIDADE RECURSAL. INDEFERIMENTO LIMINAR DE AÇÃO RESCISÓRIA OU MANDADO DE SEGURANÇA. RECURSO PARA O TST. RECEBIMENTO COMO AGRAVO REGIMENTAL E DEVOLUÇÃO DOS AUTOS AO TRT (inserida em 20.09.2000). Recurso ordinário interposto contra despacho monocrático indeferitório da petição inicial de ação rescisória ou de mandado de segurança pode, pelo princípio de fungibilidade recursal, ser recebido como agravo regimental. Hipótese de não conhecimento do recurso pelo TST e devolução dos autos ao TRT, para que aprecie o apelo como agravo regimental.OJ 152 SBDI2. AÇÃO RESCISÓRIA E MANDADO DE SEGURANÇA. RECURSO DE REVISTA DE ACÓRDÃO REGIONAL QUE JULGA AÇÃO RESCISÓRIA OU MANDADO DE SEGURANÇA. PRINCÍPIO DA FUNGIBILIDADE. INAPLICABILIDADE. ERRO GROSSEIRO NA INTERPOSIÇÃO DO RECURSO. (DEJT divulgado em 03, 04 e 05.12.2008) A interposição de recurso de revista de decisão definitiva de Tribunal Regional do Trabalho em ação rescisória ou em mandado de segurança, com fundamento em violação legal e divergência jurisprudencial e remissão expressa ao art. 896 da CLT, configura erro grosseiro, insuscetível de autorizar o seu recebimento como recurso ordinário, em face do disposto no art. 895, "b", da CLT. OJ 412 SBDI1 - AGRAVO INOMINADO OU AGRAVO REGIMENTAL. INTERPOSIÇÃO EM FACE DE DECISÃO COLEGIADA. NÃO CABIMENTO. ERRO GROSSEIRO. INAPLICABILIDADE DO PRINCÍPIO DA FUNGIBILIDADE RECURSAL. (DEJT divulgado em 14, 15 e 16.02.2012) É incabível agravo inominado (art. 557, §1º, do CPC) ou agravo regimental (art. 235 do

Capítulo III · CONSIDERAÇÕES GERAIS SOBRE OS RECURSOS

que não detém efeito suspensivo. Para conferir esse efeito ao recurso, a súmula prevê a ação cautelar.

Constata-se a utilização abusiva de ações cautelares para dotar os recursos trabalhistas de efeito suspensivo, o que alimenta o jogo de alguns litigantes com o tempo do processo.

Como já mencionado em outra parte, há resistência no Judiciário Trabalhista no tocante a uma distribuição mais equitativa do ônus do tempo do processo. O que deveria se apresentar como excepcional, que é a concessão de efeito suspensivo, especialmente nos recursos de natureza extraordinária, acaba ocorrendo com alguma frequência.

Os recursos de natureza extraordinária estreitam a via para a alteração do julgado, reduzindo a probabilidade de êxito, além de serem interpostos em etapa processual bastante avançada, de forma que sua interposição mais se alinha com o cumprimento ainda que provisório da decisão, do que o retardamento da satisfação do direito.

Em geral, costuma-se aplicar o entendimento das Súmulas 634 e 635 do Supremo Tribunal Federal acerca da competência para a concessão da medida cautelar. A primeira estabelece que não "compete ao Supremo Tribunal Federal conceder medida cautelar para dar efeito suspensivo a recurso extraordinário que ainda não foi objeto de juízo de admissibilidade na origem. A segunda determina que cabe "ao Presidente do Tribunal de origem decidir o pedido de medida cautelar em recurso extraordinário ainda pendente de seu juízo de admissibilidade".

Esse entendimento foi alterado com a vigência do Código de Processo Civil. No artigo 1.029, há a seguinte previsão:

> § 5º O pedido de concessão de efeito suspensivo a recurso extraordinário ou a recurso especial poderá ser formulado por requerimento dirigido:
>
> I - ao tribunal superior respectivo, no período compreendido entre a interposição do recurso e sua distribuição, ficando o relator designado para seu exame prevento para julgá-lo;
>
> II - ao relator, se já distribuído o recurso;

RITST) contra decisão proferida por Órgão colegiado. Tais recursos destinam-se, exclusivamente, a impugnar decisão monocrática nas hipóteses expressamente previstas. Inaplicável, no caso, o princípio da fungibilidade ante a configuração de erro grosseiro.

III - ao presidente ou vice-presidente do tribunal local, no caso de o recurso ter sido sobrestado, nos termos do art. 1.037.

No âmbito do Supremo Tribunal Federal prevalece o entendimento segundo o qual o efeito suspensivo ao recurso extraordinário, pela via da cautelar, é excepcionalíssima, sendo necessário observar, para sua concessão nesse tribunal, o juízo positivo de admissibilidade do recurso extraordinário; a viabilidade processual desse recurso; que o pedido alusivo ao direito material seja juridicamente plausível; e seja demonstrado o perigo na demora.[112]

Essa mesma excepcionalidade deve ser considerada no recurso de revista, sendo que a concessão de efeito suspensivo em agravo de instrumento das decisões denegatórias do seguimento da revista destoa daquela diretriz, embora ocorra no âmbito do Tribunal Superior do Trabalho.

6. EFEITO DEVOLUTIVO DOS RECURSOS TRABALHISTAS DE NATUREZA EXTRAORDINÁRIA.

6.1. Considerações gerais

Ponto de interesse na casuística dos recursos trabalhistas de natureza extraordinária é o do efeito devolutivo.

O efeito devolutivo habilita, geralmente por órgão hierarquicamente superior, novo julgamento daquilo que foi decido pelo órgão inferior.

Esse estudo deve ser realizado a partir da previsão legal que trata do efeito devolutivo da apelação (art. 1.013, CPC), aplicado, subsidiariamente, para a definição do efeito devolutivo do recurso ordinário no processo trabalhista.

O artigo 1.013 do Código de Processo Civil contém uma série de conceitos que devem ser explorados para que seja possível a compreensão da previsão legal sobre o efeito devolutivo da apelação.

O *caput* desse artigo estabelece que a "apelação devolverá ao tribunal o conhecimento da matéria impugnada". Extrai-se do preceito que a devolução não se verifica em relação a toda a matéria, mas a

---

112. Mancuso, Rodolfo de Camargo. *Op. cit.*, p. 214.

que foi impugnada. Se parte da sentença não foi impugnada pelo recorrente, o tribunal fica impossibilitado de apreciá-la.

O primeiro parágrafo do artigo inicia-se com uma adversidade ao que foi afirmado no *caput*: "serão, porém, objeto de apreciação e julgamento pelo tribunal todas as questões suscitadas e discutidas no processo, ainda que a sentença não as tenha julgado por inteiro desde que relativas ao capítulo impugnado".

A diferença entre o *caput* e o § 1º é que em relação a "todas as questões suscitadas e discutidas", o tribunal pode apreciá-las, independentemente de terem sido "julgadas por inteiro". A adversidade indica que não se obriga à impugnação específica nesta parte. De qualquer forma, é necessário se ocupar do conceito de questões para a compreensão do dispositivo, o que será feito adiante.

O segundo parágrafo do dispositivo estabelece que quando "o pedido ou a defesa tiver mais de um fundamento e o juiz acolher apenas um deles, a apelação devolverá ao tribunal o conhecimento dos demais". Novamente, o dispositivo legal lança mão de outro conceito "fundamentos" em torno do qual é necessário ter em conta para verificar a efetiva devolução do recurso de apelação.

O terceiro parágrafo estabelece a possibilidade de o tribunal prosseguir o julgamento e decidir o mérito, se o processo estiver em condições para isso. Aplica-se aos casos em que o tribunal reformar a sentença fundada no artigo 485; decretar a nulidade da sentença não congruente com os limites do pedido ou da causa de pedir; constatar a omissão no exame de um dos pedidos e decretar a nulidade da sentença por falta de fundamentação.

O quarto parágrafo estabelece que quando reformar sentença que reconheça a decadência ou a prescrição, o tribunal, se possível, julgará o mérito, examinando as demais questões, sem determinar o retorno do processo ao juízo de primeiro grau.

Referidos dispositivos seguem a linha inaugurada no Código anterior de romper com a tradição processual baseada na ideia de vedar a supressão de instância, que muitas vezes era observada em detrimento da celeridade processual. Estando a causa madura, o tribunal apreciará imediatamente o mérito.

O quinto parágrafo trata do capítulo da sentença que confirma, concede ou revoga tutela provisória, sendo impugnável por apelação.

Antes de adentrar propriamente na precisão dos vários conceitos utilizados no artigo 1.013 do Código de Processo Civil, cabe ressaltar que a doutrina faz a distinção entre o efeito devolutivo em extensão e profundidade. O primeiro trata da matéria (pedidos) que será submetida ao órgão julgador do recurso. O efeito devolutivo em extensão situa-se no plano horizontal, dando a ideia de amplitude temática que será objeto de apreciação pelo tribunal. Ele determina o que será submetido ao órgão *ad quem*. O efeito devolutivo em profundidade não se refere à matéria que será submetida ao órgão julgador, mas às ferramentas que serão utilizadas pelo órgão julgador para decidir a matéria delimitada pela extensão do efeito devolutivo do recurso. Essas ferramentas consistem nas questões suscitadas e discutidas e nos fundamentos que foram apresentados pelas partes e pelo juiz para justificar as posições de cada um. Como ressalta Barbosa Moreira, "medir a profundidade é determinar com que material o órgão ad quem vai trabalhar para julgar".[113] Daí a colocação de que o efeito devolutivo em profundidade localiza-se no plano vertical.

Com tais colocações, pode-se dividir o artigo 1.013 do Código de Processo Civil para localizar como previsão acerca do efeito devolutivo em extensão o *caput* e o § 3º e do efeito devolutivo em profundidade, os §§ 1º, 2º e 4º.

A impugnação da matéria corresponde à irresignação manifestada contra a resolução ou não do mérito e, neste caso, a procedência ou improcedência de parte ou de todos os pedidos. Ou seja, a impugnação é do que foi decidido no todo ou em parte. Em princípio, a apelação não devolve ao tribunal matéria que não foi julgada pelo órgão *a quo*. Como já examinado, os §§ 3º e 4º desse artigo preveem exceção a essa regra.

O § 1º do artigo 1.013 do Código de Processo Civil refere-se a questões suscitadas e discutidas. Questões são "pontos duvidosos de fato e de direito"[114], que podem ser suscitados pelas partes ou apreciados de ofício. São temas em torno dos quais existe controvérsia. As justificativas (razões) para as posições defendidas pelas partes e pelo juiz são os fundamentos, que podem ser de fato e direito, tanto em relação a aspectos processuais, quanto à matéria em debate. O artigo

---

113. José Carlos Barbosa Moreira. *Comentários* cit., p. 429.
114. Ibidem.

319 do referido código estabelece que a "petição inicial indicará (...) III – o fato e os fundamentos jurídicos do pedido;" Por sua vez, o artigo 336, que trata da contestação, prevê que compete "ao réu alegar, na contestação, toda a matéria de defesa, expondo as razões de fato e de direito, com que impugna o pedido do autor e especificando as provas que pretende produzir". O artigo 489, ao tratar da sentença, enumera entre os seus requisitos: "II – os fundamentos, em que o juiz analisará as questões de fato e de direito;".

É possível que em relação a alguns dos fundamentos apresentados, surja controvérsia, por meio de impugnação pela outra parte. Nesse sentido, um fundamento de fato ou direito converte-se em questão, quando é lançado por uma parte e rebatido por outra. Ou seja, em relação a um argumento apresentado é suscitada uma dúvida. Ainda que uma questão não seja inteiramente resolvida pelo órgão *a quo*, o tribunal a levará em conta no julgamento do recurso de apelação, por força de seu efeito devolutivo previsto na legislação (§ 1º do art. 1.013, CPC). A resolução da questão propiciará a validação ou não do fundamento para respaldar (ao acolhê-lo ou rejeitá-lo) a decisão final sobre a matéria.

Em relação ao § 3º que permite o julgamento pelo tribunal da denominada "causa madura" é necessário que o recurso seja admissível e a sentença seja válida em relação ao restante, de modo que não exista impedimento para o exame do mérito, justamente porque as questões a serem resolvidas pelo tribunal são de direito e de fato que não demandam a produção de outras provas.

Em suma, o dispositivo que trata do efeito devolutivo da apelação estabelece uma gradação: o órgão *ad quem* não pode apreciar pedido que não consta do recurso, mas pode examinar as questões e os fundamentos lançados pelas partes, ainda que não tenham sido objeto de análise. O réu revel, como não suscitou nenhuma questão, no seu recurso somente poderá devolver as que tenham sido apreciadas pelo juiz ou as que caibam ao tribunal apreciar de ofício[115]. Em relação aos fundamentos, os limites estabelecidos referem-se à causa de pedir, que não pode ser alterada. Fora isso, há ampla margem para o tribunal utilizá-los ou não para dar respaldo à decisão final.

---

115. José Carlos Barbosa Moreira. Comentários cit., p. 447.

Transportando essas considerações para o âmbito do processo trabalhista, o Tribunal Superior do Trabalho editou a Súmula 393.[116] Seu enunciado esclarece algumas dúvidas, mas suscita outras. O texto é expresso ao referir-se ao efeito devolutivo em profundidade, porém trata também do efeito devolutivo em extensão, ao mencionar "pedido não apreciado". O § 1º do artigo 1.013 do Código de Processo Civil é citado na súmula como se referisse a *fundamentos*, quando no Código cuida das *questões suscitadas e discutidas*. De qualquer forma, esclarece que os fundamentos da inicial ou defesa, não examinados pela sentença são devolvidos ao tribunal, mesmo que não renovados em contrarrazões. Essa transferência ao tribunal ocorre inclusive no caso de pedido não apreciado pela sentença. Não está claro, contudo, se a ressalva em relação ao § 3º e ao pedido não examinado dispensaria provocação da parte. Supondo, pois, que o recurso não aborde o mérito da causa, considerando que a impugnação pode se restringir à preliminar acolhida, sem pleitear a procedência dos pedidos, poderia o tribunal prosseguir, se considerar que ela está madura? A dúvida é justamente se a ressalva final da Súmula 393 autorizaria o tribunal a avançar no julgamento dos pedidos, se o recurso e as contrarrazões não fizerem menção ao mérito da causa.[117]

---

116. SUM-393 RECURSO ORDINÁRIO. EFEITO DEVOLUTIVO EM PROFUNDIDADE. ART. 515, § 1º, DO CPC (redação alterada pelo Tribunal Pleno na sessão realizada em 16.11.2010) - Res. 169/2010, DEJT divulgado em 19, 22 e 23.11.2010.**RECURSO ORDINÁRIO. EFEITO DEVOLUTIVO EM PROFUNDIDADE. ART. 1.013, § 1º, DO CPC DE 2015. ART. 515, § 1º, DO CPC DE 1973. (nova redação em decorrência do CPC de 2015) - Res. 208/2016, DEJT divulgado em 22, 25 e 26.04.2016.**I - O efeito devolutivo em profundidade do recurso ordinário, que se extrai do § 1º do art. 1.013 do CPC de 2015 (art. 515, § 1º, do CPC de 1973), transfere ao Tribunal a apreciação dos fundamentos da inicial ou da defesa, não examinados pela sentença, ainda que não renovados em contrarrazões, desde que relativos ao capítulo impugnado.II - Se o processo estiver em condições, o tribunal, ao julgar o recurso ordinário, deverá decidir desde logo o mérito da causa, nos termos do § 3º do art. 1.013 do CPC de 2015, inclusive quando constatar a omissão da sentença no exame de um dos pedidos.

117. Pelo trecho da ementa abaixo transcrita, percebe-se a pouca clareza da redação anterior da súmula, que acabou por afastar a contrariedade a ela alegada no recurso de revista:RECUR-SO DE REVISTA. SUPRESSÃO DE INSTANCIA - EFEITO DEVOLUTIVO DO RECURSO - PEDIDO NÃO ANALISADO NA SENTENÇA. O cerne da controvérsia é definir se o efeito devolutivo em profundidade recursal de que trata o art. 515, §§ 1º e 2º do Código de Processo Civil e a Súmula nº 393 desta Corte abrange o pedido não analisado pela sentença. A Súmula nº 393 trata da abrangência do efeito devolutivo em profundidade no recurso ordinário, que diz respeito à devolução ao Tribunal da apreciação dos fundamentos da inicial ou da defesa não examinados pela sentença, ainda que não renovados em recurso ou em contrarrazões. Quando faz referência ao pedido não analisado na sentença, se aplica apenas no caso de não ter o pedido sido renovado nas razões recursais. No entanto, o presente caso diz respeito ao efeito devolutivo em extensão e não em profundidade,

Capítulo III • CONSIDERAÇÕES GERAIS SOBRE OS RECURSOS

No tocante ao efeito devolutivo do fundamento prescrição no recurso ordinário do reclamante da decisão que julgou improcedentes os seus pedidos, se a reclamada não apresenta recurso ordinário nem contrarrazões, a matéria é objeto de divergência no Tribunal Superior do Trabalho, mas há a tendência de se admitir o efeito devolutivo mais amplo desse recurso.[118] Já quando se passa para o recurso de revista, o tribunal é bem mais rigoroso, exigindo o recurso adesivo, não sendo suficiente sua arguição em contrarrazões.[119]

---

pois o primeiro exige apenas que o pedido seja renovado em sede de recurso, ou seja, o recorrente diante de omissão do juízo *a quo*, não têm necessariamente que opor embargos de declaração visando o pronunciamento da matéria, sob pena de preclusão. Ao interpor o recurso renovando o pedido, devolvida está a matéria ao Tribunal, nos exatos termos do art. 515, *caput*, do CPC. Neste contexto, em que não se discute a aplicação do efeito devolutivo em profundidade de que trata a Súmula nº 393 do TST e o artigo, §§ 1º e 2º, do CPC, mas sim da simples aplicação do efeito devolutivo em extensão, previsto no *caput* do mesmo artigo 515, fica afastada a alegada violação dos referidos dispositivos, bem como a contrariedade à Súmula nº 393 do TST. (RR 1336-17.2010.5.03.0087, DEJT de 28.02.2013, Rel. Min. Aloysio da Veiga)

118. Arruda, Katia Magalhães e Milhomem, Rubem. *Op. cit.*, p. 123. Entre as ementas citadas pelos autores, destacam-se: RECURSO DE EMBARGOS PRESCRIÇÃO ARGUIDA EM CONTRARRAZÕES. EFEITO DEVOLUTIVO EM PROFUNDIDADE DO RECURSO ORDINÁRIO. O entendimento pacífico do c. TST, consignado na Súmula nº 153 do TST, é no sentido de que a prescrição deve ser arguida em instância ordinária. A prescrição, sendo matéria trazida em defesa, deve ser alçada a exame em recurso ordinário, por força do efeito devolutivo, quando arguida em contrarrazões e objeto de contestação, nos termos da Súmula 393 do c. TST. No caso, trata-se de matéria trazida em defesa que, pelo efeito devolutivo, deve ser apreciada pela eg. Corte Regional, ante o efeito condicionado das contrarrazões. Embargos conhecidos e desprovidos. (E-ED-RR 269500-62.2007.5.12.0036, DEJT 01.10.2010, Min. Aloysio Corrêa da Veiga)O mesmo posicionamento vem sendo adotado pela Subseção, como se verifica na seguinte ementa:RECURSO DE EMBARGOS REGIDO PELA LEI 11.496/2007. PRESCRIÇÃO ARGUIDA EM DEFESA E NÃO APRECIADA NA SENTENÇA. ANÁLISE PELO TRIBUNAL REGIONAL. EFEITO DEVOLUTIVO EM PROFUNDIDADE DO RECURSO ORDINÁRIO. SÚMULA 393 DO TST. Não se há falar em preclusão consumativa quando dirimida a controvérsia pela Súmula 393 do TST, segundo a qual o efeito devolutivo em profundidade do recurso ordinário, que se extrai do § 1º do art. 515 do CPC, transfere ao Tribunal a apreciação dos fundamentos da inicial ou da defesa, não examinados pela sentença, ainda que não renovados em contrarrazões. Não se aplica, todavia, ao caso de pedido não apreciado na sentença, salvo a hipótese contida no § 3º do art. 515 do CPC-. A prescrição foi argüida por ocasião da defesa e suscitada em contrarrazões, devendo ser examinada em recurso ordinário por força do seu efeito devolutivo, uma vez que referido verbete de súmula apenas ressalva a hipótese de impossibilidade de apreciação de pedido que não foi examinado pela sentença. Recurso de embargos conhecido e provido. (E-RR - 943-59.2011.5.04.0401, Relator Ministro: Augusto César Leite de Carvalho, Data de Julgamento: 25/09/2014, Subseção I Especializada em Dissídios Individuais, Data de Publicação: DEJT 03/10/2014)

119. EMBARGOS REGIDOS PELA LEI Nº 11.496/2007. PRESCRIÇÃO. DANO MORAL. "LISTA NEGRA." APRECIAÇÃO DA PRESCRIÇÃO NA SENTENÇA E PELA CORTE REGIONAL EM RAZÃO DO RECURSO ORDINÁRIO INTERPOSTO PELA RECLAMADA. AÇÃO JULGADA IMPROCEDENTE PELO JUIZ DE PRIMEIRO GRAU E DECISÃO MANTIDA PELO TRIBUNAL REGIONAL DO TRABALHO. MATÉRIA NÃO RENOVADA EM RECURSO DE REVISTA ADESIVO. PROVIMENTO DO RECURSO DE REVISTA DO RECLAMANTE. PRECLUSÃO. INAPLICABILIDA-

176 RECURSOS DE NATUREZA EXTRAORDINÁRIA NO TST – *Ricardo José Macêdo de Britto Pereira*

6.2. Efeito devolutivo e pré-questionamento

Como visto anteriormente, o estudo do efeito devolutivo do recurso ordinário, embora caracterizado por sua amplitude, dá margem a algumas dúvidas. É em razão do efeito devolutivo amplo que o Tribunal Superior do Trabalho dispensava o contraditório nos embargos de declaração em decisões de primeiro grau[120], posição bastante

---

DE DA SÚMULA Nº 393 DO TST. Discute-se, no caso, a aplicação do efeito devolutivo em profundidade, nos termos do artigo 515, § 1º, do CPC. No caso dos autos, a prescrição foi expressamente examinada pelas instâncias ordinárias, inclusive em razão da interposição de recurso ordinário pela reclamada, não obstante ter sido julgada improcedente a ação. Entretanto, não houve interposição de recurso de revista adesivo, ou, ainda, arguição em contrarrazões ao recurso de revista do reclamante. Com efeito, a Súmula nº 393 do TST trata do efeito devolutivo em profundidade do recurso ordinário e tem a seguinte redação: "O efeito devolutivo em profundidade do recurso ordinário, que se extrai do § 1º do art. 515 do CPC, transfere ao Tribunal a apreciação dos fundamentos da inicial ou da defesa, não examinados pela sentença, ainda que não renovados em contrarrazões. Não se aplica, todavia, ao caso de pedido não apreciado na sentença, salvo a hipótese contida no § 3º do art. 515 do CPC". A aplicação desse verbete à hipótese ora em análise, no entanto, esbarra em duas questões. Primeiro, essa súmula enfrenta, especificamente, o efeito devolutivo em profundidade do recurso ordinário, e não do recurso de revista. Ademais, ainda que se supere essa falta de identidade fática, no caso dos autos, não obstante a Turma do TST tenha, pela primeira vez nos autos, deferido o pedido postulado pelo reclamante, a matéria referente à prescrição vem sendo analisada desde a sentença, tendo sido também, objeto do recurso ordinário da reclamada, e enfrentada expressamente pela Corte regional. Diante disso, tem-se que a prescrição constitui matéria recursal, razão pela qual a reclamada, para ter tal aspecto enfrentado por esta Corte superior, deveria ter interposto recurso de revista adesivo, nos termos do artigo 500 do CPC. Aliás, ainda que a referida prejudicial de mérito tivesse sido arguida nas contrarrazões apresentadas ao recurso de revista do reclamante, essa não seria passível de apreciação pelo TST. Assim, fica afastada a alegada contrariedade à Súmula nº 393 do TST. Precedentes desta Subseção. O recurso também não merece ser conhecido por divergência jurisprudencial, pois os julgados apresentados a confronto não enfrentam a mesma hipótese fática tratada na decisão ora embargada, conforme exigência da Súmula nº 296 do TST. Embargos não conhecidos. (E-ED-RR - 52800-47.2003.5.09.0091 , Relator Ministro: José Roberto Freire Pimenta, Data de Julgamento: 12/02/2015, Subseção I Especializada em Dissídios Individuais, Data de Publicação: DEJT 20/02/2015)

120. OJ-SDI1-142 REDAÇÃO ANTERIOR. EMBARGOS DE DECLARAÇÃO. EFEITO MODIFICATIVO. VISTA À PARTE CONTRÁRIA (inserido o item II à redação) - Res. 178/2012, DEJT divulgado em 13, 14 e 15.02.2012 I - É passível de nulidade decisão que acolhe embargos de declaração com efeito modificativo sem que seja concedida oportunidade de manifestação prévia à parte contrária. II – Em decorrência do efeito devolutivo amplo conferido ao recurso ordinário, o item I não se aplica às hipóteses em que não se concede vista à parte contrária para se manifestar sobre os embargos de declaração opostos contra sentença. **OJ-SDI1-142. REDAÇÃO ATUAL. EMBARGOS DE DECLARAÇÃO. EFEITO MODIFICATIVO. VISTA PRÉVIA À PARTE CONTRÁRIA. (cancelado o item II em decorrência do CPC de 2015) - Res. 214/2016, DEJT divulgado em 30.11.2016 e 01 e 02.12.2016** É passível de nulidade decisão que acolhe embargos de declaração com efeito modificativo sem que seja concedida oportunidade de manifestação prévia à parte contrária.

questionável diante da previsão expressa de sua observância, no § 2º do artigo 897-A, com a redação dada pela Lei n. 13.015, de 2014[121].

Quando se passa para os recursos de natureza extraordinária, as dúvidas se multiplicam.

A devolução de pontos da decisão recorrida ao Tribunal Superior do Trabalho, além das hipóteses específicas de cabimento dos recursos de natureza extraordinária, deve observar o pré-questionamento. Há muita discussão em torno da exigência do pré-questionamento, considerando a escassa referência a ela no ordenamento jurídico.

O pré-questionamento diz respeito à atuação das partes que suscitam controvérsias ao longo do processo, bem como a atividade do órgão judicial, que resolve as questões, emitindo tese a respeito. Disso resulta que se o órgão judicial se omite em adotar tese sobre elas, cabe à parte provocar para que o faça. Mas também, costuma ser utilizado como providência a cargo do órgão do Judiciário, no sentido de expressar uma tese sobre as questões submetidas ao julgamento.

Constituições anteriores utilizavam o termo "questionar" ao prever o cabimento de recurso extraordinário para o Supremo Tribunal Federal. A última delas foi a Constituição de 1946, que previa no artigo 101 competir ao Supremo Tribunal Federal (...) "III – julgar em recurso extraordinário as causas decididas em única ou última instância por outros Tribunais e Juízes: (...) b) quando se questionar sobre a validade de lei federal em face desta Constituição, e a decisão recorrida negar aplicação à lei impugnada; (...)".

O termo *pré-questionar* sugere a ênfase que se dá à atividade da parte de suscitar a questão para órgão judicial resolvê-la, adotando tese a respeito.

A partir da Constituição de 1967, o termo "questionar" deixou de figurar no dispositivo equivalente aos existentes nas Constituições anteriores, que previa o cabimento do recurso extraordinário. A Constituição de 1988, por exemplo, não faz menção a ele. A retirada do texto constitucional do referido termo dá margem a discussões sobre a permanência da exigência de pré-questionamento para a interposição dos recursos de natureza extraordinária. Pode-se dizer que

---

121. § 2º Eventual efeito modificativo dos embargos de declaração somente poderá ocorrer em virtude da correção de vício na decisão embargada e desde que ouvida a parte contrária, no prazo de 5 (cinco) dias.

a expressão "causa decidida", que consta expressamente no texto da atual Constituição, tanto na previsão do recurso extraordinário (art. 102, III), quanto do recurso especial (105, III), como aliás já constava em constituições anteriores em relação àquele recurso, indique a exigência de tese explicita sobre o ponto da decisão objeto de recurso. Mas o Constituinte originário se valeu, também, da expressão "causa decidida", ao prever a competência recursal dos tribunais regionais federais (art. 108, II), em que não há a exigência do pré-questionamento.

A Consolidação das Leis do Trabalho não previa o pré-questionamento até o advento da Lei n. 13.015, de 2014, que inseriu o § 1º-A no artigo 896, inciso I, atribuindo a parte o ônus de "indicar o trecho da decisão recorrida que consubstancia o pré-questionamento da controvérsia objeto do recurso de revista", sob pena de não conhecimento do recurso.

O Código de Processo Civil trata do pré-questionamento em dois dispositivos. O primeiro no artigo 941, § 3º, que estabelece a necessidade de declaração do voto vencido, para fins, entre outros, de pré-questionamento. O artigo 1.025 indica a existência de pré-questionamento quando a parte se vale de embargos de declaração e eles são rejeitados, mas o tribunal *ad quem* vislumbra erro, omissão, contradição ou obscuridade. Nesse caso, consideram-se como parte integrante do acórdão os elementos que a parte pleiteou a apreciação judicial negada.

Apesar da possível insurgência acerca da ausência de previsão constitucional do pré-questionamento, trata-se de pressuposto recursal consagrado nos tribunais superiores e que está sendo incorporado na legislação processual, de modo que não se sustenta a posição que defende a dispensa de sua observância.[122]

O fato é que nas hipóteses de cabimento dos recursos de natureza extraordinária, a violação ao ordenamento jurídico, bem como a divergência jurisprudencial ou a contrariedade à jurisprudência dos tribunais tem origem na decisão recorrida. Ou seja, a tese consagrada no acórdão exige reparo seja porque viola o ordenamento jurídico, seja porque contraria precedentes da jurisprudência do tribunal.

---

122. Súmula 282 do STF. É inadmissível o recurso extraordinário, quando não ventilada, na decisão recorrida, a questão federal suscitada.

Capítulo III · CONSIDERAÇÕES GERAIS SOBRE OS RECURSOS

A tendência é que o pré-questionamento continue sendo de observância obrigatória para os recursos de natureza extraordinária, embora haja grande discussão acerca das situações em que é considerado satisfeito.

Como já comentado, as partes buscam a improcedência ou procedência dos pedidos, apoiando-se em fundamentos de fato e de direito. As controvérsias que surgem em torno das justificativas apresentadas para respaldar a posição de cada um, alusivas tanto às matérias fáticas, quanto às jurídicas, devem ser resolvidas pelo órgão *a quo*, por meio de tese explícita sobre elas. Cabe a parte interessada provocar a manifestação sobre o ponto que pretende ver devolvido ao tribunal, por meio de embargos de declaração. Para que possa exigir do órgão judicial a manifestação sobre o ponto, o recorrente necessariamente tem que ter tratado dele em seu recurso. Se a matéria que não foi objeto do recurso é lançada, de forma inovadora, em embargos de declaração, pretendendo manifestação sobre ela, estar-se-ia diante da possibilidade de pós-questionamento.[123] Não cabe, por exemplo, buscar pronunciamento da matéria, a partir de um fundamento constitucional, se nem o recurso nem a decisão recorrida dele cuidaram. Para que um ponto da decisão possa ser devolvido no recurso de natureza extraordinária, é necessário que o acórdão recorrido haja se posicionado acerca das questões de fato e de direito que envolvem o acolhimento ou a rejeição do pedido que se pretende seja novamente julgado pelo tribunal. Nesse caso, o pré-questionamento relaciona-se ao efeito devolutivo em profundidade, que condiciona o efeito devolutivo em extensão. Mas pode também o órgão julgador se omitir em examinar um ou mais pedidos, situação em que a ausência do pré-questionamento obsta o efeito devolutivo em extensão, que, por sua vez, compromete o efeito devolutivo em profundidade.

Como mencionado, o pré-questionamento é objeto de grande controvérsia, o que dificulta a precisão de seu conceito, chegando-se

---

123. EMENTA: AGRAVO REGIMENTAL EM AGRAVO DE INSTRUMENTO. AUSÊNCIA DE PRE-QUESTIONAMENTO. MATÉRIAS CONSTITUCIONAIS SUSCITADAS DE MODO INAUGURAL NOS EMBARGOS DECLARATÓRIOS OPOSTOS AO ARESTO IMPUGNADO. INCIDÊNCIA DA SÚMULA 282/STF. 1. Ao atribuir aos embargos declaratórios o condão de suprir a falta de prequestionamento, a Súmula 356/STF pressupõe que a decisão embargada haja sido omissa, não cabendo falar em omissão se a matéria não foi posta anteriormente ao exame da instância judicante de origem. Precedentes.2. Agravo regimental desprovido. (ARE 643487, DJE 03.11.2011, Rel Min. Ayres Britto)

a cogitar de variadas espécies de pré-questionamento, que nada mais representa do que essa dificuldade.

A base é o pré-questionamento explícito, por meio do qual há, na decisão recorrida, elementos suficientes para a identificação precisa de tese jurídica adotada pelo tribunal no julgamento das questões envolvidas com o acolhimento ou a rejeição de pedidos. Porém, pode-se entender o pré-questionamento explícito, por outra ótica, como a exigência de indicação expressa de dispositivos do ordenamento jurídico na decisão recorrida, que costuma também ser denominado de pré-questionamento numérico.

O pré-questionamento implícito pode significar tanto a ausência de tese explícita, mas que seja possível extrair do conjunto de elementos uma tese que estaria subentendida, mas também pode ser entendido como a ausência de dispositivos do ordenamento jurídico que conferem respaldo à tese adotada. Este último é o entendimento prevalecente no âmbito do Superior Tribunal de Justiça, que aceita o pré-questionamento implícito, quando não consta do corpo do acórdão "a referência ao número e a letra da norma legal, desde que a tese jurídica tenha sido debatida e apreciada".[124]

Figura distinta é o denominado pré-questionamento ficto, que resulta da ausência de tese explicita, mesmo após a parte valer-se de embargos de declaração para provocar o órgão jurisdicional a explicitá-lo. Cria-se a ficção de que o ponto da decisão que a parte pretende que seja julgado no recurso de natureza extraordinária tenha sido enfrentado na decisão recorrida, diante do silêncio do órgão julgador sobre ele. Neste último caso, o pré-questionamento seria uma providência da parte em provocar o órgão jurisdicional a se pronunciar sobre determinado ponto, considerando-se satisfeito independentemente de tese explícita a respeito.

Em relação à necessidade de indicação dos dispositivos utilizados para fundamentar a decisão, os tribunais são unânimes em não exigi-la. Sendo assim, a adoção de uma tese jurídica na decisão recorrida, sem a indicação de dispositivos do ordenamento jurídico satisfaz o requisito do pré-questionamento. No âmbito do Tribunal Superior do Trabalho, há orientação jurisprudencial que dispensa a

---

124. Carneiro, Athos Gusmão. *Recurso especial, agravos e agravo interno*. 7ª. ed., Rio de Janeiro, Forense, 2011, p. 51. O trecho entre aspas consta do Resp n. 155.621, DJ de 02.06.1999.

indicação do dispositivo legal, para fins de pré-questionamento.[125] No Superior Tribunal de Justiça, a jurisprudência consolidou-se no mesmo sentido.[126]

Porém, no que se refere ao chamado pré-questionamento ficto, há divergências entre os tribunais, sendo que o Tribunal Superior do Trabalho aproxima-se do Supremo Tribunal Federal e ambos se distanciam do Superior Tribunal de Justiça.

A Súmula 297 do Tribunal Superior do Trabalho[127] consagra a exigência do pré-questionamento no sentido de que ele se verifica quando na decisão impugnada haja sido adotada, explicitamente, tese[128] a respeito da matéria ou questão objeto do recurso. Porém, na matéria exclusivamente de direito, se houve a interposição dos embargos de declaração[129], encontra-se satisfeita tal exigência, ainda que o tribunal não se manifeste sobre os pontos omissos. O Supremo Tribunal Federal consagra entendimento similar.[130] Já o Superior

---

125. OJ-SDI1-118 PREQUESTIONAMENTO. TESE EXPLÍCITA. INTELIGÊNCIA DA SÚMULA Nº 297 (inserida em 20.11.1997)Havendo tese explícita sobre a matéria, na decisão recorrida, desnecessário contenha nela referência expressa do dispositivo legal para ter-se como prequestionado este.

126. AgRg no Resp 1305728. Relator: Min. Mauro Campbell Marques. Julgamento: 21/05/2013. 2ª. Turma. DJe 28/05/2013.PROCESSUAL CIVIL. PREQUESTIONAMENTO NUMÉRICO. DESNECESSIDADE. ENUNCIADO SUMULAR N. 7/STJ. INAPLICABILIDADE.1. No que tange ao "prequestionamento numérico", é posicionamento assente nesta Corte de que não é necessário ao julgador enfrentar os dispositivos legais citados pela parte ou obrigatória a menção dos dispositivos legais em que fundamenta a decisão, desde que enfrente as questões jurídicas postas na ação e fundamente, devidamente, seu convencimento.2. Nada impede ao julgador, a partir da análise da moldura fática delineada pela corte de origem, aplique o direito. Tal situação não se confunde com aquela que atrai a incidência do Enunciado Sumular n. 7 desta Corte, a qual demanda efetivamente a redefinição da matéria fático-probatória.3. Agravo regimental não provido.

127. SUM-297 PREQUESTIONAMENTO. OPORTUNIDADE. CONFIGURAÇÃO (nova redação) - Res. 121/2003, DJ 19, 20 e 21.11.2003 I. Diz-se prequestionada a matéria ou questão quando na decisão impugnada haja sido adotada, explicitamente, tese a respeito. II. Incumbe à parte interessada, desde que a matéria haja sido invocada no recurso principal, opor embargos declaratórios objetivando o pronunciamento sobre o tema, sob pena de preclusão. III. Considera-se prequestionada a questão jurídica invocada no recurso principal sobre a qual se omite o Tribunal de pronunciar tese, não obstante opostos embargos de declaração.

128. Como esclarece a OJ n. 256 da SBDI1, *Para fins do prequestionamento de que trata a Súmula 297, há necessidade de que haja, no acórdão, de maneira clara, elementos que levem à conclusão de que o Regional adotou uma tese contrária à lei ou à súmula.*

129. De acordo com a Súmula 184 do TST Ocorre preclusão se não forem opostos embargos de declaração para suprir omissão apontada em recurso de revista ou de embargos.

130. Súmula 356 do STF.O ponto omisso da decisão, sobre o qual não foram opostos embargos de declaração, não pode ser objeto de recurso extraordinário, por faltar o requisito do prequestionamento.

Tribunal de Justiça firmou sua jurisprudência no sentido de não aceitar o pré-questionamento ficto. [131] Neste caso, se a decisão não enfrenta a matéria dos embargos de declaração, visando sanar vícios no pronunciamento judicial, caberia à parte interpor recurso especial por violação ao artigo 535 do Código de Processo Civil anterior. Se acolhida a nulidade, os autos voltariam para nova decisão, podendo ser aviado novo recurso especial para o exame da matéria de fundo. E se o tribunal não sanasse o vício? O que deveria ser feito?

O que não se mostra razoável é a existência de múltiplos conceitos de pré-questionamento para cumprir uma única função a todos os recursos de natureza extraordinária.[132]

Na prática, se um tribunal regional do trabalho recusar-se a enfrentar matéria de direito, a interposição de embargos de declaração do acórdão regional, provocando-o a explicitar a tese jurídica, é suficiente para autorizar o Tribunal Superior do Trabalho a apreciar a matéria, como se no acórdão ela constasse. Diversamente, se a matéria sobre a qual se recusou o regional a se manifestar é de fato e após a interposição dos embargos de declaração o tribunal permanece silente a respeito, o recurso de revista necessariamente deve indicar a nulidade da decisão proferida nos embargos de declaração, por negativa de prestação jurisdicional, em razão da violação aos artigos 832 da Consolidação das Leis do Trabalho, 489 do Código de Processo Civil ou 93, IX, da Constituição.[133]

No Supremo Tribunal Federal, aplica-se o requisito do pré-questionamento com esse mesmo sentido, considerando-o satisfeito com a provocação da parte para pleitear a manifestação do órgão que a proferiu. Pelo menos esse é o sentido da mencionada Súmula 356 daquele tribunal.

---

131. Súmula 211 do STJ.Inadmissível recurso especial quanto à questão que, a despeito da oposição de embargos declaratórios, não foi apreciada pelo tribunal *a quo*.Súmula 98 do STJ.Embargos de declaração manifestados com notório propósito de prequestionamento não têm carácter protelatório.

132. A esse respeito Bueno, Cassio Scarpinella."Prequestionamento. Reflexões sobre a Súmula 211 do STJ". Wambier, Teresa Arruda Alvim (coord.). *Aspectos polêmicos e atuais sobre os recursos cíveis*. São Paulo, Revista dos Tribunais, 2000, p. 52-82.

133. Súmula nº 459 do TST RECURSO DE REVISTA. NULIDADE POR NEGATIVA DE PRESTAÇÃO JURISDICIONAL (atualizada em decorrência do CPC de 2015). O conhecimento do recurso de revista, quanto à preliminar de nulidade, por negativa de prestação jurisdicional, supõe indicação de violação do art. 832 da CLT, do art. 489 do CPC de 2015 (art. 458 do CPC de 1973) ou do art. 93, IX, da CF/1988.

Parte da ementa a seguir transcrita é esclarecedora acerca do sentido da citada súmula[134]:

> Prequestionamento: súmula 356. O que, a teor da súmula 356, se reputa carente de prequestionamento é o ponto que, indevidamente omitido pelo acórdão, não foi objeto de embargos de declaração; mas, opostos esses, se, não obstante, se recusa o tribunal a suprir a omissão, por entendê-la inexistente, nada mais se pode exigir da parte, permitindo-se-lhe, de logo, interpor recurso extraordinário sobre a matéria dos embargos de declaração e não sobre a recusa, no julgamento deles, de manifestação sobre ela.

Porém, alguns julgados mais recentes desse tribunal optaram por afastar-se desse entendimento, como se verifica nas ementas a seguir transcritas:

> Agravo regimental no agravo de instrumento. Processual. Ausência de impugnação de todos fundamentos da decisão agravada. Óbice ao processamento do agravo. Precedentes. Súmula nº 287/STF. Prequestionamento. Ausência. Incidência da Súmula nº 282/STF. 1. Há necessidade de impugnação de todos os fundamentos da decisão agravada, sob pena de se inviabilizar o agravo. Súmula nº 287/STF. 2. Ante a ausência de efetiva apreciação de questão constitucional por parte do Tribunal de origem, incabível o apelo extremo. Inadmissível o prequestionamento implícito ou ficto. Precedentes. Súmula nº 282/STF. 3. Agravo regimental não provido. (AI 763.915, Rel. Dias Toffoli,)

No precedente citado no acórdão cuja ementa foi acima transcrita, importa destacar o seguinte trecho do corpo do acórdão:

> A configuração jurídica do prequestionamento – que traduz elemento indispensável ao conhecimento do recurso extraordinário – decorre da oportuna formulação, em momento procedimentalmente adequado, do tema de direito constitucional positivo. Mais do que a satisfação dessa exigência, impõe-se que a matéria questionada tenha sido explicitamente ventilada na decisão recorrida (RTJ 98/754 – RTJ 116/451). Sem o cumulativo atendimento desses pressupostos, além de outros igualmente imprescindíveis, não se viabiliza o acesso à via recursal extraordinária, consoante tem proclamado a jurisprudência do Supremo Tribunal Federal (RTJ 159/977). (RE 681953, Rel. Min. Celso de Mello, DJe 09.11. 2012).

---

134. (RE 210638, Rel. Min. Sepúlveda Pertence, DJ 19.6.1998:

Em outro acórdão, a Ministra Rosa Weber vale-se de precedentes das duas turmas do Supremo Tribunal Federal. Parte da ementa do acórdão é a seguinte:

> O requisito do prequestionamento obsta o conhecimento de questões constitucionais inéditas. Esta Corte não tem procedido à exegese a contrario sensu da Súmula STF 356 e, por consequência, somente considera prequestionada a questão constitucional quando tenha sido enfrentada, de modo expresso, pelo Tribunal a quo. A mera oposição de embargos declaratórios não basta para tanto. Logo, as modalidades ditas implícita e ficta de prequestionamento não ensejam o conhecimento do apelo extremo. Aplicação da Súmula STF 282: "É inadmissível o recurso extraordinário, quando não ventilada, na decisão recorrida, a questão federal suscitada".[135]

Ou seja, o Supremo Tribunal Federal vinha se alinhando com o Superior Tribunal de Justiça, no sentido de que a questão federal deva estar explícita na decisão recorrida, mesmo que a parte tenha provocado o órgão julgador por meio de embargos de declaração. Em caso de omissão pelo tribunal em examinar a matéria que a parte pretenda ver julgada em recurso especial, a solução era interpor recurso especial por violação ao artigo 535 do Código de Processo Civil anterior, alegando a nulidade da decisão para que outra seja proferida, desta feita, analisando a questão federal.

A mudança da jurisprudência do Supremo Tribunal Federal vem em momento inoportuno, considerando que o Código de Processo Civil consagra o pré-questionamento ficto, no artigo 1.025, com a seguinte redação: *Consideram-se incluídos no acórdão os elementos que o embargante pleiteou, para fins de pré-questionamento, ainda que os embargos de declaração sejam inadmitidos ou rejeitados, caso o tribunal superior considere existentes erro, omissão, contradição ou obscuridade.*

Portanto, anda bem o Tribunal Superior do Trabalho em preservar a sua jurisprudência, que está em sintonia com o Código de Processo Civil.

Se não há controvérsia sobre determinado ponto do recurso, dispensa-se o pré-questionamento para o conhecimento do recurso de

---

135. RE 591961, DJE de 26.02.2013, Rel. Min. Rosa Weber.

Capítulo III · CONSIDERAÇÕES GERAIS SOBRE OS RECURSOS

revista[136]. Da mesma forma, se a violação nasce na própria decisão.[137] Tampouco se aplica aos incidentes ocorridos no curso do processo.[138] Por fim, não atende a exigência do pré-questionamento acórdão que adota os fundamentos da sentença, mas não os transcreve.[139] Esse último entendimento não se aplica ao recurso interposto no procedimento sumaríssimo, considerando o disposto na parte final do inciso IV do § 1º do artigo 895 da Consolidação das Leis do Trabalho: *Se a sentença for confirmada pelos próprios fundamentos, a certidão de julgamento, registrando tal circunstância, servirá de acórdão.*

No recurso de natureza extraordinária, o efeito devolutivo é inquestionavelmente mais restrito do que no recurso de natureza ordinária. Assim, "se houve o pré-questionamento explícito a respeito da incompetência absoluta e da prescrição, essas matérias têm de ser objeto de recurso de revista principal ou adesivo, não se admitindo que sejam invocadas nas respectivas contrarrazões".[140]

---

136. RECURSO DE REVISTA. MÉRITO. DADOS FÁTICOS NÃO CONSIGNADOS NO ACÓRDÃO REGIONAL. FATOS INCONTROVERSOS. SÚMULA Nº 126 DO TST. CONTRARIEDADE. INEXISTÊNCIA. 1. Não contraria a diretriz da Súmula nº 126 do TST acórdão de Turma que, para declarar a prescrição total do direito de ação, socorre-se de datas não consignadas na decisão regional, mas que, tidas no processo como incontroversas, independem de prova a seu respeito, a teor do artigo 334, inciso III, do CPC. 2. Embargos não conhecidos, no particular. (TST-E-ED-RR-97700-82.1997.5.17.0001, DJ 03.02.2006, Rel. Min. João Orestes Dalazen).

137. OJ-SDI1-119 PREQUESTIONAMENTO INEXIGÍVEL. VIOLAÇÃO NASCIDA NA PRÓPRIA DECISÃO RECORRIDA. SÚMULA Nº 297 DO TST. INAPLICÁVEL (inserido dispositivo) - DEJT divulgado em 16, 17 e 18.11.2010.É inexigível o prequestionamento quando a violação indicada houver nascido na própria decisão recorrida. Inaplicável a Súmula n.º 297 do TST.

138. Nesse sentido, ARRUDA, Katia Magalhães e Milhomem, Rubem. *Op. cit.,* p. 88. Os autores citam a seguinte ementa, na perspectiva da Súmula 126 do tribunal:CONTRARIEDADE À SÚMULA N. 126 DO TRIBUNAL SUPERIOR DO TRABALHO. QUESTÕES NÃO AFETAS AO OBJETO DA LIDE. IMPROCEDÊNCIA DO ARGUMENTO. Os fatos e provas, cujo revolvimento é vedado pela Súmula n. 126 desta Corte uniformizadora, dizem respeito ao objeto da lide. Não se insere nesse contexto, por razões de ordem lógica-processual, a data do ajuizamento da ação, os pedidos formulados na petição inicial e os provimentos a eles relacionados. (E-ED-RR 133900-93.1999.5.04.0029. DEJT 05.02.2010, Relª Ministra Maria de Assis Calsing).

139. OJ-SDI1-151 PREQUESTIONAMENTO. DECISÃO REGIONAL QUE ADOTA A SENTENÇA. AUSÊNCIA DE PREQUESTIONAMENTO. Inserida em 27.11.98Decisão regional que simplesmente adota os fundamentos da decisão de primeiro grau não preenche a exigência do prequestionamento, tal como previsto na Súmula nº 297.

140. Arruda, Katia Magalhães e Milhomem, Rubem. *Op. cit.,* p. 123. Das decisões citadas pelos autores, destaca-se a seguinte:RECURSO DE EMBARGOS REGIDO PELA LEI 11.496/2007. PRESCRIÇÃO ARGUIDA EM CONTESTAÇÃO E EM EMBARGOS DE DECLARAÇÃO NO TST. PRETENSÃO JULGADA PARCIALMENTE PROCEDENTE PELA VARA DO TRABALHO E IMPROCEDENTE PELO TRIBUNAL REGIONAL. MANIFESTAÇÃO EXPRESSA DO REGIONAL AFASTANDO A PRESCRIÇÃO. PROVIMENTO DO RECURSO DE REVISTA OBREIRO. NECESSIDADE DE VEICULAÇÃO DA PREFACIAL EM RECURSO DE REVISTA ADESIVO. Inviável o

Em relação à possibilidade de aplicação da teoria da causa madura, como previsto no artigo 1.013), § 3º do Código de Processo Civil, há julgados que a admitem também no recurso de natureza extraordinária.[141] O prosseguimento do julgamento em razão da causa estar madura é questionável no recurso de natureza extraordinária justamente pela ausência de pré-questionamento. Além disso, pode retirar da parte a possibilidade de revisão da decisão. Por isso, a aplicação do § 3º do artigo 1.013) do Código de Processo Civil é excepcionalíssima, só sendo admitida naqueles casos em que a jurisprudência já se firmou.

Também suscita muita discussão a mudança de jurisprudência e a posterior exigência de pré-questionamento. O exemplo que vem chamando muita atenção é o da responsabilidade subsidiária da administração pública na prestação de serviços terceirizada, para efeitos de aplicação da Súmula 331 do Tribunal Superior do Trabalho, após o julgamento da Ação Declaratória de Constitucionalidade nº 16 pelo Supremo Tribunal Federal.

---

conhecimento do recurso de embargos por violação de dispositivo de lei nos termos do art. 894, II, da CLT, conforme redação conferida pela Lei n. 11.496/2007, e quando os arestos paradigmas não contém elementos que permitam concluir pela identidade de premissa fática. Igualmente não se vislumbra contrariedade à Súmula 393 do TST. Além de impertinente ao caso concreto, dado que a preliminar de prescrição foi arguida pela ré em contestação, tendo sido afastada na instância ordinária, embora tenha o Tribunal Regional dado provimento aos recursos ordinários dos reclamados para julgar improcedente o pedido da reclamante, em tais circunstâncias o posicionamento que vigora nesta Subseção é no sentido de adotar o fundamento de existência de interesse recursal diferido do reclamado, especialmente ante a ciência da interposição do recurso de revista pela reclamante, de forma que a prefacial somente pode ser analisada quando veiculada em recurso próprio - recurso de revista, ainda que na modalidade adesiva -, ante a necessidade de demonstração dos pressupostos intrínsecos previstos legalmente. Afinal, o art. 515 do CPC (devolutividade de toda a matéria de mérito) não se aplica, em regra, aos recursos de natureza extraordinária, e as contrarrazões não configuram instrumento para a formulação de pretensão, mas, sim, para contraposição das teses recursais. Recurso de embargos não conhecido. (E-ED-RR 27100-35.2004.5.09.0091, DEJT 27.09.2013, Rel. Min. Augusto César Leite de Carvalho).

141. RECURSO DE EMBARGOS. PRELIMINAR DE NULIDADE DO V. ACÓRDÃO DA C. TURMA. SUPRESSÃO DE INSTÂNCIA. DECISÃO QUE AFASTA A PRESCRIÇÃO E APRECIA O MÉRITO DA DEMANDA. Não fica caracterizada supressão de instância quando a C. Turma afasta a prescrição e analisa o restante do mérito, uma vez que para apreciação do mérito da lide só é necessário que a causa esteja madura, prescindindo de exame sobre a questão de direito. Muito embora o § 3º do art. 515 do Código de Processo Civil trate apenas do efeito translativo dos recursos nas hipóteses de extinção do processo sem julgamento de mérito, o entendimento se aplica com maior razão aos casos em que há julgamento de mérito, como no caso de decretação de prescrição. (E-RR 71440-83.2003.5.17.0121, DJ de 30.03.2007, Rel. Min. Aloysio Correia da Veiga).

Em razão da jurisprudência até então prevalecente, não havia necessidade de se questionar acerca da culpa da entidade tomadora dos serviços na fiscalização do contrato, uma vez que ela era presumida. Porém, após a decisão do Supremo Tribunal Federal não se aceitou mais esse entendimento, sendo necessário verificar caso a caso a existência de culpa.

Como informam Katia Magalhães Arruda e Rubem Milhomem, a 6ª. Turma do Tribunal Superior do Trabalho tem determinado o retorno dos autos, para o exame da matéria de acordo com o posicionamento do Supremo Tribunal Federal. Isso no caso de acórdãos recorridos proferidos antes da atual redação da Súmula 331 do Tribunal Superior do Trabalho. Nos acórdãos posteriores, o tribunal regional do trabalho já estava obrigado a examinar as provas, cabendo à parte, na hipótese de omissão, a interposição de embargos de declaração.[142]

De fato, essa parece ser a melhor solução. Inicialmente porque a análise da existência de culpa envolve matéria fático-probatória. Além disso, o retorno dos autos para decidir nesses termos propicia nova discussão acerca do correto enquadramento jurídico realizado no Tribunal Superior do Trabalho.

---

142. *Ob. cit.*, 142. Citam, entre outros, a seguinte ementa:RECURSO DE REVISTA. RESPONSA-BILIDADE SUBSIDIÁRIA. ENTE PÚBLICO, SÚMULA 331, V, DO TST. Em que pese o recente reconhecimento da constitucionalidade do artigo 71 da Lei n. 8.666/1993 pelo Supremo Tribunal Federal (ADC 16, julgada pelo STF em 24/11/2010), não foi afastada, *in totum* pela Excelsa Corte, a responsabilidade subsidiária dos entes estatais tomadores de serviços pela fiscalização do correto cumprimento da legislação trabalhista e previdenciária na vigência do contrato administrativo. Com efeito, subsiste, ainda, a possibilidade de responsabilização subsidiária da entidade pública tomadora de serviços, quando existente sua culpa *in vigilando* observada a partir da análise fática da conduta específica da administração pública. No caso em tela, todavia, o Tribunal Regional não analisou o recurso ordinário à luz do entendimento exarado pelo STF, ou seja, não se manifestou quanto à configuração da culpa por parte da entidade pública. Desta forma, torna-se necessário que a Corte Regional aprecie a pretensão objeto da ação, levando em consideração a existência dos elementos que norteiam a responsabilidade da administração pública. Logo, deve ser parcialmente provido o recurso de revista, para determinar o retorno dos autos ao Tribunal Regional a fim de que se examine o pedido sob o enfoque da existência de culpa, em respeito ao comando que se extrai do julgamento do ADC 16 do STF. Recurso de revista conhecido e parcialmente provido. (RR 144800-13.2008.5.01.0027, DEJT 15.02.2013, Rel. Min. Augusto César Leite de Carvalho).

6.3. Pré-questionamento e mérito do recurso. O efeito translativo no recurso de natureza extraordinária

Como já mencionado, o Tribunal Superior do Trabalho não faz a distinção entre admissibilidade e mérito do recurso de revista por violação. A sistemática adotada por esse tribunal não é a mais adequada, tanto que foi alterada pelo Supremo Tribunal Federal e pelo Superior Tribunal de Justiça.

O pré-questionamento diz respeito ao juízo de admissibilidade. Superado este, o tribunal aplica o direito à espécie, tendo maior margem para apreciação das questões envolvidas no julgamento do recurso. Nesse sentido é a Súmula 456 do Supremo Tribunal Federal[143] e o Regimento Interno do Superior Tribunal de Justiça, no artigo 257.[144]

O Superior Tribunal de Justiça admite inclusive a aplicação do efeito translativo no julgamento do recurso especial.

"PROCESSUAL CIVIL. AGRAVO REGIMENTAL NOS EMBARGOS DECLARATÓRIOS NO RECURSO ESPECIAL. APELO NOBRE EM QUE SE DISCUTE SOBRE LITISPENDÊNCIA, LITISCONSÓRCIO ATIVO NECESSÁRIO E COMPETÊNCIA. INADMISSIBILIDADE DO RECURSO POR INCIDÊNCIA DAS SÚMULAS 7/STJ E 284/ STF. EFEITO TRANSLATIVO. INEXISTÊNCIA. (...) 4. O Superior Tribunal de Justiça, com base no art. 257 de seu Regimento Interno e na Súmula 456/STF, tem-se posicionado no sentido de que, superado o juízo de admissibilidade e conhecido por outros fundamentos, o recurso especial produz o efeito translativo, de modo a permitir o exame de ofício das matérias de ordem pública. Todavia, não é o que se verifica no caso concreto, em que o recurso especial é manifestamente inadmissível".[145]

Isso não significa que seja dispensado o pré-questionamento para o conhecimento do recurso especial que tenha por objeto matéria

---

143. Súmula 456. O SUPREMO TRIBUNAL FEDERAL, CONHECENDO DO RECURSO EXTRAORDINÁRIO, JULGARÁ A CAUSA, APLICANDO O DIREITO À ESPÉCIE. Fonte de Publicação DJ de 08/10/1964, p. 3647; DJ de 09/10/1964, p. 3667; DJ de 12/10/1964, p. 3699.

144. Art. 257. No julgamento do recurso especial, verificar-se-á, preliminarmente, se o recurso é cabível. Decidida a preliminar pela negativa, a Turma não conhecerá do recurso; se pela afirmativa, julgará a causa, aplicando o direito à espécie.

145. AgRg nos EDcl na DESIS no REsp 1123252 / SP, Rel: Ministro MAURO CAMPBELL MARQUES, T2 – SEGUNDA TURMA, data do julgamento: 28/09/2010, data da publicação/fonte DJe 15/10/2010.

que poderia ser pronunciada, na instância ordinária, de ofício. O pré-questionamento nesse caso é inevitavelmente exigido por todos os tribunais que julgam recursos de natureza extraordinária.

Assim também é no Superior Tribunal de Justiça, como consta da ementa abaixo:

> AGRAVO REGIMENTAL NOS EMBARGOS DE DECLARAÇÃO NO RECURSO ESPECIAL. EXISTÊNCIA DE COISA JULGADA. PREQUESTIONAMENTO. AUSENTE.
>
> 1. O Superior Tribunal de Justiça firmou entendimento no sentido de que o requisito do prequestionamento, que viabiliza a abertura desta instância especial, aplica-se mesmo às matérias de ordem pública.
>
> 2. AGRAVO REGIMENTAL DESPROVIDO.[146]
>
> PROCESSUAL CIVIL. AGRAVO REGIMENTAL NO RECURSO ESPECIAL. LIQUIDAÇÃO DE SENTENÇA. JUIZ DA CAUSA. ALEGAÇÃO DE IMPEDIMENTO. MATÉRIA DE ORDEM PÚBLICA. FALTA DE PREQUESTIONAMENTO. SÚMULA N. 282/STF.
>
> 1. É inadmissível o recurso especial quanto a matéria suscitada, ainda que de ordem de pública, não tenha sido objeto de debate no acórdão recorrido nem, a respeito, tenham sido opostos embargos de declaração. Incidência da Súmula n. 282/STF.
>
> 2. Agravo regimental desprovido.[147]

O efeito translativo no recurso de natureza extraordinária pode operar apenas na fase do mérito, em relação à matéria que não seja objeto do recurso, pois nesse caso o pré-questionamento é indispensável. Uma vez conhecido o recurso, o pré-questionamento já não interfere na apreciação do mérito recursal.

Por isso que a jurisprudência do Tribunal Superior do Trabalho que exige pré-questionamento mesmo em matéria de incompetência absoluta[148] não afastaria a possibilidade de incidência do efeito transla-

---

146. (AgRg nos EDcl no REsp 1320863/SP, Rel. Ministro PAULO DE TARSO SANSEVERINO, TERCEIRA TURMA, julgado em 23/10/2014, DJe 31/10/2014)

147. (AgRg no REsp 1259151/SC, Rel. Ministro JOÃO OTÁVIO DE NORONHA, TERCEIRA TURMA, julgado em 02/10/2014, DJe 09/10/2014)

148. OJ-SDI1-62 PREQUESTIONAMENTO. PRESSUPOSTO DE ADMISSIBILIDADE EM APELO DE NATUREZA EXTRAORDINÁRIA. NECESSIDADE, AINDA QUE SE TRATE DE INCOMPETÊNCIA ABSOLUTA (republicada em decorrência de erro material) - DEJT divulgado em 23, 24 e 25.11.2010 É necessário o prequestionamento como pressuposto de admissibilidade em recurso de natureza extraordinária, ainda que se trate de incompetência absoluta.

tivo na fase do mérito recursal, se o recurso houver sido conhecido em tópico distinto. Evidentemente para isso faz-se necessário a mudança de entendimento no tocante à separação do juízo de admissibilidade e mérito no recurso por contrariedade a súmula e orientação jurisprudencial e por violação. O efeito translativo aplica-se à matéria abrangida pelo recurso, não alcançando a parte da decisão não impugnada, que passa a revestir-se da autoridade da coisa julgada.

Segundo Júlio Cesar Bebber:

> A decisão, embora formalmente seja única, pode possuir mais de um capítulo.
>
> Imagine-se que o autor reúna em um só processo os pedidos de pagamento de horas extras e de indenização por danos morais. Esses pedidos não são dependentes um do outro e poderiam, por isso, cada um deles ser objeto de um processo autônomo. Reunidos em um único processo, porém, cada qual constituirá um capítulo da decisão. Nesse caso, devemos nos socorrer da teoria dos capítulos da sentença para perceber que, "na unidade formal de uma só sentença reside a realidade substancial do julgamento de duas ou mais causas; e, se poderiam estas ser objeto de dois ou mais processos, sendo decididas por mais de uma sentença, é natural que cada um dos capítulos de uma só sentença seja tratado de modo autônomo, como seriam as duas ou mais sentenças que em processos separados se proferisse".
>
> Imagine-se, agora, com base no exemplo acima, que na sentença foram deferidos integralmente os dois pedidos. Insatisfeito em parte, o réu interpôs recurso ordinário buscando reverter unicamente a condenação ao pagamento de horas extras. Como não impugnou a condenação ao pagamento de indenização por danos morais, esse capítulo da sentença se tornou imutável. Sobre ele ocorreu o trânsito em julgado.[149]

É que a aplicação do direito à espécie autoriza o julgamento da matéria de fundo, bem como os requisitos com ela relacionados, inclusive se o próprio órgão jurisdicional possui competência para julgá-la, se as partes são legítimas, entre outros requisitos. Definitivamente, os recursos de natureza extraordinária em nosso ordenamento jurídico não se enquadram como recursos de cassação, mas de revisão da decisão para a resolução do conflito por meio da aplicação do di-

---

149. *Op. cit.,* p. 188-189.

Capítulo III · CONSIDERAÇÕES GERAIS SOBRE OS RECURSOS

reito à espécie. Isso não significa que superada a admissibilidade do recurso, os Tribunais Superiores se convertam em mais um grau de jurisdição autorizados a revisão integral da decisão. A transferência dos pontos objeto de revisão se opera nos limites de um recurso de natureza extraordinária, restritas, portanto, a matéria de direito e aos capítulos da decisão devolvidos pelo recurso.

6.4. Distinção entre matéria de fato e de direito

Trata-se de pressuposto processual comum ao recurso de revista e ao recurso de embargos a impossibilidade de reexame de matéria fático-probatória[150]. O mesmo pressuposto se aplica para os recursos especial[151] e extraordinário[152]. Sua exigência para a admissibilidade desses recursos é geralmente apresentada como pressuposto específico e está relacionado com o pré-questionamento.

A distinção entre matéria de fato e de direito para fins de sua aplicação na admissibilidade dos recursos de natureza extraordinária é bastante tormentosa e dá margem a infindáveis discussões. De plano, é possível constatar que não há como afastar, inteiramente, o exame de matéria fático-probatória, a medida que para o tribunal aferir a correção do enquadramento jurídico realizado pelo órgão *a quo* necessariamente deve levar em conta os fatos por ele considerados. Em outras palavras, o enquadramento jurídico de determinada situação não se verifica no vazio, mas com base nos fatos e provas constantes do acórdão recorrido.

Na prática, não se questiona a possibilidade de o Tribunal Superior do Trabalho considerar fatos e provas, mas limitado a como eles estão consignados no acórdão regional, se em relação a eles estabeleceu-se controvérsia. Daí a exigência do pré-questionamento. Se a matéria não consta do acórdão regional ou se em relação a ela não foi explicitada uma tese jurídica, o recurso não será conhecido por ausência de pré-questionamento, caso o recorrente não tenha oposto os embargos de declaração, em relação à matéria de direito e, além

---

150. SUM-126 RECURSO. CABIMENTO (mantida) - Res. 121/2003, DJ 19, 20 e 21.11.2003. Incabível o recurso de revista ou de embargos (arts. 896 e 894, "b", da CLT) para reexame de fatos e provas.
151. Súmula 7 do STJA pretensão de simples reexame de prova não enseja recurso especial.
152. Súmula 279 do STF

disso, requerido a nulidade da decisão dos embargos de declaração se a matéria é de cunho fático-probatório.

Numa abordagem extremamente genérica, é possível afirmar que os fatos são evidenciados mediante um processo de descrição de sua ocorrência, ao passo que o direito contém prescrições, ou seja, algo que deve ser observado em razão de sua previsão no ordenamento jurídico. É a tradicional distinção entre o plano do ser e do dever ser. Ocorre que se pode evidenciar, por meio de um processo descritivo, o direito existente numa comunidade, da mesma forma que é possível descrever um fato a partir de compreensões particularizadas, desde uma perspectiva não exatamente de como ocorreram, mas de como deveriam ocorrer.

Os fatos envolvidos numa demanda judicial não são transportados automaticamente para os autos. Existe uma mediação da qual originam variadas versões, que são apreendidas pelo Juiz de uma determinada maneira e podem não coincidir com a percepção sobre eles pelos integrantes do tribunal regional, da mesma forma que a apreensão deles pelo Tribunal Superior do Trabalho poderá ser distinta.

Ricardo Guastini, ao fazer considerações sobre a linguagem jurídica, esclarece que a distinção entre linguagem descritiva e prescritiva não é sintática nem semântica, mas pragmática, considerando que um mesmo enunciado pode ser utilizado descritiva ou prescritivamente. Segundo o jurista:

> E eis, portanto, que um mesmo enunciado – por exemplo: "O homicídio é punido com reclusão" – pode ser usado indiferentemente seja para consumar um ato linguístico de descrição, seja para consumar um ato linguístico de prescrição (e talvez consumar muitos outros atos linguísticos ainda). A sua sintaxe e a sua referência não mudam: o uso – e com isso o contexto do discurso – decide sobre o caráter prescritivo ou descritivo de um enunciado.[153]

Guastini comenta que os juristas costumam anunciar a "existência de um enigmático 'reino do direito', distinto do comum 'mundo dos fatos' e que se opõe a este". Trata-se de uma ideia presente na linguagem comum, mas que gera perplexidade, uma vez que "as relações

---

153. *Das fontes às normas.* Trad. Edson Bini. São Paulo, Quartier Latin do Brasil, 2005, págs. 54-55.

entre direito e fatos são bem mais complexas do que leva pensar o modo comum de exprimir-se".[154]

Suas considerações sobre o silogismo, como modo bastante difundido do discurso judicial, também merecem destaque. A aplicação de uma norma jurídica costuma ser representada pela associação de duas operações diversas: "(a) a verificação de um fato (um caso particular concreto), e (b) o estabelecimento da consequência jurídica prevista para aquela classe de fatos," que obedecem premissas que constituem a "justificação (justificação interna) da decisão". A escolha das premissas, por sua vez, "exige justificação (justificação externa)". Sendo assim, são tomadas decisões para a "escolha da premissa maior (interpretação das fontes do direito)", como também variadas decisões necessárias para o estabelecimento da premissa menor, "relacionadas com a avaliação das provas, que por sua vez são disciplinadas por normas jurídicas". Essa suposta separação entre "decisões que dizem respeito a questões de direito" e decisões alusivas a questões de fato não possui uma "linha demarcatória' precisa, mas 'flutuante".[155]

Para evidenciar ainda mais o grau de dificuldade dessa distinção entre matéria de fato e direito, Guastini observa:

> os fatos que o juiz verifica diretamente são somente as provas (por exemplo, os testemunhos), não os fatos provados. Uma prova é precisamente um fato que induz a considerar o ocorrido um outro fato. Este último não é verificado diretamente pelo juiz, mas inferido pelas provas. Uma prova autoriza o juiz a considerar verdadeira uma certa proposição acerca do passado. Esta inferência não tem caráter dedutivo: entre as duas proposições não há um nexo de implicação lógica, mas antes um nexo mais débil de "congruência narrativa" (como é chamada). (...)
>
> Vale a pena enfatizar que os termos empregados na formulação de uma norma são fatalmente vagos, ou providos de uma "trama aberta", de modo que, para cada termo, há um conjunto de fatos aos quais é dúbio se o termo se aplica ou não; em outras palavras, para cada norma existem alguns casos particulares aos quais a norma certamente se aplica ("casos fáceis"), como também outros casos particulares

---

154. *Ibidem*, p. 57.
155. *Ibidem*, p. 69.

com respeito às quais a aplicação da norma é controversa ("casos dúbios" ou "difíceis").[156]

Karl Larenz também enfatizou a dificuldade da distinção entre matéria de fato e de direito, destacando que o juiz diante de uma situação de fato que lhe é apresentada não presenciou ele próprio esses fatos, mas é deles informados de acordo com relatos e percepções alheias. Prossegue o autor:

> É, com certeza, possível que ele próprio venha posteriormente a inspecionar determinados objetos pertinentes à situação de facto como, por exemplo, um instrumento da ocorrência, o documento sobre cuja interpretação as partes discutem, o lugar do acidente, resquícios sobre cuja interpretação as partes discutem, resquícios de uma coisa destruída. Mas os eventos pretéritos – e é deles que em regra se trata – já não são perceptíveis agora.[157]

Em seguida, o autor comenta equívoco bastante comum em tribunais, na distinção entre matéria de fato e de direito:

> A norma jurídica não foi correctamente aplicada se o tribunal incorreu em erro na apreciação jurídica da situação de fato previamente constatada, ou seja, na resposta à questão de direito. No entanto, esta distinção não é levada a cabo pela jurisprudência de modo consequente. Assim, por exemplo, considera como questão de direito, susceptível de exame pelo tribunal de revista, o julgamento de uma determinada conduta como "negligente"; em contrapartida, a questão de se a negligência foi "leve" ou "grosseira", considera-a "questão de facto", não susceptível de revista. Isto é inadmissível: trata-se em ambos os casos de uma questão de valoração, ou seja, de uma questão de direito.[158]

Esse processo de valoração dos fatos constantes do acórdão regional em relação aos quais se estabeleceu a controvérsia é inevitável no julgamento do recurso de revista e no recurso de embargos.

Evidentemente, se o intuito é barrar os recursos de natureza extraordinária, a referida Súmula 126 terá acolhida em praticamente

---

156. *Ibidem*, p. 70-72.
157. *Metodologia da ciência do direito*. Trad. José Lamego, 2ª. Ed., Lisboa, Fundação Calouste Gulbenkian, 1983, p. 367.
158. *Ibidem*, p. 373.

todos os casos, tanto no juízo de admissibilidade realizado pelos tribunais regionais quanto no próprio Tribunal Superior do Trabalho. Como já se fez menção, constata-se uma aplicação excessiva dessa súmula, ao lado de outras também genéricas, o que compromete o acesso à jurisprudência uniformizada do mais elevado tribunal trabalhista. Essa súmula vem sendo aplicada com frequência pelos órgãos do Judiciário nas valorações dos fatos e provas, como procedimento típico da matéria de direito, cuja aplicação e a interpretação uniforme devem zelar o Tribunal Superior do Trabalho. Como observa Victor Russomano Júnior:

> A S-126/TST significa ou deveria significar, portanto e estritamente, que ao TST é vedado reanalisar o conteúdo de meios probatórios produzidos nos autos. Tem a mesma, todavia, sido objeto de aplicação, pelo próprio TST, de forma ampla, isto é, compreendendo, inclusive, elementos do processo e não, somente, provas da causa. Isso significa que temas e aspectos processuais e, até mesmo, peças do processo têm sido incluídos no âmbito daquela súmula.[159]

A consideração de fatos e provas constantes do acórdão regional, para se avaliar a correção do enquadramento jurídico realizado pelo tribunal *a quo* não implica no reexame de fatos e provas vedado pela Súmula 126 do Tribunal Superior do Trabalho.

A ementa a seguir transcrita assim o demonstra, em que houve a análise da prova constante do acórdão para efetuar o enquadramento jurídico:

> RECURSO DE REVISTA. DANOS MORAIS. TRATAMENTO HOSTIL. ABUSO DE PODER DIRETIVO. CONFIGURAÇÃO. 1. A teor do decisum, a reclamante pleiteou indenização por danos morais em razão do tratamento a ela direcionado, narrando que, "a partir de julho/2007, após a mudança na administração do shopping (passando de Iguatemi para BR Malls), a obreira passou a sofrer assédio moral por parte do Gerente de Operações "MARCOS", através de ataques persistentes e negativos, quando se dirigia à autora, sempre de forma debochada". 2. A e. Corte de origem rejeitou a pretensão, por entender que "recaía sobre a autora o ônus de provar os fatos constitutivos do seu direito (art. 818, da CLT, e 333, I, do CPC),

---

159. *Ibidem*, p. 82.

do qual não se desvencilhou satisfatoriamente". 3. Contudo, consoante extraído do acórdão regional, a testemunha indicada pela autora confirmou que "presenciou o gerente Marcos falando para a autora que ela estava desamparada porque a BR Malls não tinha secretária", "que também falava que a autora era uma lesa e lerda e que a BR Malls não admitia erros" e "que tais comentários eram constantes". 4. Tal prática vai contra as normas de higidez e saúde mental do empregado, pois lhe infunde temor e insegurança quanto à mantença do seu trabalho, configurando descumprimento dos deveres do empregador, dentre eles o de zelar pela segurança, bem-estar e dignidade do empregado no ambiente de trabalho, a ensejar o dever de indenizar, ora fixado em R$ 5.000,00 (cinco mil reais). Recurso de revista conhecido e provido, no tema.[160]

Como alertam Katia Magalhães Arruda e Rubem Milhomem:

Se o conteúdo do documento, do testemunho, do depoimento, do laudo pericial, bem assim de quaisquer outras espécies de prova estiver transcrito na decisão recorrida (com ou sem aspas), o TST pode levá-lo em consideração para dar o enquadramento jurídico que achar adequado ao caso concreto. Contrariedade à Súmula 126 somente haveria se a Corte Superior, ultrapassando as informações contidas no acórdão recorrido, fosse retroceder à fase de instrução para diretamente estudar as provas.[161]

Uma vez levadas aos autos as provas dos fatos controvertidos, elas são apreciadas pelo julgador, independentemente de quem as produziu ou de quem seria tal ônus. A discussão sobre o ônus da prova geralmente tem cabimento na prova não produzida.

6.5. A discussão em torno do dano moral

Aproveita-se parte das considerações apresentadas em livro sobre a ação civil pública no processo do trabalho:

---

160. RR - 297-97.2010.5.09.0028 , Relator Ministro: Hugo Carlos Scheuermann, Data de Julgamento: 04/02/2015, 1ª Turma, Data de Publicação: DEJT 20/02/2015.

161. Arruda, Katia Magalhães e Milhomem, Rubem. *Op. cit.*, p. 77. Os autores citam a decisão proferida no AgR-E-RR-41000-66-2006.5.15.0150, DEJT 30.08.2013, Min. Luiz Philippe Vieira de Mello Filho. AGRAVO REGIMENTAL EM RECURSO DE EMBARGOS – INDENIZAÇÃO POR DANOS MORAIS – ENQUADRAMENTO JURÍDICO DOS FATOS PELA TURMA – INOCORRÊNCIA DE MÁ-APLICAÇÃO DA SÚMULA Nº 126. Não se há de falar em má-aplicação da Súmula nº 126 do TST quando a decisão proferida pela Turma desta Corte fundamentou o reco-

O dano moral está inserido no tema mais amplo da responsabilidade civil. A reparação dos danos provocados por atos praticados em desconformidade com o ordenamento jurídico, que contém um elemento punitivo pedagógico, constitui mecanismos essencial para a efetividade de suas normas. A assimilação por indivíduos e grupos dos danos provocados por ato de terceiros, sem providências adotadas para repará-los e preveni-los, gera sentimento coletivo de impunidade, consolidando ambiente propício à violação dos direitos, cujas lógica e prática tornam-se difíceis de remover com o tempo.

A reparação dos danos na esfera trabalhista constitui imperativo de uma sociedade democrática, justa e solidária, considerando inúmeras práticas violadoras de direitos trabalhistas por quem está à frente de empreendimentos, no intuito de maximizar lucros e vantagens à custa não só das garantias previstas na legislação, mas da própria dignidade dos trabalhadores. Quanto maiores os empreendimentos, maior a capacidade de converter tudo e todos em instrumento de acumulação, condutas que agridem não apenas os trabalhadores diretamente vitimados por tais opções, mas patamares estabelecidos para preservar graus civilizatórios na sociedade.[162]

A Constituição e a legislação, em diversos de seus dispositivos, expressam a opção pela reparação de dano moral, não só individual, mas também coletivo.[163]

Inicialmente, houve muitas resistências em se admitir condenações por dano moral, principalmente dano moral coletivo, de modo que os primeiros pedidos, bem como as decisões correspondentes foram bastante tímidos. Aos poucos, na medida em que sua aceitação se ampliava, os valores postulados e condenados cresceram significativamente.

Após intensas discussões a respeito, vêm sendo vencidas as barreiras no tocante à possibilidade de haver dano de natureza não

---

nhecimento do direito ao dano moral e material na análise dos dados fáticos extraídos do acórdão regional, transcrito no acórdão embargado, concedendo o correto enquadramento jurídico dos fatos descritos. Segundo a doutrina, a vedação contida na Súmula nº 126 desta Corte em realizar a reapreciação dos fatos e provas em sede de Recurso de Revista, "consiste em reapreciar a matéria fática, mas não dar nova qualificação jurídica aos fatos tidos como verossímeis no acórdão proferido pelo Tribunal Regional". (Mauro Schiavi). Agravo regimental desprovido.

162. Pereira, Ricardo José Macedo de Britto. *Ação civil pública cit.*, p. 294.
163. Artigos 5º, V e X, da Constituição, 186, 187, 927 e 944 do Código Civil, art. 6º da Lei n. 8.078, de 1990, e art. 1º da Lei n. 7.347, de 1985, para citar alguns exemplos.

patrimonial e de uma coletividade figurar como sujeito moral, que a torne vítima de dano dessa natureza.

A fixação do valor do dano moral é tarefa extremamente desafiadora, em razão da ausência de parâmetros seguros para a definição do montante. De qualquer forma, são sempre as circunstâncias do caso concreto que oferecerão as bases para a condenação, a partir da análise acerca da gravidade e da abrangência da lesão, sua repercussão na capacidade econômica do agressor, bem como os ganhos que auferiu em decorrência do descumprimento do ordenamento jurídico, medidas que poderiam ser adotadas para evitar o dano, situação das vítimas e assim por diante.

Tanto é assim, que a possibilidade de tarifação prévia do dano moral foi afastada pelo Supremo Tribunal Federal, conforme se verifica na seguinte ementa:

> INDENIZAÇÃO. Responsabilidade civil. Lei de Imprensa. Dano moral. Publicação de notícia inverídica, ofensiva à honra e à boa fama da vítima. Ato ilícito absoluto. Responsabilidade civil da empresa jornalística. Limitação da verba devida, nos termos do art. 52 da Lei n. 5.250/67. Inadmissibilidade. Norma não recebida pelo ordenamento jurídico vigente. Interpretação do art. 5º, IV, V, IX, X, XIII, XIV, e art. 220, caput, e § 1º, da CF de 1988. Recurso extraordinário improvido. Toda limitação, prévia e abstrata, ao valor da indenização do dano moral, objeto de juízo de equidade, é incompatível com o alcance da indenizabilidade irrestrita assegurada pela atual Constituição da República. Por isso, não vige o disposto no art. 52 da Lei de Imprensa, o qual não foi recebido pelo ordenamento jurídico vigente.[164]

O Superior Tribunal de Justiça passou a adotar o critério *bifásico*, composto por duas etapas. A primeira leva em conta os precedentes do tribunal sobre os mesmos bens lesados, estipulando um valor base. A etapa subsequente modula esse valor de acordo com as circunstâncias do caso concreto, observando "a gravidade do fato em si; a extensão do dano; a intensidade do sofrimento da vítima; a culpabilidade do agente responsável; a condição econômica, social e política das partes envolvidas; a culpa concorrente da vítima, dentre outras", de modo

---

164. RE 447.584, DJ 16.03.2007, Rel. Min. Cezar Peluzo.

Capítulo III • CONSIDERAÇÕES GERAIS SOBRE OS RECURSOS

que o valor básico será ajustado para cima ou para baixo, de acordo com essas especificidades, fixando-se o valor da condenação.[165]

Portanto, o problema que se coloca para fins de recurso de natureza extraordinária é a possibilidade de o tribunal superior adentrar no exame da matéria para rever a fixação do valor a título de indenização por dano moral.

Embora haja grande margem para a subjetividade, em decorrência do elevado número de fatores que são tidos em conta para aferir a correção do dano moral, é equivocado o posicionamento que aplica a Súmula n. 126 do Tribunal Superior do Trabalho, para deixar de analisar a questão, se o regional, de acordo com a situação fática descrita no acórdão julga o pedido de dano moral.

Por outro lado, não é possível estabelecer uma uniformização da jurisprudência, externando critérios precisos para a fixação desses valores, justamente em razão da impossibilidade de tarifá-los.

Daí que os tribunais superiores optaram, acertadamente, em aferir o valor aplicado e a necessidade de revê-lo, não como providência para diretamente resguardar e uniformizar o direito aplicável, mas levando em conta o interesse subjetivo das partes.

A possibilidade de revisão do valor de dano moral é um dos mais relevantes exemplos de como os recursos de natureza extraordinária não se restringem a zelar pelo interesse público da autoridade da lei e de sua aplicação uniforme, mas também com os interesses e direitos na perspectiva dos sujeitos da relação jurídica.

Mas para que não haja a completa descaracterização da fase extraordinária, em lugar de substituir a posição tomada pelo tribunal regional, o Tribunal Superior do Trabalho se pauta por critérios mais abertos. O argumento que os tribunais superiores geralmente utilizam baseia-se na razoabilidade e proporcionalidade do valor estipulado no tribunal recorrido, reduzindo valores exorbitantes e elevando valores ínfimos, a partir do que prescrevem os artigos 5º, V, da Constituição e 944 do Código Civil.

Nessa linha é a jurisprudência do Tribunal Superior do Trabalho, como se verifica na ementa abaixo:

---

165. Medeiros Neto, Xisto Tiago. *Dano moral coletivo*. 3ª. Ed., São Paulo: LTr, 2007, p. 98/99.

> RECURSOS DE EMBARGOS REGIDOS PELA LEI 11.496/2007. ACIDENTE DE TRABALHO. DANOS MORAIS. VALOR DA INDENIZAÇÃO. RECURSO DE REVISTA FUNDAMENTADO EM VIOLAÇÃO DO ART. 944 DO CÓDIGO CIVIL. Hipótese em que a Turma do TST entendeu imprópria a arguição de ofensa ao art. 944 do CCB quando no recurso de revista discute-se o valor da indenização por dano moral decorrente de acidente de trabalho. Nos casos em que o dano é fixado em valor desproporcional, quer porque irrisório em demasia, quer porque excessivo, o art. 944 do Código Civil é pertinente para efeito de resolver o impasse, principalmente porque é mínima a possibilidade de revalorar o dano moral e apreciar esta matéria quando o recurso de natureza extraordinária está amparado em arestos ditos divergentes, haja vista a dificuldade de encontrar casos semelhantes. Nesse contexto, ao contrário do decidido no acórdão recorrido, entende-se que o art. 944 do Código Civil pode ser utilizado como fundamento da pretensão recursal que visa aplicar os princípios da razoabilidade e proporcionalidade na fixação do valor da indenização por danos morais decorrentes de acidente de trabalho. Recursos de embargos conhecidos e providos.[166]

No Superior Tribunal de Justiça, é esse também o entendimento prevalecente, conforme se verifica na ementa abaixo:

> AGRAVO REGIMENTAL NOS EMBARGOS DE DECLARAÇÃO NO AGRAVO EM RECURSO ESPECIAL. RESPONSABILIDADE CIVIL POR ACIDENTE AUTOMOBILÍSTICO. MORTE DA VÍTIMA. INDENIZAÇÃO COM VALORES NÃO EXCESSIVOS. REVISÃO VEDADA.
>
> 1. No recurso especial, rever a indenização por danos morais só é possível quando a quantia for irrisória ou exagerada, o que não ocorre quando o valor é inferior a 500 (quinhentos) salários mínimos para cada um dos autores pela morte do pai.
>
> 2. Agravo regimental não provido.[167]

O Tribunal Superior do Trabalho tem avançado bastante em matéria de dano moral. A tendência no tribunal é pela existência de dano moral coletivo quando a lesão extrapola o âmbito de pessoas

---

166. (E-RR 217700-54.2007.5.08.0117, DJe 07.12.2012, Rel. Min. Augusto César Leite de Carvalho)

167. (AgRg nos EDcl no AREsp 25.258, DJe 26.02.2013, Rel. Ricardo Villas Bôas Cueva)

determinadas para atingir uma coletividade. Eis abaixo algumas ementas nesse sentido:

RECURSO DE REVISTA. DANO MORAL COLETIVO. TERCEIRI-ZAÇÃO ILÍCITA. COOPERATIVA. A reclamada incorreu na prática de ato ilícito ao fomentar de forma generalizada a contratação irregular de trabalhadores, ao servir como mera intermediadora de mão de obra a inúmeras empresas, precarizando as relações de trabalho no segmento em que atuava e desvirtuando por completo sua finalidade social e o caráter de proteção que estaria inerentemente atrelado ao conceito do cooperativismo. E pela singela circunstância de a lesividade transcender o interesse dos cooperados atuais, mas alcançar, virtualmente, todos os possíveis candidatos à filiação e ao emprego no segmento econômico, fica configurado o dano moral coletivo. E também assim o é porquanto verificado que houve violação a preceitos constitucionais, bem assim a disposições encartadas na legislação trabalhista consolidada, em razão da atitude ilícita praticada pela ré de não cumprir as normas nacionais relacionadas à proteção do emprego e dos trabalhadores, tendo-se, por consequência, a violação dos princípios constitucionais da dignidade da pessoa humana e do valor social do trabalho. Recurso de revista conhecido e provido[168]

DANO MORAL COLETIVO. INDENIZAÇÃO. A lesão à ordem jurídica comprovada nos autos extrapola interesses individuais para alcançar os trabalhadores em caráter amplo, genérico e massivo, o que autoriza a sua recomposição mediante a indenização em comento. Ademais, sua imposição tem caráter pedagógico, prevenindo a reincidência na conduta ilícita. Precedentes. Recurso de revista de que não se conhece.[169]

RECURSO DE REVISTA - MINISTÉRIO PÚBLICO DO TRABALHO - INDENIZAÇÃO - DANO MORAL COLETIVO - TERCEIRIZA-ÇÃO ILÍCITA. A circunstância de a reclamada contratar mão de obra terceirizada para suprir necessidade de pessoal no exercício de atividade fim da empresa consiste em lesão que transcende o interesse individual de cada trabalhador de per si e alcança todos os possíveis candidatos que, submetidos a concurso público, concorreriam, nas

---

168. (TST-RR- 60541-35.2006.5.03.0016, 6ª Turma, Rel. Min. Augusto César Leite de Carvalho, DEJT de 05/08/2011).

169. Processo: RR - 142400-69.2003.5.01.0037 Data de Julgamento: 08/05/2013, Relatora Ministra: Katia Magalhães Arruda, 6ª Turma, Data de Publicação: DEJT 07/06/2013.

mesmas condições, ao emprego no segmento econômico. Recurso de revista conhecido e provido.[170]

Em relação à configuração do dano moral, dispensa-se prova de sua efetividade, sendo suficiente a prova do ilícito. É o denominado dano *in re ipsa*. A jurisprudência do Tribunal Superior do Trabalho vem se firmando nesse sentido, como se verificam nas ementas a seguir transcritas de acórdão da SBDI1:

> RECURSO DE EMBARGOS – REGÊNCIA PELA LEI Nº 11.496/2007 – RESPONSABILIDADE CIVIL – ATO ILÍCITO - DOENÇA PROFISSIONAL – DANO MORAL - PROVA DO DANO – DESNECESSIDADE. No caso de dano moral, a doutrina e a jurisprudência têm entendido que é *damnum in re ipsa*, sendo suficiente, para fins de atribuição de responsabilidade, a demonstração do evento, da doença profissional e a fixação do nexo de causalidade. A doença profissional leva a uma perda da capacidade produtiva e, com isso, ocasiona um enfraquecimento emocional daquele que sofre a enfermidade. A doença e a consequente incapacidade produtiva decorrente de ato ilícito comissivo ou omissivo do empregador, por si só, causam lesão ao princípio da dignidade humana encartado na Constituição Federal, em decorrência do constrangimento gerado ao empregado, que deve ser indenizado pelo dano moral sofrido. Recurso de embargos conhecido e desprovido.[171]

> RECURSO DE EMBARGOS INTERPOSTO NA VIGÊNCIA DA LEI Nº 11.496/2007. INDENIZAÇÃO POR DANO MORAL - COMPROVAÇÃO - Comprovada a existência de dano e de nexo causal com a conduta ilícita praticada pelo Reclamado, o abalo moral, subjetivo e psicológico, prescinde de comprovação fática. Embargos conhecidos e providos. Prejudicada a análise do tema remanescente.[172]

---

170. RR - 43400-71.2008.5.14.0001, Relator Ministro: Luiz Philippe Vieira de Mello Filho, Data de Julgamento: 22/08/2012, 4ª Turma, Data de Publicação: 31/08/2012)

171. E-ED-RR - 23600-32.2006.5.15.0120, Relator Ministro: Luiz Philippe Vieira de Mello Filho, Data de Julgamento: 24/10/2013, Subseção I Especializada em Dissídios Individuais, Data de Publicação: 30/10/2013)

172. E-ED-RR - 26200-18.2004.5.05.0009, Relator Ministro: Carlos Alberto Reis de Paula, Data de Julgamento: 24/11/2011, Subseção I Especializada em Dissídios Individuais, Data de Publicação: 02/12/2011)

Capítulo III · CONSIDERAÇÕES GERAIS SOBRE OS RECURSOS

A Subseção I de Dissídios Individuais também optou por, em situações excepcionais, condenar[173], absolver,

---

173. O caso dos provadores de cigarros constitui exemplo em que a SBDI1 admitiu reformar a decisão que havia absolvido a ré da condenação de dano moral coletivo.AÇÃO CIVIL PÚBLICA. MINISTÉRIO PÚBLICO DO TRABALHO. INDÚSTRIA TABAGISTA. PROVADORES DE CIGARROS EM -PAINEL DE AVALIAÇÃO SENSORIAL-. OBRIGAÇÃO DE NÃO FAZER. VEDAÇÃO DE ATIVIDADE PROFISSIONAL. LIVRE EXERCÍCIO DE QUALQUER OFÍCIO OU PROFISSÃO -- ART. 5º, XIII, CF. NOCIVIDADE INERENTE À EXPOSIÇÃO DE SERES HUMANOS A AGENTES FUMÍGENOS. ATIVIDADE LÍCITA SUSCETÍVEL DE CAUSAR DANOS. DIREITO À INDENIZAÇÃO. 1. Inconteste, à luz das regras da experiência ditadas pela observação do que ordinariamente acontece, a grave lesão à saúde advinda da exposição de empregados a agentes fumígenos, de forma sistemática, mediante experimentação de cigarros no denominado -Painel de Avaliação Sensorial-. 2. O labor prestado em condições adversas ou gravosas à saúde não justifica, contudo, a proibição de atividade profissional. Tanto a Constituição Federal quanto o próprio Direito do Trabalho não vedam o labor em condições de risco à saúde ou à integridade física do empregado. Inteligência dos artigos 189, 193 e 194 da CLT, NR 9, NR 15, Anexos 13 e 13-A, do MTE. 3. Conquanto não se possa fechar os olhos à atual ausência de normatização relativamente ao exercício da atividade de -provador- ou -degustador- de cigarros, a clara dicção do artigo 5º, XIII, da CF --- garantia de livre exercício de qualquer ofício ou profissão --- não dá margem a que se preencha essa importante lacuna legislativa mediante a pretendida vedação, pura e simples, do exercício de atividade profissional, por comando judicial, ainda que sob o louvável escopo de proteção à saúde dos empregados. Referida norma somente autoriza eventual restrição ao seu âmbito de proteção mediante lei e apenas em relação à qualificação profissional, nunca ao exercício em si de atividade profissional (reserva legal qualificada). 4. Sobreleva notar que o fato de tal vedação virtualmente provir de decisão judicial importaria extrapolação de poder e, por conseguinte, acarretaria inescusável afronta ao princípio constitucional da Separação dos Poderes. Se nem mesmo ao legislador é facultado intervir na liberdade de profissão, senão no tocante à fixação de requisitos mínimos de capacidade e qualificação, não cabe ao Poder Judiciário, em interpretação a garantias constitucionais, obstar-lhe o exercício. Precedentes do STF. 5. A aparente colisão de direitos fundamentais decorrente da atividade profissional de provador de cigarros há de solucionar-se mediante harmonização. Daí que as garantias constitucionais do livre exercício de profissão ou ofício (art. 5º, XIII, CF), da livre iniciativa e do livre exercício de qualquer atividade econômica (art. 170, caput e inciso IV, e parágrafo único, CF) não podem ser cumpridas ilimitadamente e de forma indiscriminada, sem que haja uma preocupação com a saúde e a segurança dos empregados. *Mutatis mutandis*, tutelar o direito à saúde (art. 6º, caput, CF) e ao meio ambiente do trabalho ecologicamente equilibrado (art. 205, caput, CF) não deve implicar a completa inviabilização da atividade econômica e do livre exercício profissional, sob pena de -esvaziamento do conteúdo- destes últimos direitos fundamentais. Trata-se de assegurar o equilíbrio já adotado na própria Constituição Federal e na CLT no tocante à regulamentação das atividades insalubres e perigosas, buscando minorar os riscos inerentes ao trabalho. 6. Nessa perspectiva, a solução da questão passa necessariamente, a longo prazo, pela edição de leis que venham a regulamentar detalhadamente a atividade de -provador de cigarros-. É o que já se verifica, a título exemplificativo, em relação a outras atividades profissionais insalubres e perigosas, de indiscutível nocividade à saúde e à segurança dos empregados, porém objeto de disciplinamento normativo apenas no tocante às condições para o seu exercício: labor em minas de subsolo (arts. 293 a 301 da CLT), atividades de exploração, perfuração, produção e refinamento de petróleo (Lei nº 5.811/72 e NR 30, Anexo II, do MTE) e mergulho em águas profundas, sob condições hiperbáricas (NR 15, Anexo nº 6, do MTE). 7. Relativamente à atividade de provador de cigarros, diante do panorama atual de vácuo normativo, cabe à Justiça do Trabalho, se instada a tanto,

reduzir[174] ou majorar o valor a título de dano moral. A dificuldade

> velar pela observância dos direitos fundamentais dos empregados em harmonia com as normas constitucionais, impondo às empresas a obrigação de adotar medidas que minimizem os riscos daí decorrentes e desencorajá-las na adoção de práticas nocivas à saúde. 8. Infundada, assim, a imposição de condenação à empresa que implique inviabilizar o exercício de uma atividade empresarial lícita e implique igualmente tolher o exercício de atividade profissional lícita, sob pena de, a pretexto de tutelar determinados direitos, vulnerarem-se outros de igual hierarquia constitucional, inclusive o Princípio da Separação dos Poderes. 9. Em que pese a licitude em si do ofício de provador de cigarros-, desenvolvido em favor de atividade econômica também lícita, é manifestamente perniciosa e lesiva à saúde dos empregados a referida atividade, em Painel de Avaliação Sensorial, ainda que voluntariamente desempenhada. O desenvolvimento de tal atividade acarreta lesão a direitos personalíssimos fundamentais (saúde e vida). Conquanto não se possa proibi-la judicialmente, da conduta patronal emerge inequivocamente responsabilidade civil, pela prática de ato ilícito, com a correlata obrigação de indenizar os danos morais perpetrados à coletividade indeterminada de empregados potencialmente sujeitos à atividade de experimentação de cigarros. Responsabilidade civil que se reconhece mediante a fixação de indenização por danos morais coletivos, também em caráter pedagógico, com o escopo de desestimular o prosseguimento de atividade prejudicial à saúde humana. 10. Embargos da Reclamada de que se conhece, por divergência jurisprudencial, e a que se dá provimento para afastar da condenação a obrigação de abster-se de exigir labor no denominado Painel de Avaliação Sensorial. Embargos do Ministério Público do Trabalho igualmente conhecidos, por divergência jurisprudencial, e providos para restabelecer a condenação ao pagamento de indenização por danos morais difusos e coletivos, no importe de R$ 1.000.000,00, reversíveis ao FAT. (E-ED-RR - 120300-89.2003.5.01.0015, Redator Ministro: João Oreste Dalazen, Data de Julgamento: 21/02/2013, Subseção I Especializada em Dissídios Individuais, Data de Publicação: 13/09/2013)

174. A ementa do acórdão abaixo transcrita, ao tempo que confirma a condenação de ente público de indenização por danos morais coletivos, até pelas limitações do recurso interposto, reduziu o seu valor. Diversos fatores foram levados em conta para proceder à redução. A circunstância de se tratar de ente público foi determinante no aspecto da suposta capacidade econômica, que não pode ser deduzida pura e simplesmente. Flexibilizou-se excessivamente a exigência de especificidade da divergência jurisprudencial para o conhecimento do recurso RECURSO DE EMBARGOS INTERPOSTO NA VIGÊNCIA DA LEI Nº 11.496/2007 - DANO MORAL COLETIVO - CRITÉRIOS PARA FIXAÇÃO DO RESPECTIVO VALOR. I – Ressai incontroversa a caracterização do dano moral coletivo praticado pelo embargante, não só em razão da sólida fundamentação do acórdão do Regional, reproduzido no acórdão embargado, mas particularmente pela preclusão que se abatera sobre a questão, por ela não ter sido objeto do recurso de embargos, visto que o seu conhecimento devera-se unicamente à divergência em torno do valor da indenização. II – É bom assentar não ser nenhuma novidade, no âmbito do Poder Judiciário, especialmente agora na seara do Judiciário do Trabalho, a tormentosa dificuldade na mensuração da indenização por dano moral, quer o seja individual ou coletivo, por ela não se orientar pelo critério aritmético do dano material e sim pelo critério estimativo, em relação ao qual se abre considerável espaço para a subjetividade de cada magistrado. Mesmo assim, a doutrina tem preconizado devam ser levados em conta aspectos como a natureza, a gravidade e a repercussão da lesão, a situação econômica do ofensor, eventual proveito obtido com a conduta ilícita, o grau de culpa ou dolo, a verificação de reincidência e a intensidade, maior ou menor, do juízo de reprovabilidade social da conduta adotada. III – Do acórdão embargado observa-se ter sido arbitrado o valor da indenização por dano moral coletivo em R$ 5.054.400,00, para cujo cálculo tomara-se como referência um salário mínimo vigente à época, para cada mês de irregular prestação de serviços, num total de três, acabando

Capítulo III · CONSIDERAÇÕES GERAIS SOBRE OS RECURSOS

maior que se verifica em relação a possibilidade pela via do recurso de embargos é que seu cabimento se dá apenas por divergência jurisprudencial.

O Superior Tribunal de Justiça, embora admita a discussão do valor da indenização por danos morais em recurso especial, não aceita essa possibilidade em recurso de embargos de divergência.[175]

A Lei n. 13.467, de 2017, acrescenta na Consolidação das Leis do Trabalho o Título II-A, que trata do dano extrapatrimonial. A lei

---

por multiplicar-se o resultado alcançado pelos 6.480 estagiários. IV – Agiganta-se desse delineamento factual a certeza de a Turma ter-se guiado pelos prejuízos que cada um dos estagiários teria sofrido, com o desvirtuamento do estágio, tanto quanto a de ter-se valido do salário mínimo para a quantificação da multicitada indenização. V – Ocorre que, no caso de dano moral coletivo, o critério a ser observado no arbitramento da indenização não é o prejuízo experimentado individualmente por cada estagiário e sim a lesão causada à universalidade dos trabalhadores, afastada, ainda, a possibilidade de se utilizar como parâmetro o valor do salário mínimo, por força do teor cogente da norma do inciso IV do artigo 7º da Constituição, ao vedar sua vinculação para qualquer fim. VI – Desconsiderados os critérios de que se cogitara no acórdão embargado, impõe-se enfocar a fixação do valor da indenização com respaldo nos requisitos representados pela natureza, gravidade e repercussão da lesão, situação econômica do ofensor, eventual proveito obtido com a conduta ilícita, grau de culpa ou dolo, verificação de reincidência e grau de reprovabilidade social da conduta adotada. VII – Em que pese o Regional ter-se esmerado em imprimir forte coloração ao dano infligido à coletividade dos estagiários, mediante remissão a normas constitucionais frente às quais se permitira lavrar contundente afirmação de fraude na contratação dos estagiários, sobressai do acórdão embargado quadro fático que a desautoriza frontalmente. Efetivamente, dele emerge a assertiva de o desvio do estágio ter-se dado por apenas três meses, circunstância que se revela extremamente elucidativa da sua não descaracterização e de seu apequenado arranhão legal, em condições de sustentar a inabalável convicção de a lesão sofrida pelos estagiários, atingidos pela ilicitude da conduta do embargante, não ter-se identificado por sua aguda gravidade nem por sua intensa repercussão moral ou social. VIII – Some-se a isso o caráter marginal do proveito obtido pelo Estado da Bahia com o desvio do estágio, à conta do propósito socialmente relevante que o levara a tanto, consistente na viabilização de milhares de matrículas de alunos da rede pública de ensino, aspecto que ameniza sobremaneira, a um só tempo, o grau de culpabilidade e o de reprovabilidade dessa conduta, notadamente pela inexistência de prova de sua reincidência, havendo, ao contrário, elementos probatórios eloquentes do seu insulamento. IX – Diante de tais singularidades factuais e mais a finalidade punitiva e dissuasória de eventual reiteração da conduta ilícita do embargante, entende este magistrado, por injunção inclusive do princípio da equidade, ser razoável e proporcional à lesão moral sofrida pelo contingente de estagiários arbitrar em R$ 150.000,00 o valor da indenização pelo dano moral coletivo. Ressalte-se que a simples constatação de o embargante qualificar-se como Ente da Federação não se mostra bastante, por si só, para se inferir sua alentada estatura econômico-financeira, quando nada por ser uma incógnita o montante da sua arrecadação e o de suas despesas, quer se refiram a despesas correntes ou a despesas com investimentos em prol do bem comum. X – Recurso de embargos conhecido e parcialmente provido. (E-ED-RR - 94500-35.2004.5.05.0008 , Redator Ministro: Barros Levenhagen. Data de Julgamento: 22/09/2011, Subseção I Especializada em Dissídios Individuais, Data de Publicação: 11/11/2011.)

175. Súmula 420 do STJ Incabível, em embargos de divergência, discutir o valor de indenização por danos morais.

é questionável em pelo menos dois aspectos. O primeiro é aplicação apenas dos dispositivos do título, afastando a aplicação do direito comum. A segunda refere-se à tarifação do dano moral, que, como visto, foi considerada inconstitucional pelo Supremo Tribunal Federal.

Capítulo IV

RECURSO DE REVISTA E DE EMBARGOS POR DIVERGÊNCIA. ESPECIFICIDADES.

1. RECURSO DE REVISTA. CONSIDERAÇÕES GERAIS.

O recurso de revista está previsto no artigo 896 da Consolidação das Leis do Trabalho, sendo cabível nos termos ali estabelecidos. Sua função é zelar pelo direito aplicável às relações de trabalho e uniformizar a jurisprudência em matéria trabalhista. Diferentemente do recurso especial, que se restringe às normas federais infraconstitucionais, o recurso de revista abrange normas infraconstitucionais e constitucionais.

Como já mencionado, o recurso de revista possui uma função relevante para a coletividade, pois resguarda a aplicação correta e uniforme do Direito do Trabalho, bem como das disposições integrantes de outros ramos quando incidem nas relações de trabalho. Ao lado dessa função social que cumpre o recurso de revista, deve-se ressaltar a sua dimensão subjetiva. O papel do recurso de revista para a coletividade não se contrapõe ou desconsidera a necessidade de se conferir tutela ao direito material das partes, resolvendo a controvérsia de acordo com os valores e princípios constitucionais, de modo que a afirmação de que tal recurso não realiza justiça no caso concreto só pode ser aceita com reservas.

Os diversos instrumentos introduzidos no ordenamento jurídico para propiciar julgamentos por meio de procedimentos que alcancem os recursos repetitivos representam medidas para lograr maior racionalização na prestação jurisdicional, mediante decisões que assegurem isonomia, celeridade e efetividade, mas não para instrumentalizar as partes, a fim de defender esse interesse social.

Ainda que possa haver restrição a alguma faculdade individual, como a não possibilidade de desistência do recurso, após a sua afetação como representativo da controvérsia, de acordo com previsão do parágrafo único do artigo 998 do Código de Processo Civil, isso não significa supremacia do interesse geral ou contraposição com o interesse individual das partes.

O recurso de natureza extraordinária não perde sua condição de relevante instrumento para o acesso à justiça da parte, com as mesmas garantias previstas para a propositura das ações judiciais, tanto no sentido de assegurar a aplicação das normas que incidem nas relações de trabalho, quanto de alcançar a jurisprudência uniformizada em matéria trabalhista.

O Tribunal Superior do Trabalho vem apresentando respostas adequadas no plano geral, pois seus órgãos julgadores cobrem significativa área dos conflitos existentes nas relações de trabalho em nosso país, ainda que algumas matérias tardem a chegar ao tribunal em razão da tramitação natural e geralmente demorada para o recurso de natureza extraordinária.

É possível detectar, além disso, que o Tribunal Superior do Trabalho, após alguma resistência inicial, adota uma jurisprudência de abertura para as ações coletivas no âmbito trabalhista, de modo que o funcionamento dos novos mecanismos para a coletivização na saída, como o de recursos repetitivos, podem produzir resultados satisfatórios, quando associados à tutela coletiva oferecida como decorrência das ações ajuizadas.

Percebe-se, por outro lado, um excesso processual no julgamento dos recursos de revista, que acaba por inviabilizar o acesso das partes ao direito aplicável às relações de trabalho, de acordo com a interpretação uniformizada que o tribunal deve resguardar. Esse excesso processual ou tecnicismo já não está de acordo com a legislação atual e, após a vigência do Código de Processo Civil, se apresentará ainda mais insustentável, considerando a opção clara presente na nova ordem de romper as barreiras existentes ao alcance do mérito recursal.

A técnica para a satisfação dos pressupostos de admissibilidade do recurso de revista deve ser observada, mas não como foco prioritário. É necessário ter o cuidado de não priorizar no Tribunal Superior do Trabalho uma lógica de barreira, sobretudo de confirmação de decisões denegatórias, muitas vezes sem enfrentamento de pontos que propiciam o conhecimento dos recursos.

2. O PROBLEMA DA TRANSCENDÊNCIA

A transcendência foi instituída pela Medida Provisória 2.226, de 2001, que resultou na inclusão do artigo 896-A na Consolidação das Leis do Trabalho, com a seguinte redação: *O Tribunal Superior do Trabalho, no recurso de revista, examinará previamente se a causa oferece transcendência com relação aos reflexos gerais de natureza econômica, política, social ou jurídica.*

Questionável essa opção da Presidência da República de estabelecer tal exigência recursal, atribuindo ao recurso de revista uma espécie de função social a justificar a movimentação do Tribunal Superior do Trabalho apenas na situação em que a causa possuir algum impacto social, político, econômico ou jurídico.

Contudo, o Supremo Tribunal Federal acabou se pronunciando, em sede de cautelar, pela constitucionalidade da transcendência prevista no artigo 896-A (ADI 2527. Rel. Min. Cármen Lúcia, DJ de 23.11.2007). A ementa é a seguinte:

> MEDIDA CAUTELAR EM AÇÃO DIRETA DE INCONSTITUCIONALIDADE. MEDIDA PROVISÓRIA 2.226, DE 04.09.2001. TRIBUNAL SUPERIOR DO TRABALHO. RECURSO DE REVISTA. REQUISITO DE ADMISSIBILIDADE. TRANSCENDÊNCIA. AUSÊNCIA DE PLAUSIBILIDADE JURÍDICA NA ALEGAÇÃO DE OFENSA AOS ARTIGOS 1º; 5º, *CAPUT* E II; 22, I; 24, XI; 37; 62, *CAPUT* E § 1º, I, *B*; 111, § 3º E 246. LEI 9.469/97. ACORDO OU TRANSAÇÃO EM PROCESSOS JUDICIAIS EM QUE PRESENTE A FAZENDA PÚBLICA. PREVISÃO DE PAGAMENTO DE HONORÁRIOS, POR CADA UMA DAS PARTES, AOS SEUS RESPECTIVOS ADVOGADOS, AINDA QUE TENHAM SIDO OBJETO DE CONDENAÇÃO TRANSITADA EM JULGADO. RECONHECIMENTO, PELA MAIORIA DO PLENÁRIO, DA APARENTE VIOLAÇÃO AOS PRINCÍPIOS CONSTITUCIONAIS DA ISONOMIA E DA PROTEÇÃO À COISA JULGADA.
>
> 1. A medida provisória impugnada foi editada antes da publicação da Emenda Constitucional 32, de 11.09.2001, circunstância que afasta a vedação prevista no art. 62, § 1º, I, *b*, da Constituição, conforme ressalva expressa contida no art. 2º da própria EC 32/2001.
>
> 2. Esta Suprema Corte somente admite o exame jurisdicional do mérito dos requisitos de relevância e urgência na edição de medida provisória em casos excepcionalíssimos, em que a ausência desses pressupostos seja evidente. No presente caso, a sobrecarga causada pelos inúmeros

recursos repetitivos em tramitação no TST e a imperiosa necessidade de uma célere e qualificada prestação jurisdicional aguardada por milhares de trabalhadores parecem afastar a plausibilidade da alegação de ofensa ao art. 62 da Constituição.

3. Diversamente do que sucede com outros Tribunais, o órgão de cúpula da Justiça do Trabalho não tem sua competência detalhadamente fixada pela norma constitucional. A definição dos respectivos contornos e dimensão é remetida à lei, na forma do art. 111, § 3º, da Constituição Federal. As normas em questão, portanto, não alteram a competência constitucionalmente fixada para o Tribunal Superior do Trabalho.

4. Da mesma forma, parece não incidir, nesse exame inicial, a vedação imposta pelo art. 246 da Constituição, pois, as alterações introduzidas no art. 111 da Carta Magna pela EC 24/99 trataram, única e exclusivamente, sobre o tema da representação classista na Justiça do Trabalho.

5. A introdução, no art. 6º da Lei nº 9.469/97, de dispositivo que afasta, no caso de transação ou acordo, a possibilidade do pagamento dos honorários devidos ao advogado da parte contrária, ainda que fruto de condenação transitada em julgado, choca-se, aparentemente, com a garantia insculpida no art. 5º, XXXVI, da Constituição, por desconsiderar a coisa julgada, além de afrontar a garantia de isonomia da parte obrigada a negociar despida de uma parcela significativa de seu poder de barganha, correspondente à verba honorária.

6. Pedido de medida liminar parcialmente deferido.

Consequentemente, falta a regulamentação pelo Tribunal Superior do Trabalho, a fim de que o requisito da transcendência entre em vigor, conforme previsto no artigo 2º da medida provisória que a instituiu.

Comissões foram criadas naquele tribunal para examinar a matéria, mas, até o momento, não se havia chegado a consenso necessário para a aprovação de dita regulamentação, podendo-se afirmar que a opção atual é pela não regulamentação do dispositivo.

A Lei n. 13.015, de 2015, criou uma espécie de transcendência apenas para determinar o deslocamento da competência para o julgamento do recurso. (art. 896, § 13, CLT).

A Lei n. 13.467, de 2017, especifica a transcendência, considerando indicadores de sua existência no aspecto econômico o elevado valor da causa; no político, o desrespeito à jurisprudência sumulada do Tribunal Superior do Trabalho ou Supremo Tribunal Federal; no

Capítulo IV • RECURSO DE REVISTA E DE EMBARGOS POR DIVERGÊNCIA

social, postulação de direito social constitucionalmente previsto; e no jurídico, questão nova na interpretação da legislação trabalhista.

A transcendência é analisada apenas pelo Tribunal Superior do Trabalho, de modo que o primeiro juízo de admissibilidade no Regional não cuida dela. No Tribunal Superior do Trabalho o relator poderá denegar seguimento se não demonstrada a transcendência, com recurso de agravo para o colegiado, salvo em agravo de instrumento em recurso de revista.

Este será um ponto de discussão no tribunal. Trata-se de mais uma exigência atribuída à parte recorrente que amplia o poder dos julgadores, considerando que só será cabível recurso no Tribunal Superior do Trabalho de decisão monocrática que denega o recurso de revista por ausência de transcendência.

3. REDAÇÃO VIGENTE DO ARTIGO 896 DA CONSOLIDAÇÃO DAS LEIS DO TRABALHO.

O *caput* do artigo 896 da Consolidação das Leis do Trabalho continua tendo a redação dada pela Lei n. 9.756, de 1998: "Cabe Recurso de Revista para Turma do Tribunal Superior do Trabalho das decisões proferidas em grau de recurso ordinário, em dissídio individual, pelos Tribunais Regionais, quando:"

Os dissídios individuais iniciam-se no primeiro grau e os pedidos deduzidos na inicial, bem como as questões surgidas no curso do processo, são julgados por sentença que poderá ser impugnada por recurso ordinário, nos termos do artigo 895, inciso I, da Consolidação das Leis do Trabalho.

A expressão "dissídios individuais", com a evolução das ações trabalhistas, reclama leitura ampliativa, para alcançar todas as ações ajuizadas no primeiro grau. Atualmente, ela abrange ações especiais e coletivas, como o mandado de segurança individual ou coletivo, desde que originário na Vara do Trabalho, e a ação civil pública. Encontra-se totalmente fora desse campo os dissídios coletivos.

Segundo Estevão Mallet:

> No âmbito do processo de conhecimento, o recurso de revista é, em princípio, cabível sempre, não importando se a decisão é condenatória, constitutiva ou mesmo meramente declaratória. Não se exige, tampou-

co, que a decisão seja de mérito; mesmo que haja proclamado apenas a inviabilidade da ação, quer pela carência de seus pressupostos, quer pela falta dos requisitos de constituição e desenvolvimento válido e regular do processo, a recorribilidade permanece.[1]

Como acrescentam Katia Magalhães Arruda e Rubem Milhomem:

> "Também é dissídio individual a controvérsia que dá origem à ação de consignação em pagamento, a ação civil pública e outras controvérsias decorrentes da relação de trabalho. Em todo o caso, o que se exige é que a controvérsia seja em dissídio individual, vedada a interposição de recurso de revista no caso de dissídio coletivo.
>
> Conquanto não tratem de lide direta entre o trabalhador e o empregador, também se enquadram na hipótese de dissídio individual, para fim de aplicação do art. 896 da CLT, as controvérsias sobre ação de cobrança, ação monitória, representação sindical entre sindicatos, entre sindicatos e trabalhadores e entre sindicatos e empregadores; execução fiscal postulada pela União contra empregador no caso de penalidades administrativas impostas pelos órgãos de fiscalização das relações de trabalho (ou anulação de multa administrativa postulada pelo empregador contra a União); mandado de segurança originário da Vara do Trabalho impetrado pelo trabalhador ou empregador, contra ato abuso de autoridade, entre outras.[2]

Os recursos ordinários interpostos das sentenças nos dissídios individuais são julgados pelos tribunais regionais do trabalho. Assim, como os demais tribunais, cabe ao órgão colegiado o julgamento dos recursos. Porém, com a reforma promovida pela Lei n. 9.139, de 1995, que alterou a redação do artigo 557 do Código de Processo Civil anterior, prevendo a possibilidade de o relator negar seguimento a recurso manifestamente inadmissível, improcedente, prejudicado ou contrário à súmula do respectivo tribunal ou tribunal superior, e, no parágrafo único, o agravo contra a decisão denegatória ao órgão competente para o julgamento do recurso, essas decisões passaram a ser bastante frequentes. A redação original do referido dispositivo tratava do indeferimento pelo relator do agravo manifestamente improcedente.

---

1. *Op. cit.,* p. 76.
2. *Op. cit.,* p. 54 e 55.

Posteriormente, a Lei n. 9.756, de 1998, acrescentou o § 1º-A, autorizando o relator a dar provimento ao recurso, se a decisão estiver em manifesto confronto com súmula ou com jurisprudência dominante do Supremo Tribunal Federal, ou de Tribunal Superior, além de prever multa quando o agravo for manifestamente inadmissível ou infundado, ficando a interposição de qualquer recurso subsequente condicionada ao depósito do valor correspondente.

Atualmente, o Código de Processo Civil ampliou ainda mais as hipóteses de julgamento pelo relator no artigo 932.

Outra dúvida que o *caput* do artigo 896 da Consolidação das Leis do Trabalho suscita é se a expressão "em grau de recurso ordinário" excluiria o recurso de revista de decisão em agravo desprovido, que confirma decisão do relator que denega seguimento ao recurso ordinário. Não há nenhum entendimento consolidado na jurisprudência do Tribunal Superior do Trabalho que não admita o recurso de revista de decisão proferida em agravo desprovido que apreciou decisão do relator em recurso ordinário.

O procedimento abreviado que atribui a possibilidade de o relator não conhecer do recurso, negar-lhe provimento ou mesmo dar-lhe provimento, possui o intuito de conferir celeridade processual, mas não eliminar a via recursal prevista para a parte. O agravo desprovido no tribunal regional do trabalho de decisão monocrática que não conhece ou nega provimento a recurso ordinário abrevia o não conhecimento desse recurso ou o seu desprovimento se o julgamento fosse direto para o colegiado. Além disso, o fato de o legislador utilizar "em grau de recurso ordinário" confere maior elasticidade para alcançar o agravo. Sendo assim, cabível é a revista não só de decisão em recurso ordinário, mas também em agravo desprovido que confirma decisão que não conhece ou nega provimento a esse recurso.[3]

---

3. AGRAVO DE INSTRUMENTO EM RECURSO DE REVISTA. RECURSO DE REVISTA INTERPOSTO CONTRA ACÓRDÃO QUE JULGOU AGRAVO REGIMENTAL EM RECURSO ORDINÁRIO. CABIMENTO. O recurso de revista é cabível contra decisão em grau de recurso ordinário. O agravo regimental, apto a provocar decisão pela Turma, é o recurso cabível contra decisão monocrática, nos termos do art. 557, § 1º, do CPC. Seguindo essa lógica, ao se interpor agravo regimental, é devolvida ao Tribunal a matéria alegada nas razões do recurso ordinário. Assim, o recorrente seguiu o correto encadeamento processual para chegar ao recurso de revista. Caso assim não se entendesse, os Tribunais Regionais, ao tentarem imprimir celeridade no julgamento por meio de decisão monocrática, ceifariam da parte o direito de interpor outro recurso, o que configuraria notório prejuízo à ampla defesa prevista no art. 5º, LV, da Constituição Federal. É o caso, portanto, de

Também se incluem na expressão "em grau de recurso ordinário" decisões em agravos de petição e agravos regimentais.[4]

O recurso de revista em reexame necessário que mantém decisão desfavorável ao ente público só é cabível na hipótese de recurso ordinário voluntário por ele interposto ou de agravamento da condenação imposta.[5]

Exclui-se de referida expressão, conforme jurisprudência sumulada, apenas a decisão em agravo de instrumento.[6]

O não cabimento do recurso de revista em agravo de instrumento, como entende a jurisprudência do Tribunal Superior do Trabalho, poderia ter como justificativa o fato de que o recurso ordinário não chegou sequer ao tribunal regional. Além disso, o desprovimento do agravo de instrumento corresponde ao duplo exame de admissibilidade do recurso ordinário ou agravo de petição.[7] De qualquer forma, foi uma opção do Tribunal Superior do Trabalho a interpretação restritiva, pois, a rigor, poderia flexibilizar sua jurisprudência, como, por exemplo, procedeu com o cabimento do recurso de embargos de decisões em agravo de instrumento em situações específicas, que serão analisadas adiante.

A previsão do Código de Processo Civil de determinar o encaminhamento da apelação independentemente de juízo de admissibilidade, contida no artigo 1010, § 3º, resolveria esse problema. Contudo, a Instrução Normativa nº 39 do Tribunal Superior do Trabalho estabelece a não aplicação desse dispositivo (art. 2º, XI). Em relação ao

---

passar à análise dos demais pressupostos do recurso de revista, nos termos da OJ 282 da SBDI-1 do TST. (AIRR 597-94.2011.5.08.0014, DEJT de 08.06.2012, Rel. Min. Augusto César Leite de Carvalho).

4. Katia Magalhães Arruda e Rubem Milhomem. Os autores destacam que há corrente jurisprudencial que não admite o recurso de revista contra agravo regimental e agravo do art. 577 do CPC. *Op. cit.*, pág. 44.

5. OJ-SDI1-334 REMESSA "EX OFFICIO". RECURSO DE REVISTA. INEXISTÊNCIA DE RECURSO ORDINÁRIO VOLUNTÁRIO DE ENTE PÚBLICO. INCABÍVEL (DJ 09.12.2003)Incabível recurso de revista de ente público que não interpôs recurso ordinário voluntário da decisão de primeira instância, ressalvada a hipótese de ter sido agravada, na segunda instância, a condenação imposta.ERR 522601/1998, Tribunal Pleno.Em 28.10.03, o Tribunal Pleno decidiu, por maioria, ser incabível recurso de revista de ente público que não interpôs recurso ordinário voluntário.

6. SUM-218 RECURSO DE REVISTA. ACÓRDÃO PROFERIDO EM AGRAVO DE INSTRUMENTO (mantida) - Res. 121/2003, DJ 19, 20 e 21.11.2003.É incabível recurso de revista interposto de acórdão regional prolatado em agravo de instrumento.

7. Katia Magalhães Arruda e Rubem Milhomem.. *Op. cit.*, pág. 49.

Capítulo IV • RECURSO DE REVISTA E DE EMBARGOS POR DIVERGÊNCIA   215

recurso ordinário, seria conveniente a adoção desse procedimento, considerando a mencionada jurisprudência restritiva do Tribunal Superior do Trabalho em relação ao não cabimento de recurso de revista contra acórdão regional em agravo de instrumento.

3.1. Recurso de revista por divergência jurisprudencial nos termos da alínea "a" do artigo 896 da Consolidação das Leis do Trabalho

A atual redação da alínea "a" do artigo 896 da Consolidação das Leis do Trabalho foi dada pela Lei n. 13.015/2014, segundo a qual o cabimento do recurso de revista se dá quando as decisões em grau de recurso ordinário, em dissídio individual:

> "a) derem ao mesmo dispositivo de lei federal interpretação diversa da que lhe houver dado outro Tribunal Regional do Trabalho, no seu Pleno ou Turma, ou a Seção de Dissídios Individuais do Tribunal Superior do Trabalho, ou contrariarem súmula de jurisprudência uniforme dessa Corte ou súmula vinculante do Supremo Tribunal Federal".

Há duas hipóteses distintas previstas na citada alínea "a". A primeira refere-se à divergência entre julgados dos tribunais e a segunda a contrariedade a súmula do Tribunal Superior do Trabalho ou súmula vinculante do Supremo Tribunal Federal.

Inicialmente, é necessário advertir que "dispositivo de lei federal" deve ser interpretado ampliativamente. Como se observa na evolução histórica do recurso de revista, as previsões iniciais faziam menção à interpretação diversa de norma jurídica. A Lei n. 2.244, de 1954, alterou para dispositivo legal. A especificação "do mesmo dispositivo de lei federal" decorreu da alteração promovida pela Lei n. 7.701, de 1988, que incluiu nova alínea por divergência jurisprudência (alínea "b"), tratando da interpretação diversa "do mesmo dispositivo de lei estadual".

Sendo assim, a ideia não foi limitar, mas diferenciar da hipótese prevista na nova alínea "b" do artigo 896 da Consolidação das Leis do Trabalho. Lei federal, nessa alínea, inclui todas as disposições normativas passíveis de aplicação às relações de trabalho, sejam elas oriundas da Constituição, de tratados e convenções internacionais, de medida provisória e de atos do Poder Executivo que possuem caráter normativo.

Isso porque a função uniformizadora da jurisprudência deve alcançar a interpretação de todo o ordenamento jurídico que seja aplicável às relações de trabalho.

Caso se adotasse uma interpretação literal de referido dispositivo, para, por exemplo, excluir de seu campo de abrangência as normas constitucionais, haveria um descompasso entre as alíneas 'a' e 'c'. Supondo que uma decisão possuísse duplo fundamento, constitucional e legal, ela não poderia ser modificada para ajustar-se à jurisprudência predominante, porque foi dada interpretação diversa a dispositivo constitucional. Não faz sentido promover a uniformização parcial do ordenamento jurídico que incide nas relações de trabalho, pois, como já mencionado, o resultado seria a existência de vários direitos, ou direitos localizados, a regerem essas relações em nosso país. A ideia é que a unidade de disciplina corresponda à unidade de sentido.

Ou então, se a opção fosse por interpretação literal que excluísse os atos normativos do Poder Executivo, que possuem grande relevância em matéria de meio ambiente do trabalho e exige interpretação uniforme. A Lei n. 6.514, de 1974, alterou o Capítulo V do Título II da Consolidação das Leis do Trabalho, prevendo no artigo 155 a incumbência do órgão de âmbito nacional competente em matéria de segurança e medicina do trabalho: *I - estabelecer, nos limites de sua competência, normas sobre a aplicação dos preceitos deste Capítulo, especialmente os referidos no art. 200.* O citado artigo 200 da Consolidação das Leis do Trabalho determina que cabe ao *Ministério do Trabalho estabelecer disposições complementares às normas de que trata este Capítulo, tendo em vista as peculiaridades de cada atividade ou setor de trabalho*, e aí enumera uma série de atividades e setores que terão regulamentação específica.

Na verdade, todo esse desenvolvimento normativo nada mais é do que observância do conteúdo previsto no artigo 7º, XXII, da Constituição, que determina a redução dos riscos no ambiente de trabalho, por meio de normas de saúde, segurança e higiene do trabalho.

De qualquer forma, encontrando o recorrente acórdão que confere interpretação divergente a disposições de normas regulamentadoras do Ministério do Trabalho e Emprego ela será apta para o conhecimento do recurso de revista.

Se essas normas fossem excluídas do procedimento uniformizador do recurso de revista, haveria condições de trabalho relacionadas à saúde e segurança no trabalho, de observância obrigatória em todo

Capítulo IV • RECURSO DE REVISTA E DE EMBARGOS POR DIVERGÊNCIA

território nacional, mas sujeitas a interpretações localizadas, o que daria ensejo a patamares regionais de saúde e segurança no trabalho. Não faz sentido excluir normas regulamentadoras da função uniformizadora do Tribunal Superior do Trabalho.

Como adverte Élisson Miessa[8]:

> O entendimento predominante não inclui as portarias do Poder Executivo no conceito de lei federal (OJ nº 25 da SDI-II do TST). Isso acontece porque, em princípio, ela não constitui fonte formal de direito, faltando-lhe abstração, generalidade e impessoalidade.
>
> Ocorre, no entanto, que, no direito do trabalho, mormente quanto às normas de segurança e medicina do trabalho, é sabido que as portarias exercem importante papel de efetivação do art. 7º, XXII, da CF/88, o qual impõe a "redução dos riscos inerentes ao trabalho, por meio de normas de saúde, higiene e segurança". A propósito, quando a própria lei determina que seu conteúdo seja preenchido pela portaria, esta alcança o estatuto de fonte normativa. É o que acontece, por exemplo, com as atividades ou operações consideradas perigosas, que, nos termos do art. 193 da CLT, serão especificadas por meio de portaria ministerial.

3.1.1. Exigência para o conhecimento do recurso por divergência jurisprudencial

a) Validade

A decisão divergente deve ser válida, ou seja, originária do órgão previsto na legislação. São consideradas válidas as decisões oriundas de outro tribunal regional do trabalho, não mais do mesmo, como era previsto até a Lei n. 9.756, de 1998, e da Seção de Dissídios Individuais do Tribunal Superior do Trabalho.

Como visto na parte da evolução histórica, as previsões iniciais limitavam a divergência ao mesmo tribunal regional ou ao Tribunal Superior do Trabalho. Com a Lei n. 5.442, de 1968, passou-se a aceitar a divergência de outro tribunal regional, além do mesmo e do Tribunal Superior do Trabalho. Essa situação prevaleceu até o advento da Lei n. 9.756, de 1998, que limitou a divergência a decisão de outro tribunal,

---

8. Miessa, Élisson. *Recursos trabalhistas. De acordo com a Lei nº 13.015/14*. Salvador, Editora Juspodium, 2014.

por seu pleno ou turma, e decisão do Tribunal Superior do Trabalho, em sua composição plena, até a Lei n. 7.701, de 1988, que passou a prever decisão de sua Seção de Dissídios Individuais.

Desse modo, somente são aptas a ensejar o conhecimento do recurso de revista decisões divergentes de outro tribunal regional ou a Seção de Dissídios Individuais do Tribunal Superior do Trabalho. Essa Seção é subdivida em duas, I e II. Para configuração da divergência, o aresto pode ser de qualquer das subseções.[9]

Deve-se ressaltar que com a previsão da assunção da competência em novas disposições da Consolidação das Leis do Trabalho, introduzidas pela Lei n. 13.015, de 2014, especialmente o § 13 do artigo 896 e o artigo 896-C, haverá número significativo de decisões do Pleno do Tribunal Superior do Trabalho válidas para o cabimento do recurso de revista por divergência jurisprudencial.

Por outro lado, não valem, para fins de divergência apta ao conhecimento do recurso de revista, decisões do mesmo tribunal regional do trabalho, decisões da Seção de Dissídios Coletivos, do Superior Tribunal de Justiça e do Supremo Tribunal Federal.

A divergência não há que estar necessariamente em decisão que admita o recurso de revista. Como ressalta Estevão Mallet:

> é irrelevante que a decisão invocada como divergente não comporte impugnação por meio de recurso de revista; o pronunciamento que há de admitir tal recurso é aquele que se pretenda modificar, porque é em face desse último, e não daquele outro, que se irá aferir o cabimento do recurso. Assim, é perfeitamente válido o dissídio interpretativo extraído de decisão tomada em agravo de instrumento, de decisão interlocutória ou mesmo de julgado proferido em processo de execução de sentença. Conquanto as decisões citadas pudessem

---

9. RECURSO DE REVISTA. DIVERGÊNCIA JURISPRUDENCIAL. ARESTO PROVENIENTE DA E. SDI-II. VALIDADE. VIOLAÇÃO DO ART. 896, LETRA "A", DA CLT. O art. 896 letra "a", da CLT, mesmo após a edição da Lei nº 9.756/98, conserva-se inalterado, não sofrendo nenhuma alteração quanto à viabilidade de recurso de revista fundamentado em divergência oriunda da Seção de Dissídios Individuais do Tribunal Superior do Trabalho. O dispositivo legal não distingue, nem restringe, as duas Subseções Especializadas que integram a Seção de Dissídios Individuais do Tribunal Superior do Trabalho. Portanto, desde que a decisão paradigma apresente tese de mérito, contrastante com a sustentada pela decisão regional, nada obsta que seja proveniente das Subseções I e II Especializadas em Dissídios Individuais.. Recurso de Embargos conhecido em parte e provido. (RR 635.892-77.2000.5.05.5555, DJ de 30.05.2003, Rel. Min. José Luciano Castilho Pereira.)

Capítulo IV • RECURSO DE REVISTA E DE EMBARGOS POR DIVERGÊNCIA   219

eventualmente não admitir recurso de revista, basta que a decisão impugnada o admita.[10]

Por outro lado, decisões monocráticas não são válidas para a configuração da divergência apta ao recurso de revista e de embargos.[11]

b) Especificidade

O segundo requisito para o conhecimento do recurso de revista por divergência jurisprudencial é a especificidade dos acórdãos confrontados. A decisão apresentada como paradigma deve tratar da mesma situação fática em relação à mesma base jurídica, sendo distintas as teses jurídicas nelas contidas. A jurisprudência chega a prever identidade fática e do mesmo dispositivo legal, a despeito de interpretações divergentes sobre eles.[12]

Há também exigência para que a divergência seja admitida, vinculada à especificidade, que é a reunião de fundamentos suficientes para o confronto das decisões. Se o acórdão paradigma não rechaça todos os fundamentos que conferem suporte à decisão recorrida, ele não será apto para o conhecimento do recurso de revista. De fato, se a decisão recorrida possui mais de um fundamento independente que lhe dá respaldo, a divergência deverá tratar de todos eles. Não adianta derrubar um dos fundamentos da decisão, se ela se sustenta em outros. Nesse sentido firmou-se a jurisprudência do Tribunal Superior do Trabalho, por meio da Súmula 23.[13] Na mesma linha é a jurisprudência do Supremo Tribunal Federal[14] e do Superior Tribunal de Justiça[15].Isso não significa que os fundamentos necessários para o

---

10. *Op. cit.*, p. 135.
11. Russomano Júnior, Victor. *Op. cit.*, p. 47.
12. SUM-296 RECURSO. DIVERGÊNCIA JURISPRUDENCIAL. ESPECIFICIDADE (incorporada a Orientação Jurisprudencial nº 37 da SBDI-1) - Res. 129/2005, DJ 20, 22 e 25.04.2005.I - A divergência jurisprudencial ensejadora da admissibilidade, do prosseguimento e do conhecimento do recurso há de ser específica, revelando a existência de teses diversas na interpretação de um mesmo dispositivo legal, embora idênticos os fatos que as ensejaram. (ex-Súmula nº 296 - Res. 6/1989, DJ 19.04.1989)
13. SUM-23 RECURSO (mantida) - Res. 121/2003, DJ 19, 20 e 21.11.2003.Não se conhece de recurso de revista ou de embargos, se a decisão recorrida resolver determinado item do pedido por diversos fundamentos e a jurisprudência transcrita não abranger a todos.
14. Súmula 283 do STF.É inadmissível o recurso extraordinário, quando a decisão recorrida assenta em mais de um fundamento suficiente e o recurso não abrange todos eles.
15. Súmula 126 do STJ. É inadmissível recurso especial, quando o acórdão recorrido assenta em fundamento constitucional e infraconstitucional, qualquer deles suficiente, por si só, para mantê-lo, e a parte vencida não manifesta recurso extraordinário.

enfrentamento da decisão recorrida devam estar reunidos em único aresto. O tribunal vem admitindo que o confronto seja realizado, utilizando-se várias decisões que reúnam os fundamentos adotados na decisão que se pretende reformar.[16] Não prejudica a especificidade o fato de a divergência apresentada no acórdão paradigma ser mais abrangente do que o acórdão recorrido. Daí uma conclusão importante, mas nem sempre levada em conta pelo Tribunal Superior do Trabalho, é que a divergência não implica necessariamente a contraposição de resultados, mas de teses jurídicas. Dessa forma, se acórdão divergente apresenta tese jurídica contrária à do acórdão recorrido, mas o resultado de ambos coincide porque este último contém fundamentos adicionais que justificam resultado distinto daquele que teria prevalecido com a aplicação isolada do primeiro fundamento, ele é específico para fins de comprovação da divergência jurisprudencial.

A especificidade passou a ser uma barreira utilizada por alguns julgadores para o conhecimento do recurso por divergência. Se ela fosse aplicável a todos os aspectos das decisões confrontadas, dificilmente seria possível sua demonstração. Nesse aspecto, importante citar o esclarecimento de Katia Magalhães Arruda e Rubem Milhomem:

> Adiante, cumpre registrar que a identidade fática entre a decisão recorrida e o acórdão citado para confronto de teses, exigida pela Súmula n. 296 do TST, não se confunde com a matemática coincidência de todas as premissas fáticas analisadas nos julgados. A identidade fática diz respeito às premissas fáticas relevantes, essenciais, nucleares, levadas em conta nas conclusões confrontadas. Evidentemente, na confrontação dos julgados, descartam-se as premissas fáticas irrelevantes, insignificantes, incapazes de influenciar no desfecho das teses assentadas no acórdão recorrido e no aresto paradigma.
>
> A SBDI-1 do TST, a qual uniformiza o entendimento das Turmas, decidiu, por exemplo, que: estando em discussão a responsabilidade objetiva do empregador no caso do acidente de trabalho, a premissa

---

16. ED-E-ED-RR 73500-49.2006.5.22.0003. j. 6.6.2013, DEJT 21.6.2013.1.EMBARGOS DE DECLARAÇÃO. OMISSÃO. ACOLHIMENTO DIVERGÊNCIA JURISPRUDENCIAL. FUNDAMENTOS AUTÔNOMOS CONSTANTES DA DECISÃO RECORRIDA. SÚMULA 23 DO TST. ÚNICO ARESTO CONTENDO TODOS OS FUNDAMENTOS. INEXIGIBILIDADE. Quando a decisão recorrida apresentar mais de um fundamento autônomo, não se exige, para o conhecimento do recurso, que o aresto cotejado contenha todos os fundamentos da decisão recorrida. Atende a diretriz constante da Súmula 23 desta Corte, a indicação de um aresto para cada um dos fundamentos. Embargos de Declaração que se acolhe com atribuição de efeito modificativo para conhecer do Recurso de Embargos.

Capítulo IV · RECURSO DE REVISTA E DE EMBARGOS POR DIVERGÊNCIA   221

fática idêntica exigida no aresto paradigma e na decisão recorrida é apenas o acidente de trabalho, sendo irrelevantes as demais premissas fáticas sucessivas que adentrem nas particularidades e nos contornos do infortúnio sofrido pelo empregador.

AGRAVO EM EMBARGOS EM RECURSO DE REVISTA – RESPONSABILIDADE OBJETIVA DO EMPREGADOR – ARESTO ESPECÍFICO – PROVIMENTO. 1. A decisão ora agravada negou seguimento aos embargos do Reclamante, que versavam sobre a responsabilidade objetiva do empregador, em face do óbice da Súmula 296, I, do TST. 2. Contudo, na Sessão de Julgamento do dia 06/09/12 este Relator ficou vencido, tendo a maioria dos Ministros componentes da SBDI-1 desta Corte entendido que a jurisprudência colacionada, ainda que trate de situações fáticas específicas e diversas da dos presentes autos, diverge naquilo que é o substancial, que é a afirmação exclusiva da responsabilidade subjetiva civil do empregador em relação aos danos resultantes ao empregado decorrentes do acidente de trabalho, estando o foco da divergência na admissão ou não da responsabilidade objetiva do empregador, à vista do art. 7º, XXVIII, da CF, nesses casos. Agravo provido. (Ag-E-ED-RR-12600-04.2007.5.05.0015, DEJT de 26.10.2012, Ministro Ives Gandra Martins Filho)[17]

Convém ressaltar que a Lei n. 13.015/2014 foi extremamente rigorosa com o recorrente no recurso de revista, criando uma série de exigências para o conhecimento desse recurso, mas não incluiu nenhuma linha acerca das alegações genéricas pelo Judiciário para não enfrentar os argumentos presentes nos recursos.

c) Atualidade

O terceiro requisito é a atualidade. Tal previsão consta do § 7º do artigo 896 da Consolidação das Leis do Trabalho, que estabelece: *A divergência apta a ensejar o recurso de revista deve ser atual, não se considerando como tal a ultrapassada por súmula do Tribunal Superior do Trabalho ou do Supremo Tribunal Federal, ou superada por iterativa e notória jurisprudência do Tribunal Superior do Trabalho.*

É possível perceber que a súmula não vinculante do Supremo Tribunal Federal vale para determinar a não atualidade da decisão apresentada como divergente, enquanto o cabimento do recurso apenas é viável por contrariedade a súmula vinculante do Supremo

---

17. *Ob. cit.,* p. 248-249.

Tribunal Federal. Em outras palavras, o entendimento que não está em conformidade com súmula não vinculante do Supremo não é apto para o conhecimento do recurso de revista por divergência, mas o é para superar divergência apresentada para o conhecimento do recurso. Nesse ponto, é importante ressaltar que o julgamento pelo relator não pode destoar dessa hipótese. O artigo 932 do Código de Processo Civil, inciso V, autoriza o relator a dar provimento ao recurso depois de facultada a apresentação de contrarrazões, se a decisão estiver em confronto com súmula ou com jurisprudência do Supremo Tribunal Federal e acórdão daquele tribunal em julgamento de recursos repetitivos, entre outras hipóteses. O recurso de revista é cabível por contrariedade a súmula vinculante e somente nesse caso pode o relator dar provimento ao recurso. A súmula não vinculante daquele tribunal é apta unicamente para superar a divergência jurisprudencial indicada no recurso e não para dar-lhe provimento. Da mesma forma em relação ao acórdão do Supremo Tribunal Federal em recurso repetitivo, que não autoriza o cabimento do recurso de revista. Ainda que tenha força de precedente, essa hipótese apenas opera em grau de recurso de revista, se o apelo comporta conhecimento pelas hipóteses expressamente previstas na lei.

Em relação às orientações jurisprudenciais, observa-se que a alínea "a" não faz menção a elas. Tampouco o citado § 7º do artigo 896 da Consolidação das Leis do Trabalho. Porém, como já comentado, se uma decisão da Seção de Dissídios Individuais é suficiente para a admissibilidade do recurso por divergência jurisprudencial, não faz sentido negá-la em caso de contrariedade a jurisprudência da Seção[18]. De qualquer forma, aqui se trata de superação da divergência apontada para o conhecimento do recurso de revista. É o que consta da Súmula 333 do Tribunal Superior do Trabalho.[19] As orientações jurisprudenciais consolidam a jurisprudência do Tribunal Superior do Trabalho ainda não convertida em súmula. A rigor elas

---

18. OJ SBDI1 - 219. RECURSO DE REVISTA OU DE EMBARGOS FUNDAMENTADO EM ORIENTAÇÃO JURISPRUDENCIAL DO TST (inserida em 02.04.2001) É válida, para efeito de conhecimento do recurso de revista ou de embargos, a invocação de Orientação Jurisprudencial do Tribunal Superior do Trabalho, desde que, das razões recursais, conste o seu número ou conteúdo.

19. SUM-333 RECURSOS DE REVISTA. CONHECIMENTO (alterada) - Res. 155/2009, DJ 26 e 27.02.2009 e 02.03.2009Não ensejam recurso de revista decisões superadas por iterativa, notória e atual jurisprudência do Tribunal Superior do Trabalho.

surgiram justamente para cumprir esse fim de superar a divergência jurisprudencial e tese jurídica interpretativa de dispositivo do ordenamento jurídico em desconformidade com seu enunciado. Daí que a superação da interpretação contida na decisão divergente por orientação jurisprudencial é suficiente para indicar sua não aptidão para o conhecimento do recurso de revista. Ocorre que o tribunal vem ampliando o conceito de iterativa, notória e atual jurisprudência. Isso quer dizer que a superação da divergência não decorre apenas de súmula ou orientação jurisprudencial. A demonstração da superação da decisão pela interativa e notória jurisprudência do Tribunal Superior do Trabalho pode ser demonstrada mediante a citação de várias decisões em sentido contrário, ainda que não haja nenhuma decisão da Seção de Dissídios Individuais. Trata-se de permissividade que não está de acordo com a legislação e a missão do Tribunal Superior do Trabalho. Em primeiro lugar, porque não há previsão separando os conceitos de iterativa, notória e atual jurisprudência e orientações jurisprudenciais que, conforme o regimento interno do Tribunal Superior do Trabalho (art. 173, RITST), destinam-se a cumprir esse fim, além de propiciar a denegação de seguimento do recurso pelo relator. Em segundo lugar, a aceitação de decisões de turmas pode inviabilizar um processo de surgimento de decisões divergentes para que a matéria seja melhor debatida no âmbito do tribunal.

O § 6º do artigo 896 da Consolidação das Leis do Trabalho, com a redação da Lei n. 13.015, de 2014, introduziu mais um elemento para determinar a superação da divergência jurisprudencial, como já mencionado que é a tese ou súmula do mesmo tribunal regional, resultante de julgamentos de uniformização da jurisprudência que não confronte súmula ou orientação jurisprudencial do Tribunal Superior do Trabalho.

Está ligada não só à atualidade da divergência, mas também a sua validade, o fato de o aresto apontado subsistir no mundo jurídico, ou seja, não ter sido substituído ou cassado por decisão em recurso provido que a questionava.

Como ressalta Estevão Mallet, *claro está, porém, que se a decisão invocada na revista houver sido reformada ou anulada, some a divergência, pelo desaparecimento do pronunciamento que a instaurara.*[20]

---

20. *Op. cit.*, p. 134.

d) Comprovação da divergência

A última exigência para a aceitação da divergência jurisprudencial indicada pelo recorrente é a prova de sua existência. Atualmente, a matéria encontra-se prevista no § 8º do artigo 896 da Consolidação das Leis do Trabalho, com a redação da Lei n. 13.015, de 2014, nos seguintes termos:

> § 8º Quando o recurso fundar-se em dissenso de julgados, incumbe ao recorrente o ônus de produzir prova da divergência jurisprudencial, mediante certidão, cópia ou citação do repositório de jurisprudência, oficial ou credenciado, inclusive em mídia eletrônica, em que houver sido publicada a decisão divergente, ou ainda pela reprodução de julgado disponível na internet, com indicação da respectiva fonte, mencionando, em qualquer caso, as circunstâncias que identifiquem ou assemelhem os casos confrontados.

Além de se tratar de divergência válida, específica e atual, é também exigência a sua citação de maneira a satisfazer a comprovação de sua existência, nos exatos termos indicados pelo recorrente. Até então, não havia dispositivo legal que disciplinasse a comprovação da divergência jurisprudencial no âmbito processual trabalhista. O desenvolvimento de novas tecnologias leva os profissionais do direito a desempenhar boa parte de suas atividades pela rede mundial de computadores. Atualmente, é pela internet que é acessada a jurisprudência dos tribunais, bem como os atos que interferem no curso do processo, especialmente no que se refere a guias e informações para que não haja prejuízo às partes.

A jurisprudência e o legislador não podem desconsiderar a importância que a rede mundial de computadores possui para a dinâmica jurídica. O sistema judicial está interligado em praticamente sua totalidade. Não faz sentido, na era do processo eletrônico, criar burocracias que exijam dos advogados o frequente deslocamento para cumprir exigências formais, que podem ser resolvidas diretamente no sistema.

Nesse sentido, o Tribunal Superior do Trabalho passou a admitir a utilização de acórdão extraído da internet para a comprovação da divergência.[21] Num primeiro momento exigiu-se a indicação do en-

---

21. SUM-337 COMPROVAÇÃO DE DIVERGÊNCIA JURISPRUDENCIAL. RECURSOS DE REVISTA E DE EMBARGOS (redação do item IV alterada na sessão do Tribunal Pleno realizada

Capítulo IV • RECURSO DE REVISTA E DE EMBARGOS POR DIVERGÊNCIA

dereço eletrônico do acórdão divergente (URL – *Universal Resource Locator*), que se mostrou altamente falha, considerando que a mudança dos critérios de pesquisa da jurisprudência num tribunal levava à alteração do endereço. A indicação do endereço eletrônico foi substituída pela da página do tribunal de origem do acórdão paradigma.

O grau de exigência da súmula é muito maior do que a previsão contida no § 8° do artigo 896 da Consolidação das Leis do Trabalho. De qualquer forma, a equivocidade do termo "fonte" recomenda que seja seguido o disposto na jurisprudência do Tribunal Superior do Trabalho. Afinal "fonte da decisão" é o órgão que a proferiu? É o relator que a produziu? É o órgão da imprensa oficial que a publicou? É o sítio da internet de onde foi extraída? É o processo em que ela teve origem? Ou seja, como não é possível afirmar com precisão o que da jurisprudência sumulada deve ser observado, após a inclusão do citado § 8° do artigo 896 da Consolidação das Leis do Trabalho, pela Lei n. 13.015/2014, a parte, para se resguardar, deve juntar a cópia do acórdão divergente, atestar sua autenticidade, citar o sítio de onde foi extraído, o órgão julgador, o número do processo e a data da publicação no Diário Eletrônico da Justiça do Trabalho. Ainda que a divergência esteja na ementa, convém juntar o inteiro teor acórdão, para ser possível aferir que ela retrata exatamente o conteúdo da decisão.

A Seção de Dissídios Individuais do Tribunal Superior do Trabalho já se pronunciou no sentido de que sua jurisprudência su-

---

em 14.09.2012) - Res. 185/2012 – DEJT divulgado em 25, 26 e 27.09.2012.I - Para comprovação da divergência justificadora do recurso, é necessário que o recorrente. a) Junte certidão ou cópia autenticada do acórdão paradigma ou cite a fonte oficial ou o repositório autorizado em que foi publicado; e b) Transcreva, nas razões recursais, as ementas e/ou trechos dos acórdãos trazidos à configuração do dissídio, demonstrando o conflito de teses que justifique o conhecimento do recurso, ainda que os acórdãos já se encontrem nos autos ou venham a ser juntados com o recurso. (ex-Súmula n° 337 – alterada pela Res. 121/2003, DJ 21.11.2003) II - A concessão de registro de publicação como repositório autorizado de jurisprudência do TST torna válidas todas as suas edições anteriores. (ex-OJ n° 317 da SBDI-1 - DJ 11.08.2003) III – A mera indicação da data de publicação, em fonte oficial, de aresto paradigma é inválida para comprovação de divergência jurisprudencial, nos termos do item I, "a", desta súmula, quando a parte pretende demonstrar o conflito de teses mediante a transcrição de trechos que integram a fundamentação do acórdão divergente, uma vez que só se publicam o dispositivo e a ementa dos acórdãos. IV – É válida para a comprovação da divergência jurisprudencial justificadora do recurso a indicação de aresto extraído de repositório oficial na internet, desde que o recorrente: a) transcreva o trecho divergente; b) aponte o sítio de onde foi extraído; e c) decline o número do processo, o órgão prolator do acórdão e a data da respectiva publicação no Diário Eletrônico da Justiça do Trabalho.

mulada prevê uma alternativa, de modo que se a parte junta a cópia do acórdão extraída da internet e declara a sua autenticidade, isso já dispensa outras informações sobre a sua fonte.[22]

3.1.2. Recurso de revista por contrariedade a súmula e orientação jurisprudencial

A segunda hipótese de cabimento do recurso de revista pela alínea "a" do artigo 896 da Consolidação das Leis do Trabalho diz respeito à contrariedade à súmula do Tribunal Superior do Trabalho ou súmula vinculante do Supremo Tribunal Federal.

Observa-se que o dispositivo não faz menção à orientação jurisprudencial do Tribunal Superior do Trabalho. No entanto, a referência expressa é desnecessária, na medida em que basta uma única decisão da Seção de Dissídios Individuais para a caracterização da divergência jurisprudencial, de modo que não faz sentido não aceitar a contrariedade à jurisprudência consolidada daquela Seção. Se no passado era possível a inclusão de orientação jurisprudencial sem precedente da seção, na atualidade o Regimento Interno do tribunal não cogita dessa possibilidade. De todo modo, a jurisprudência já se consolidou quanto ao cabimento do recurso de revista por contrariedade a orientação jurisprudencial do tribunal.[23]

---

22. O v. despacho agravado negou seguimento aos embargos com base na Súmula 337, item I, "a" do TST, porque não indicadas as fontes de publicação dos arestos paradigmas. Contudo, declarada a autenticidade das cópias dos acórdãos paradigmas pela advogada signatária dos embargos torna-se dispensável a indicação de fonte de publicação, tendo em vista o que dispõe o item I, "a", da Súmula 337 do TST. (ARR-431000-39.2007.5.12.0004, DEJT 19.12.2013, Rel. Min. Augusto César) Do corpo do acórdão, destaca-se a seguinte passagem:Em que pese à ilustre lavra do v. despacho agravado, os arestos indicados apresentam-se formalmente válidos porque à fl. 905 a advogada signatária dos embargos declara a autenticidade das cópias dos acórdãos que instruem o recurso. Declarada a autenticidade dos acórdãos paradigmas torna-se dispensável a indicação da fonte de publicação, tendo em vista o que dispõe o item I, "a", da Súmula 337 do TST, nos seguintes termos:"COMPROVAÇÃO DE DIVERGÊNCIA JURISPRUDENCIAL. RECURSOS DE REVISTA E DE EMBARGOS (redação do item IV alterada na sessão do Tribunal Pleno realizada em 14.09.2012) - Res.185/2012, DEJT divulgado em 25, 26 e 27.09.2012I - Para comprovação da divergência justificadora do recurso, é necessário que o recorrente:a) Junte certidão **ou cópia autenticada do acórdão paradigma ou** cite a fonte oficial ou o repositório autorizado em que foi publicado; e (...)." (sem grifos no original).

23. OJ-SDI1-219. RECURSO DE REVISTA OU DE EMBARGOS FUNDAMENTADO EM ORIENTAÇÃO JURISPRUDENCIAL DO TST (inserida em 02.04.2001)É válida, para efeito de conhecimento do recurso de revista ou de embargos, a invocação de Orientação Juris-

Inclusive a contrariedade a orientação jurisprudencial passou a ser expressamente prevista no artigo 894, II, da Consolidação das Leis do Trabalho, com a redação dada pela Lei n. 13.015/2014, para o recurso de embargos, não sendo razoável negá-la para o recurso de revista por ausência de previsão expressa na mencionada alínea "a".

Corrente jurisprudencial no Tribunal Superior do Trabalho defende a possibilidade de cabimento do recurso de revista por contrariedade a orientação jurisprudencial e precedente normativo da Seção de Dissídios Coletivos. De fato, a legislação não faz restrição nesse aspecto, embora não preveja a divergência com decisão de referida seção.[24]

Foi incluída expressamente a hipótese de cabimento do recurso de revista por contrariedade a súmula vinculante do Supremo Tribunal Federal, na alínea "a" do artigo 896 da Consolidação das Leis do Trabalho, com a redação dada pela Lei n. 13.015, de 2014. Apesar de a obrigatoriedade de observância da súmula vinculante se extrair da própria Constituição, impondo-se a todos os poderes, havia controvérsia no Tribunal Superior do Trabalho acerca dessa modalidade de cabimento do recurso de revista por contrariedade.[25]

Outra novidade introduzida pela Lei n. 13.015, de 2014, foi a possibilidade de contrariedade a súmula ou tese de tribunal regional do trabalho. Isso porque o § 6º do artigo 896 da Consolidação das Leis do Trabalho previa que após o julgamento do incidente de uniformização de jurisprudência no regional, apenas *a súmula regional ou a tese jurídica prevalecente no Tribunal Regional do Trabalho e não conflitante com súmula ou orientação jurisprudencial do Tribunal Superior do Trabalho servirá como paradigma para viabilizar o conhecimento do recurso de revista, por divergência.*

Assim como são aptas a superar a atualidade da divergência de um tribunal regional, a súmula ou tese prevalecente de outro tribunal regional que não contrariem jurisprudência do Tribunal Superior do Trabalho poderiam ser invocadas para o cabimento do recurso de revista por divergência se a decisão recorrida as contraria. A Lei 13.467, de 2017, porém, revogou tal previsão.

---

prudencial do Tribunal Superior do Trabalho, desde que, das razões recursais, conste o seu número ou conteúdo.

24. ARRUDA, Katia Magalhães e Milhomem, Rubem. *Op. cit.,* p. 208.

25. *Ibidem,* p. 224.

O termo contrariedade a súmula ou orientação jurisprudencial abrange também a aplicação desvirtuada, ou a má aplicação, de seus enunciados.

Problema que tem suscitado muita discussão é o efeito de súmulas e orientações jurisprudenciais alteradas ou canceladas após a interposição do recurso e antes de seu julgamento. Embora a posição mais simplista diferencie a jurisprudência da lei, no aspecto das fontes do direito, o fato é que a jurisprudência vem adquirindo muita força em nosso sistema jurídico. As súmulas e orientações jurisprudenciais possuem inquestionável capacidade de conformar na prática comportamentos observados nas relações de trabalho. Além de segurança jurídica, é natural que haja uma confiança em relação aos posicionamentos adotados pelo Judiciário, especialmente os dos tribunais superiores, que zelam pela autoridade do direito e por sua uniformidade. A desconsideração dos efeitos próprios da jurisprudência acaba jogando contra o acatamento das decisões judiciais. Quem se comporta de acordo com o entendimento prevalecente de um tribunal superior confia em ter reconhecida a conduta conforme ao direito e não na possibilidade de ser surpreendido com julgamento posterior, baseado em novo entendimento, de comportamento que observou no momento próprio o direito aplicável a espécie. Esse debate tende a se intensificar com os precedentes judiciais, que passam a ter força similar à da lei e, tal condição, se afasta da possibilidade de retroatividade como regra. Daí a inserção no ordenamento jurídico de disposições autorizadoras da modulação das decisões judiciais, como é o caso da revisão da decisão no julgamento de recursos repetitivos, por alteração da situação econômica, social ou política, caso em que o Tribunal Superior do Trabalho poderá modular a decisão (§ 17, art. 896, CLT). Há razões para aplicar essa previsão no caso de revisão ou cancelamento de súmulas e orientações jurisprudenciais.

Em alguns casos, o Tribunal Superior do Trabalho vem modulando decisões que acarretam revisões feitas na jurisprudência sumulada.[26]

---

26. Um deles é o caso da OJ-SDI1T-3. SÚMULA Nº 337. INAPLICABILIDADE (título alterado e inserido dispositivo) - DJ 20.04.2005A Súmula nº 337 do TST é inaplicável a recurso de revista interposto anteriormente à sua vigência.O outro é relativo à alteração da Súmula 277 do TST.RECURSO DE REVISTA. ULTRATIVIDADE DAS NORMAS COLETIVAS.

O Código de Processo Civil prevê a modulação dos efeitos das decisões dos tribunais superiores, como se verifica no dispositivo abaixo transcrito:

Art. 925. Os juízes e os tribunais observarão:

(...)

§ 3º Na hipótese de alteração de jurisprudência dominante do Supremo Tribunal Federal e dos tribunais superiores ou daquela oriunda de julgamento de casos repetitivos, pode haver modulação dos efeitos da alteração no interesse social e no da segurança jurídica.

3.2. Recurso de revista por divergência jurisprudencial nos termos da alínea "b" do artigo 896 da Consolidação das Leis do Trabalho

A alínea "b" do artigo 896 da Consolidação das Leis do Trabalho foi incluída pela Lei n. 7.701/1988 e sofreu pequena alteração de redação pela Lei n. 9.756/1998, dispondo o cabimento do recurso de revista de decisões dos tribunais regionais em grau de recurso ordinário, quando *derem ao mesmo dispositivo de lei estadual, Convenção Coletiva de Trabalho, Acordo Coletivo, sentença normativa ou regulamento empresarial de observância obrigatória em área territorial que exceda a jurisdição do Tribunal Regional prolator da decisão recorrida, interpretação divergente, na forma da alínea a.*

JORNADA ESPECIAL 12X36. ART. 614, § 3º, DA CLT. INAPLICABILIDADE DA NOVA REDA-ÇÃO DA SÚMULA 277/TST À HIPÓTESE. A antiga redação da Súmula 277 desta Corte disciplinava que os diplomas coletivos e suas regras vigoravam pelo prazo assinado, não integrando, de forma definitiva, os contratos individuais de trabalho, critério extensível a CCTs e ACTs por força da OJ 322 da SBDI-1 do TST. A redação da Súmula 277/TST, contudo, foi alterada em 14/09/2012, passando a vigorar com a seguinte redação: "As cláusulas normativas dos acordos coletivos ou convenções coletivas integram os contratos individuais de trabalho e somente poderão ser modificadas ou suprimidas mediante negociação coletiva de trabalho". Na hipótese dos autos, verifica-se que a norma coletiva autorizadora da jornada especial 12x36, objeto da controvérsia, é anterior à nova redação da Súmula 277/TST, de 2012, tendo vigorado no início da década passada, pelo que aplicável o entendimento vigente à época na antiga redação da citada Súmula. É que, à diferença das demais súmulas, a de nº 277 não trata da interpretação jurídica sobre um ou outro direito apenas, porém todo um forte universo da ordem jurídica (CCTS e ACTS), não podendo produzir efeitos antes do ano de sua própria existência, ou seja, ao longo de 2012. Assim, o TRT, ao considerar válida a jornada 12X36, por todo período imprescrito (18/01/2004 a 24/09/2008), com base em uma convenção coletiva de trabalho de 1999, ou seja, com a vigência expirada, segundo os termos da antiga redação da Súmula 277/TST, violou os termos do art. 614, § 3º, da CLT. Recurso de revista conhecido e provido. (RR 8300-18.2009.5.04.0771, DEJT de 17.05.2013, Rel. Min. Mauricio Godinho Delgado).

O Tribunal Superior do Trabalho considerou constitucional a hipótese de cabimento introduzida pela Lei n. 7.701/1988.[27] Tal questionamento decorreu da possibilidade de que a análise dos instrumentos de abrangência mais ampla que a de um tribunal regional, em relação aos quais haveria divergência, seria equivalente à análise de matéria de fato, descaracterizando o recurso de natureza extraordinária.[28]

Essa questão se insere no polêmico tema das fontes do direito. O estudo das fontes do direito apresenta-se como um dos mais desafiadores na seara jurídica, mas se reveste de enorme importância para a sua dinâmica, seja por conferir bases de apoio aos vários atores que concorrem para a produção do direito, seja por retratar as concepções e as práticas que permeiam esse processo.

A expressão "fontes do direito" é plurissignificativa, podendo ser utilizada para referir-se à origem do direito, tanto à autoridade competente quanto ao ato concreto criador do direito; aos fatores sociais, psicológicos, econômicos e históricos determinantes das normas jurídicas; ao fundamento de validade das normas jurídicas; a norma de caráter geral e abstrato e a norma do caso concreto.

Sendo assim, o enfrentamento da temática pressupõe a delimitação do conceito de "fontes do direito", para extrair o sentido de sua utilização. A extensão do conceito acarretará a ampliação do número de fontes, da mesma forma que a opção por restringi-lo implica na redução desse rol.

A regulação dos comportamentos na sociedade depende do funcionamento de mecanismos legítimos para acionar instrumentos com caráter vinculativo. Além da capacidade para vincular as condutas, esses instrumentos aplicam-se no plano geral, a categorias indeterminadas de pessoas, o que lhes confere generalidade. Por fim, os instrumentos que são enquadrados como fontes do direito possuem a aptidão de inovar a ordem jurídica. Daí que a característica principal das fontes do direito é a produção de normas com efeitos *erga omnes*, não se incluindo no conceito as normas com eficácia *inter partes*.[29]

---

27. SUM-312 CONSTITUCIONALIDADE. ALÍNEA "B" DO ART. 896 DA CLT (mantida) - Res. 121/2003, DJ 19, 20 e 21.11.2003É constitucional a alínea «b» do art. 896 da CLT, com a redação dada pela Lei nº 7.701, de 21.12.1988.

28. Martins, Sergio Pinto. *Comentários à CLT*. 7a. ed., São Paulo, Atlas, 2003, p. 902.

29. Callejón, Francisco Balaguer et all. *Derecho Constitucional.*, Madrid, Tecnos, 2001, p. 60.

O caráter seletivo das fontes do direito, no sentido de incluir em seu conceito apenas os instrumentos com tais características, justifica-se pela necessidade de se identificar o direito vigente na sociedade, ou melhor, os comportamentos obrigatórios a partir dos padrões vigentes. A inclusão, por exemplo, de normas do caso ou qualquer outro que vincule pessoas determinadas em situações concretas não asseguraria essa previsibilidade em relação ao que se considere ou não obrigatório no plano geral.

Nesse aspecto, não há discussão de que a lei estadual, a convenção e o acordo coletivo de trabalho e a sentença normativa enquadram-se no conceito de fonte, na medida em que se aplicam a coletividade de pessoas, estabelecendo direitos e obrigações, com a possibilidade de inovar o ordenamento jurídico, nos limites previstos para essas modalidades de instrumentos.

A dúvida surge em relação ao regulamento da empresa, especialmente pelos efeitos que produz nos contratos de trabalho, incorporando as vantagens previstas na situação jurídica dos empregados, que poderão ser exigidas, caso não sejam observadas pelos empregadores. Se as mesmas vantagens fossem estabelecidas em instrumentos genuinamente normativos, os trabalhadores teriam mera expectativa de direitos.[30] Não obstante, está previsto na legislação o cabimento do recurso de revista para uniformizar a interpretação desses instrumentos, de modo que, para esse fim, o regulamento empresarial possui natureza de norma jurídica.

A lei estadual é de excepcional aplicação no Direito do Trabalho, em razão da competência privativa da União para legislar sobre a matéria. A lei estadual, em princípio, pode refletir, por exemplo, numa controvérsia sobre meio ambiente de trabalho ou numa relação de trabalho com o Estado. A interposição de recurso de revista para a uniformização de uma lei estadual só é possível no Estado de São Paulo. Isso porque a lei estadual deve incidir em área que extrapole a

---

30. SUM-51 NORMA REGULAMENTAR. VANTAGENS E OPÇÃO PELO NOVO REGULAMENTO. ART. 468 DA CLT (incorporada a Orientação Jurisprudencial nº 163 da SBDI-1) - Res. 129/2005, DJ 20, 22 e 25.04.2005I - As cláusulas regulamentares, que revoguem ou alterem vantagens deferidas anteriormente, só atingirão os trabalhadores admitidos após a revogação ou alteração do regulamento. (ex-Súmula nº 51 - RA 41/1973, DJ 14.06.1973)II - Havendo a coexistência de dois regulamentos da empresa, a opção do empregado por um deles tem efeito jurídico de renúncia às regras do sistema do outro. (ex-OJ nº 163 da SBDI-1 - inserida em 26.03.1999)

jurisdição de um tribunal regional do trabalho. Portanto, essa hipótese cuida de interpretações divergentes entre os Tribunais Regionais do Trabalho da 2ª e 15ª Regiões.

Como advertem Katia Magalhães Arruda e Rubem Milhomem, é possível que na hipótese da referida alínea "b", a divergência jurisprudencial ocorra não apenas entre dois tribunais regionais, mas também entre a decisão do regional com a da Seção de Dissídios Individuais ou do Pleno do Tribunal Superior do Trabalho.[31]

Já em relação aos demais instrumentos previstos na citada alínea "b" eles podem ser suprarregionais ou nacionais.

As eventuais divergências na interpretação dos instrumentos previstos na alínea "b" referida devem observar todas as exigências previstas para a alínea "a", ou seja, validade, especificidade, atualidade e prova da divergência indicada.

3.3. Recurso de revista por violação – art. 896, "c", da Consolidação das Leis do Trabalho

A última hipótese de cabimento do recurso de revista é quando as decisões a que se refere o *caput* forem proferidas com "violação literal de dispositivo de lei federal ou afronta direta e literal à Constituição Federal".

O significado de violação literal e afronta direta atualmente atribuído é distinto do que prevalecia no passado.

No auge das concepções legalistas, essas expressões retiravam da atividade dos tribunais superiores matérias de cunho interpretativo. Nesse sentido, era a jurisprudência sumulada do Supremo Tribunal Federal[32] e do Tribunal Superior do Trabalho,[33] cancelada nessa parte.

Não é possível prevalecer o entendimento contido na citada jurisprudência, considerando pelo menos dois aspectos. O primeiro deles

---

31. *Op. cit.,* p. 237.
32. Súmula 400 do STFDecisão que deu razoável interpretação a lei, ainda que não seja a melhor, não autoriza recurso extraordinário pela letra a do art. 101, III, da Constituição Federal.
33. Súmula 221, II, do TST, cancelada neste item:II – Interpretação razoável de preceito de lei, ainda que não seja a melhor, não dá ensejo à admissibilidade ou ao conhecimento de recurso de revista com base na alínea "c" do art. 896 da CLT. A violação há de estar ligada à literalidade do preceito. (ex-Súmula nº 221 – alterada pela Res. 121/2003, DJ 21.11.2003).

é que a matéria interpretativa é uma constante nos feitos submetidos ao Judiciário, uma vez que os textos sempre dão margem a interpretação. Eventual enunciado textual pelo qual o leitor admitisse um único significado possível, seria conclusão igualmente resultante do labor interpretativo. O segundo deles é que excluir matéria interpretativa que não extrapolasse parâmetros de razoabilidade da apreciação dos tribunais superiores seria o mesmo que transferir a atividade de zelar pela aplicabilidade do ordenamento jurídico a tribunais inferiores, comprometendo a uniformidade de sua interpretação. No âmbito trabalhista, a consequência seria a existência de condições de trabalho diferenciadas, de acordo com as interpretações localizadas, prevalecentes no âmbito dos tribunais regionais do trabalho.

Tanto assim o é que as previsões constitucionais que tratam do recurso especial e do recurso extraordinário já não utilizam expressões como "violação direta e literal", mas "contrariedade".[34]

Na Consolidação das Leis do Trabalho, apesar de permanecer as expressões referidas à literalidade do texto, a Lei n. 13.015, de 2014, ao tratar das exigências formais para o recurso de revista, impõe ao recorrente:

> II - indicar, de forma explícita e fundamentada, <u>contrariedade</u> a dispositivo de lei, súmula ou orientação jurisprudencial do Tribunal Superior do Trabalho que conflite com a decisão regional;
>
> III - expor as razões do pedido de reforma, impugnando todos os fundamentos jurídicos da decisão recorrida, inclusive mediante demonstração analítica de cada dispositivo de lei, da Constituição Federal, de súmula ou orientação jurisprudencial cuja <u>contrariedade</u> aponte. (grifos ausentes do original)

No âmbito do Superior Tribunal de Justiça merece ser citado o Recurso Especial nº 5.936, conforme decisão publicada no DJ de 07.10.1991, que concluiu que a *Súmula 400 do Supremo Tribunal Federal é incompatível com a teleologia do sistema recursal introduzido pela Constituição de 1988.*

---

34. Art. 105, III - julgar, em recurso especial, as causas decididas, em única ou última instância, pelos Tribunais Regionais Federais ou pelos tribunais dos Estados, do Distrito Federal e Territórios, quando a decisão recorrida: a) contrariar tratado ou lei federal, ou negar-lhes vigência; Art. 102, III - julgar, mediante recurso extraordinário, as causas decididas em única ou última instância, quando a decisão recorrida: a) contrariar dispositivo desta Constituição.

O Supremo Tribunal Federal possui importantes precedentes nesse sentido, como se verifica em parte das ementas a seguir transcritas:

> 1. Recurso de natureza extraordinária. Constituição Federal. Interpretação razoável como óbice ao processamento. Impropriedade. A necessidade de preservar-se a atuação precípua do Supremo Tribunal Federal – de guardião da Lei Básica – afasta a jurisprudência segundo a qual a interpretação razoável da lei, embora não seja a melhor, inviabiliza o acesso à via extrema. Ou bem a decisão mostra-se harmônica com a Constituição Federal, ou a contraria, não havendo campo propício a enfoque intermediário. (RE 130.539 – RTJ 145/303)

> Temas de índole constitucional não se expõem, em função da própria natureza de que se revestem, a incidência do enunciado 400 da Súmula do Supremo Tribunal Federal. Essa formulação sumular não tem qualquer pertinência e aplicabilidade às causas que veiculem, perante o Supremo Tribunal Federal, em sede recursal extraordinária, questões de direito constitucional positivo. Em uma palavra: em matéria constitucional não há que cogitar de interpretação razoável. A exegese de preceito inscrito na Constituição da República, muito mais do que simplesmente razoável, há de ser juridicamente correta. (STF AG.REG. no AI 145.680, Rel. Min. Celso de Mello, Dj de 30.04.1993).

Na Justiça do Trabalho, o excesso com que foi aplicado o item II da Súmula 221 do Tribunal Superior do Trabalho comprometeu a missão do tribunal de zelar pelo direito aplicável às relações de trabalho, bem como pela uniformidade de sua interpretação. Até hoje são sentidos os reflexos dessa jurisprudência restritiva em inúmeros agravos de instrumento interpostos em razão de decisões denegatórias de recurso de revista fundamentadas no citado item da súmula, atualmente cancelado.

Para estabelecer o sentido de lei federal e Constituição, costuma-se fazer menção à Orientação Jurisprudencial n° 25 da Subseção II de Dissídios Individuais, que exclui da expressão lei do artigo 485, V, do Código de Processo Civil o acordo coletivo de trabalho, a convenção coletiva de trabalho, a portaria, o regulamento, a súmula e orientação jurisprudencial de tribunal.[35]

---

35. OJ 25 da SBDI2. AÇÃO RESCISÓRIA. REGÊNCIA PELO CPC DE 1973. EXPRESSÃO "LEI" DO ART. 485, V, DO CPC de 1973. NÃO INCLUSÃO DO ACT, CCT, PORTARIA, REGULAMENTO, SÚMULA E ORIENTAÇÃO JURISPRUDENCIAL DE TRIBUNAL. (atualizada em decorrência do CPC de 2015) Res. 212/2016, DEJT divulgado em 20, 21 e 22.09.2016.Não procede pedido

Há, contudo, portarias de órgãos do Poder Executivo que possuem caráter normativo, como as que aprovam normas regulamentadoras, cujas condições de trabalho ali previstas devem ser objeto de controle e uniformidade de interpretação pelo Tribunal Superior do Trabalho. O Tribunal Superior do Trabalho, regra geral, não tem admitido o recurso de revista quando o recorrente aponta violação a portarias e decretos.[36]

---

de rescisão fundado no art. 485, V, do CPC de 1973 quando se aponta contrariedade à norma de convenção coletiva de trabalho, acordo coletivo de trabalho, portaria do Poder Executivo, regulamento de empresa e súmula ou orientação jurisprudencial de tribunal. (ex-OJ 25 da SDI-2, inserida em 20.09.2000 e ex-OJ 118 da SDI-2, DJ 11.08.2003)

36. RECURSO DE REVISTA. ADICIONAL DE INSALUBRIDADE. GRAU MÉDIO. A alegação de violação de Portaria não enseja o conhecimento do recurso de revista, nos termos do art. 896, c, da CLT. Recurso de revista de que não se conhece. ADICIONAL DE INSALUBRIDADE. BASE DE CÁLCULO. Esta Corte Superior tem reconhecido a inconstitucionalidade de lei ou ato normativo do Poder Público que adote o salário-mínimo como base de cálculo do adicional de insalubridade, nos termos da Súmula Vinculante n.º 4 do STF. Porém, em conformidade com o julgamento do STF, e diante da impossibilidade de fixação de qualquer outra base de cálculo pela via judicial, já que matéria reservada a disposição de lei ou ajuste coletivo, determina-se que a parcela seja calculada conforme base de cálculo anteriormente prevista em lei. Recurso de revista de que se conhece e a que se dá provimento. (RR - 55500-58.2009.5.04.0015, Relatora Ministra: Kátia Magalhães Arruda, Data de Julgamento: 23/02/2011, 5ª Turma, Data de Publicação: DEJT 11/03/2011) RECURSO DE REVISTA - PRELIMINAR DE NULIDADE DO ACÓRDÃO REGIONAL POR NEGATIVA DE PRESTAÇÃO JURISDICIONAL. O Regional manifestou-se expressamente e de forma fundamentada a respeito de todas as questões postas a julgamento e relevantes para a solução da controvérsia, razão pela qual não se cogita de negativa de prestação jurisdicional. Recurso de Revista não conhecido. DIREITO DE ARENA. NATUREZA JURÍDICA. O direito de arena possui natureza remuneratória, porque vinculada ao contrato de trabalho e à prestação de serviços dos jogadores profissionais aos clubes, ainda que pagas por terceiros. Desse modo, aplicando por analogia as disposições do artigo 457 da CLT e da Súmula 354 do TST, que tratam das gorjetas, tem-se permitido o reconhecimento da natureza remuneratória dessa parcela, bem como a determinação de seus reflexos sobre férias, 13° salário e FGTS. Precedentes. Recurso de Revista conhecido e provido. UNICIDADE CONTRATUAL. IRREDUTIBILIDADE SALARIAL. O art. 30, parágrafo único, da Lei nº 9.615/98 determina que o contrato de trabalho entabulado entre a entidade esportiva e o atleta profissional será por prazo determinado, nunca podendo ser inferior a três meses ou superior a cinco anos, motivo pelo qual resulta inaplicável o disposto no art. 452 da CLT, porquanto incompatível com aquela, ainda que celebrados vários contratos sucessivamente. Não reconhecida a unicidade contratual, não se há de falar em redução salarial, porquanto a remuneração ajustada em cada um dos contratos de trabalho - incomunicáveis entre si - é fruto da livre pactuação entre as partes. Recurso de Revista não conhecido. CLÁUSULA PENAL. A jurisprudência pacífica do Tribunal Superior do Trabalho segue no sentido de que a cláusula penal, prevista no art. 28 da Lei nº 9.615/98 (Lei Pelé), antes da nova redação conferida pela Lei nº 12.395/2011, é devida apenas ao clube empregador quando há rescisão antecipada do contrato de trabalho, porque o atleta profissional tem assegurada a indenização do art. 479 da CLT. Recurso de Revista não conhecido. MULTAS DOS ARTS. 467, 477 E 479 DA CLT. É inviável a interposição de recurso de revista para a revisão de fatos e provas. Inteligência da Súmula 126 do TST. Recurso de Revista não conhecido. MULTA DE 40% DO FGTS. A

A interpretação restritiva do enunciado contido no artigo 896, "c", da Consolidação das Leis do Trabalho, para excluir portarias e decretos do Poder Executivo, como mencionado na parte sobre a divergência jurisprudencial, deixa de fora da missão de zelar e uniformizar as disposições normativas que devem ser observadas pelos empregadores de todo o país, principalmente em matéria de meio ambiente de trabalho, comprometendo sua efetividade e unidade. É fundamental, ademais, admitir o recurso por contrariedade aos tratados e convenções internacionais ratificados pela República Federativa do Brasil.

A expressão hoje consagrada "contrariar" inclui a má-aplicação de dispositivo de lei ou da Constituição.[37]

---

fundamentação do Recurso de Revista em violação de Decreto não encontra amparo nos permissivos do art. 896, -c-, da CLT. Recurso de Revista não conhecido. (RR - 60600-24.2004.5.01.0024 , Relator Ministro: Márcio Eurico Vitral Amaro, Data de Julgamento: 17/10/2012, 8ª Turma, Data de Publicação: DEJT 26/10/2012)

37. RECURSO DE REVISTA. PROCEDIMENTO SUMARÍSSIMO. MULTA POR LITIGÂNCIA DE MÁ-FÉ CUMULADA COM MULTA POR EMBARGOS DE DECLARAÇÃO PROTELATÓRIOS. VIOLAÇÃO CARACTERIZADA DO ARTIGO 5º, LV, DA CONSTITUIÇÃO FEDERAL. O Tribunal Regional, no julgamento dos embargos de declaração da reclamada, por entendê-los protelatórios, aplicou-lhe as multas de 20% e de 1%, previstas nos artigos 18 e 538, parágrafo único, do CPC. Ocorre que não ficou evidenciada nenhuma conduta suscetível de caracterizar a litigância de má-fé. Assim, merece reforma o acórdão regional, a fim de excluir da condenação a multa por litigância de má-fé, no percentual de 20%, ante a má aplicação do artigo 18 do CPC pela Corte de origem. Ofensa demonstrada ao artigo 5º, LV, da Constituição Federal. Recurso de revista de que se conhece e a que se dá provimento. (RR - 157500-37.2006.5.03.0091 , Relator Ministro: Pedro Paulo Manus, Data de Julgamento: 06/10/2010, 7ª Turma, Data de Publicação: DEJT 15/10/2010)RECURSO DE REVISTA. NULIDADE DO ACÓRDÃO DO REGIONAL POR NEGATIVA DE PRESTAÇÃO JURISDICIONAL. Exame prejudicado com fundamento no art. 249, §2º, do CPC. MULTA DO ART. 538 DO CPC. A aplicação da multa de 1% do art. 538 do CPC ocorreu no segundo acórdão de embargos de declaração. No entanto, o TRT, apesar de ter negado provimento aos segundos embargos de declaração do reclamante, fez esclarecimentos. Por imperativo lógico-jurídico, não é admissível que a Corte regional aplique a multa ao jurisdicionado porque entendeu procrastinatório o recurso e ao mesmo tempo preste esclarecimentos com acréscimo de fundamentação. Má aplicação do art. 538 do CPC. Recurso de revista de que se conhece e a que se dá provimento. PRESCRIÇÃO. COMPLEMENTAÇÃO DE APOSENTADORIA. INTEGRAÇÃO DE PARCELAS SALARIAIS RECONHECIDAS JUDICIALMENTE. Incide a prescrição quinquenal parcial, quando se discute o pedido de pagamento de diferenças de complementação de aposentadoria, decorrentes da pretendida integração de parcelas salariais deferidas em outra ação. Nesse caso, a pretensão é de reconhecimento da natureza jurídica salarial da parcela, para o fim de reflexos no benefício. É o caso de aplicação da Súmula nº 327 do TST. Recurso de revista de que se conhece e a que se dá provimento. (RR - 58900-35.2008.5.04.0009 , Relatora Ministra: Kátia Magalhães Arruda, Data de Julgamento: 15/10/2014, 6ª Turma, Data de Publicação: DEJT 17/10/2014)

Capítulo IV • RECURSO DE REVISTA E DE EMBARGOS POR DIVERGÊNCIA   237

O recurso por violação pressupõe pela parte recorrente a indicação expressa do preceito violado, sendo desnecessário utilizar uma expressão específica para o atendimento dessa exigência.[38]

O Tribunal Superior do Trabalho costuma ser bastante rigoroso com esse ponto, não admitindo o recurso que não contenha, por exemplo, o inciso ou parágrafo do artigo de lei ou da Constituição, ainda que o recorrente transcreva o inteiro teor.

Tal exigência ficou muito evidente em recursos de revista buscando a nulidade do contrato de trabalho celebrado na administração pública, em que os recursos apontavam violação do artigo 37, II, da Constituição e as decisões não os conheciam, por ausência de indicação expressa do § 2º daquele dispositivo constitucional.[39]

3.4. Recurso de revista no procedimento sumário

A Lei n. 5.584, de 1970, prevê os dissídios de alçada, que são aqueles em que o valor da causa não ultrapassa a dois salários mínimos. Nesse caso, não caberá recurso das decisões proferidas, salvo se houver matéria constitucional.

A dúvida é se, havendo matéria constitucional, o recurso cabível é o extraordinário para o Supremo Tribunal Federal, diretamente, ou os recursos trabalhistas previstos na Consolidação das Leis do Trabalho. A Constituição prevê o cabimento do recurso extraordinário de decisão de única ou última instância (art. 102, III). Por outro lado, o recurso de revista é também cabível para examinar violação à Constituição e, como só cabe recurso de revista das decisões em

---

38. SUM-221 RECURSOS DE REVISTA OU DE EMBARGOS. VIOLAÇÃO DE LEI. INDICAÇÃO DE PRECEITO.I - A admissibilidade do recurso de revista por violação tem como pressuposto a indicação expressa do dispositivo de lei ou da Constituição tido como violado. (ex-OJ nº 94 da SBDI-1 - inserida em 30.05.1997)OJ 257 SBDI1. A invocação expressa no recurso de revista dos preceitos legais ou constitucionais tidos como violados não significa exigir da parte a utilização das expressões "contrariar", "ferir", "violar", etc.

39. OJ-SDI1-335 CONTRATO NULO. ADMINISTRAÇÃO PÚBLICA. EFEITOS. CONHECIMENTO DO RECURSO POR VIOLAÇÃO DO ART. 37, II E § 2º, DA CF/1988 (DJ 04.05.2004)A nulidade da contratação sem concurso público, após a CF/1988, bem como a limitação de seus efeitos, somente poderá ser declarada por ofensa ao art. 37, II, se invocado concomitantemente o seu § 2º, todos da CF/1988.OJ-SDI2-10 AÇÃO RESCISÓRIA. CONTRATO NULO. ADMINISTRAÇÃO PÚBLICA. EFEITOS. ART. 37, II E § 2º, DA CF/1988 (inserida em 20.09.2000)Somente por ofensa ao art. 37, II e § 2º, da CF/1988, procede o pedido de rescisão de julgado para considerar nula a contratação, sem concurso público, de servidor, após a CF/1988.

dissídios individuais, em grau de recurso ordinário, haveria justificativas para, antes de chegar ao Supremo Tribunal Federal, esgotar a via recursal trabalhista. Nesse último sentido, é o entendimento prevalecente no Tribunal Superior do Trabalho.[40] Da mesma forma, é o entendimento do Supremo Tribunal Federal.[41]

3.5. Recurso de revista no procedimento sumaríssimo

O atual § 9º do artigo 896 da Consolidação das Leis do Trabalho prevê o cabimento do recurso de revista no procedimento sumaríssimo somente por contrariedade a súmula do Tribunal Superior do Trabalho, súmula vinculante do Supremo Tribunal Federal ou por violação direta à Constituição.

A ausência na redação do dispositivo poderia dar margem à discussão quanto a inclusão da orientação jurisprudencial do Tribunal Superior do Trabalho. Porém, diferentemente do artigo 896, a, da Consolidação das Leis do Trabalho, no procedimento sumaríssimo há o propósito de restringir a via recursal para conferir celeridade à conclusão do julgamento. Desse modo, prevaleceu o entendimento de que o recurso de revista restringe-se a contrariedade a súmula, não sendo cabível por contrariedade à orientação jurisprudencial.[42]

---

40. RECURSO DE REVISTA. PROCEDIMENTO SUMÁRIO. CAUSA DE ALÇADA. MATÉRIA CONSTITUCIONAL. CABIMENTO DE RECURSO ORDINÁRIO. A teor do art. 2º, § 4º, da Lei n. 5584/70, não cabe recurso contra decisão proferida em dissídio de alçada, tido como tal aquele cujo valor fixado para a causa não excede a dois salários mínimos, salvo quando discutida matéria constitucional. Consignado, pelo Tribunal de origem, que o recurso ordinário interposto versa sobre matéria constitucional, a hipótese dos autos subsume-se àquela excepcionada no mencionado dispositivo legal. Recurso de revista conhecido e provido. (RR 191800-43.2009.5.09.0094, Relatora Ministra Rosa Weber. 3ª. Turma. Data de publicação: DEJT 07102011).

41. Agravo regimental no recurso extraordinário. Direito do trabalho. Causa de alçada. Não esgotadas as instâncias ordinárias. Súmula nº 281/STF. Precedentes. 1. O recurso extraordinário é inadmissível quando não foi esgotada a prestação jurisdicional pelo Tribunal de origem. Incidência da Súmula nº 281/STF. 2. Agravo regimental não provido. (RE 632365 AgR, Relator(a): Min. DIAS TOFFOLI, Primeira Turma, julgado em 04/10/2011, DJe-215 DIVULG 10-11-2011 PUBLIC 11-11-2011 EMENT VOL-02624-02 PP-00236)

42. SUM-442 PROCEDIMENTO SUMARÍSSIMO. RECURSO DE REVISTA FUNDAMENTADO EM CONTRARIEDADE A ORIENTAÇÃO JURISPRUDENCIAL. INADMISSIBILIDADE. ART. 896, § 6º, DA CLT, ACRESCENTADO PELA LEI Nº 9.957, DE 12.01.2000 (conversão da Orientação Jurisprudencial nº 352 da SBDI-1) - Res. 185/2012, DEJT divulgado em 25, 26 e 27.09.2012. Nas causas sujeitas ao procedimento sumaríssimo, a admissibilidade de recurso de revista está limitada à demonstração de violação direta a dispositivo da Constituição Federal ou contrariedade a Súmula do Tribunal Superior do Trabalho, não se admitindo

Capítulo IV • RECURSO DE REVISTA E DE EMBARGOS POR DIVERGÊNCIA

Discussão relevante também ocorreu em virtude da entrada em vigor da Lei n. 9.957, de 2000. A lei processual costuma incidir imediatamente nas relações em curso. Porém, nesse caso, houve mudança significativa, em que se restringiu o direito a via recursal. Sendo assim, a jurisprudência acabou por adotar o entendimento de que os dispositivos sobre a fase recursal no procedimento sumaríssimo só deveriam ser observados nas ações ajuizadas após sua vigência. Eventuais recursos de revistas que tiveram o seguimento denegado decorrente da aplicação da nova lei às ações iniciadas anteriormente a sua vigência, quando da interposição do agravo de instrumento, foram admitidos e julgados pelo Tribunal Superior do Trabalho de acordo com a sistemática prevalecente antes da restrição ao cabimento do recurso.[43]

3.6. Recurso de revista em execução

O cabimento do recurso de revista na fase de execução é ainda mais restrito. Segundo o artigo 896, § 2º, da Consolidação das Leis do Trabalho *Das decisões proferidas pelos Tribunais Regionais do Trabalho ou por suas Turmas, em execução de sentença, inclusive em processo incidente de embargos de terceiro, não caberá Recurso de Revista, salvo na hipótese de ofensa direta e literal de norma da Constituição Federal.*

A jurisprudência sumulada do Tribunal Superior do Trabalho firmou-se no mesmo sentido, especificando as decisões que comportam recurso de revista apenas por violação direta à Constituição.[44]

A Lei n. 13.015, de 2014, trouxe exceções a essa regra, admitindo o recurso de revista por divergência e violação a preceito de lei federal

---

o recurso por contrariedade a Orientação Jurisprudencial deste Tribunal (Livro II, Título II, Capítulo III, do RITST), ante a ausência de previsão no art. 896, § 6º, da CLT.

43. OJ-SDI1-260 AGRAVO DE INSTRUMENTO. RECURSO DE REVISTA. PROCEDIMENTO SUMARÍSSIMO. LEI Nº 9.957/00. PROCESSOS EM CURSO (inserida em 27.09.2002)I - É inaplicável o rito sumaríssimo aos processos iniciados antes da vigência da Lei nº 9.957/00. II - No caso de o despacho denegatório de recurso de revista invocar, em processo iniciado antes da Lei nº 9.957/00, o § 6º do art. 896 da CLT (rito sumaríssimo), como óbice ao trânsito do apelo calcado em divergência jurisprudencial ou violação de dispositivo infraconstitucional, o Tribunal superará o obstáculo, apreciando o recurso sob esses fundamentos.

44. SUM-266 RECURSO DE REVISTA. ADMISSIBILIDADE. EXECUÇÃO DE SENTENÇA (mantida) - Res. 121/2003, DJ 19, 20 e 21.11.2003A admissibilidade do recurso de revista interposto de acórdão proferido em agravo de petição, na liquidação de sentença ou em processo incidente na execução, inclusive os embargos de terceiro, depende de demonstração inequívoca de violência direta à Constituição Federal.

e à Constituição nos casos de execução fiscal e nas controvérsias na fase de execução que envolvam a Certidão Negativa de Débitos Trabalhistas (§ 10 do art. 896). A dúvida é se tal previsão deve ser interpretada de forma ampliativa, para alcançar os títulos executivos extrajudiciais, como o termo de ajuste de conduta celebrado perante o Ministério Público e acordo celebrado em comissão de conciliação prévia.

A resposta é negativa. Caso fosse intenção do legislador incluir esses títulos, assim teria feito expressamente. Há procedimento próprio para a execução das decisões transitadas em julgado ou impugnadas mediante recurso sem efeito suspensivo, os termos de ajuste de conduta e os termos de conciliação celebrados nas referidas comissões, como consta do artigo 876 da Consolidação das Leis do Trabalho.

Por outro lado, é possível que haja a ampliação da fase cognitiva pela via recursal, em face de descumprimento desses instrumentos, termo de ajuste de conduta e termo de conciliação, cujo inadimplemento inviabilizará a expedição da certidão (art. 642-A, CLT). Somente nesses casos é que o recurso de revista em processo de execução de termo de ajuste de conduta e termo de conciliação será admitido por divergência jurisprudencial, contrariedade a súmula ou orientação jurisprudencial do Tribunal Superior do Trabalho e súmula vinculante do Supremo Tribunal Federal e violação à lei federal.

O parágrafo único do artigo 831 da Consolidação das Leis do Trabalho estabelece que o termo de conciliação vale como decisão irrecorrível, salvo para a Previdência Social, no tocante às contribuições que lhe forem devidas. O § 4º do artigo 832 prevê a intimação da União das decisões homologatórias de acordos que contenham parcela indenizatória, facultando a interposição de recurso em relação aos tributos que lhe forem devidos. Há controvérsias, nesse caso, sobre as hipóteses de cabimento do recurso de revista, bem como o recurso dirigido ao regional.

A corrente majoritária no Tribunal Superior do Trabalho cogita de duas hipóteses, caso o acordo haja sido homologado na fase de conhecimento ou de execução. Na primeira, realizado na fase de conhecimento o recurso cabível é o ordinário e o de revista observa as alíneas "a" e "c" do artigo 896 da Consolidação das Leis do Trabalho. Na segunda, correspondente à fase de execução, o recurso cabível é o

Capítulo IV · RECURSO DE REVISTA E DE EMBARGOS POR DIVERGÊNCIA

agravo de petição e o recurso de revista limitado pelo § 2º do artigo 896 da Consolidação das Leis do Trabalho.[45]

4. PROCEDIMENTO DO RECURSO DE REVISTA. RECURSOS DE REVISTA REPETITIVOS E ASSUNÇÃO DE COMPETÊNCIA.

4.1. Procedimento padrão

Os recursos de revista das decisões dos tribunais regionais do trabalho são interpostos naqueles tribunais e seu cabimento é examinado por despacho fundamento pelo presidente do tribunal ou a quem competir, nos termos do regimento interno. O julgamento compete às turmas do Tribunal Superior do Trabalho. Também é da competência das turmas o julgamento do agravo de instrumento de decisão denegatória do seguimento do recurso de revista (art. 72 do RITST).

O recurso deve ser protocolado no tribunal regional do trabalho. Muita discussão foi travada em relação ao protocolo do recurso em órgão do Judiciário distinto do tribunal que proferiu a decisão. Isso porque a antiga redação do artigo 542 do Código de Processo Civil previa que recebida a petição pela secretaria do tribunal e aí protocolada, procedia-se à intimação do recorrido para apresentar contrarrazões. A Lei n. 10.352, de 26.12.2001, alterou a redação desse artigo, retirando a expressão "e aí protocolada", dando margem ao protocolo descentralizado. Somado a essa alteração, o artigo 547 do Código de

---

45. RECURSO DE EMBARGOS REGIDO PELA LEI 11.496/2007. UNIÃO. ACORDO HOMOLOGA-DO JUDICIALMENTE. CONTRIBUIÇÃO PREVIDENCIÁRIA. INCIDÊNCIA PELA TURMA DO ART. 896, § 2º, DA CLT. Discute-se a observância dos pressupostos recursais contidos no art. 896, § 2º, da CLT e na Súmula 266 do TST, aos recursos de revistas interpostos pela União, na condição de terceira interessada, contra acórdão proferido em sede de recurso ordinário que indefere a incidência da contribuição previdenciária sobre valor decorrente do intervalo intrajornada não concedido. De acordo com o art. 832, § 4º, da CLT, com redação dada pela Lei n. 11.457/2007, é facultada à União a interposição de recurso contra decisão homologatória de acordos que contemplarem parcela indenizatória. Conforme parágrafo único do art. 831 da CLT, o termo lavrado vale como decisão irrecorrível, salvo para a Previdência Social. In casu, o acordo em discussão foi celebrado no processo de conhecimento, mostrando-se adequada a interposição do recurso ordinário pela União, representando os interesses da Previdência Social, quer porque a decisão homologatória não faz coisa julgada contra terceiro (INSS), quer em razão do disposto na parte final do parágrafo único do art. 831 da CLT. Nessa linha de entendimento, a exigência pela Turma de observância dos pressupostos inseridos no art. 896, § 2º, da CLT, preceito aplicável aos processos em fase executória, não prevalece. Recurso de embargos conhecido e provido. E-RR 131300-58.2007.5.23.0001, DEJT de 22.02.2013, Rel. Augusto César Leite de Carvalho.

Processo Civil em seu parágrafo único possibilitou a descentralização do serviço de protocolo, a critério do tribunal, mediante delegação a ofícios de primeiro grau. O novo Código de Processo Civil mantém essa previsão (art. 927, novo CPC).

O Superior Tribunal de Justiça vedava por meio da Súmula 256 a utilização do protocolo descentralizado em relação aos recursos dirigidos àquele tribunal. Era esse o seu teor: *O sistema de protocolo integrado não se aplica aos recursos dirigidos ao Superior Tribunal de Justiça.* A súmula foi cancelada em 2008. O Tribunal Superior do Trabalho também possuía posição restritiva acerca do protocolo integrado. A orientação jurisprudencial nº 320, cancelada no ano de 2004, continha a seguinte redação:

> O sistema de protocolo integrado, criado pelos Tribunais Regionais do Trabalho, que autoriza as Varas localizadas no interior do Estado a receberem e a protocolarem documentos de natureza judiciária ou administrativa, destinados a outras Varas ou ao TRT local, tem aplicação restrita ao âmbito de competência do Tribunal que o editou, não podendo ser considerado válido em relação a recursos de competência do Tribunal Superior do Trabalho.

Atualmente prevalece o entendimento de admitir o protocolo integrado, de acordo com o ato de delegação pelos tribunais regionais, que se não observado, acarreta a intempestividade do recurso.[46] A recusa do protocolo integrado para os recursos dirigidos ao Tribunal Superior do Trabalho viola o artigo 5º, LV, da Constituição.[47]

---

46. RECURSO DE EMBARGOS. RECURSO DE REVISTA NÃO CONHECIDO. TEMPESTIVIDADE. PROTOCOLO INTEGRADO. CANCELAMENTO DA ORIENTAÇÃO JURISPRUDENCIAL Nº 320 DA SBDI-1/TST. VIOLAÇÃO DO ARTIGO 896 DA CLT. Incorre em violação do artigo 5º, inciso LV, da Constituição da República a decisão de Turma mediante a qual se considera intempestivo recurso de revista interposto por meio do sistema de protocolo integrado. O protocolo integrado constitui providência das mais eficazes e louváveis de modernização das práticas judiciárias, na medida em que confere ao jurisdicionado maior acesso à Justiça, poupando-lhe tempo e custos. Recurso de embargos conhecido e provido. (E-RR - 674840-09.2000.5.02.0063 , Relatora Ministra: Dora Maria da Costa, Data de Julgamento: 26/11/2007, Subseção I Especializada em Dissídios Individuais, Data de Publicação: DJ 07/12/2007)

47. RECURSO DE EMBARGOS – PROTOCOLO INTEGRADO – VALIDADE – TEMPESTIVIDADE – AGRAVO DE INSTRUMENTO – Viola o artigo 5º, inciso LV, da Constituição da República, a decisão da Turma que considerou intempestivo o Agravo de Instrumento, pois o Protocolo Integrado constitui providência das mais eficazes e louváveis de modernização das práticas judiciárias, ao dar, ao jurisdicionado, maior acesso à Justiça, poupando-lhe tempo e dinheiro. Recurso de Embargos conhecido e provido. (ED-ED-AG-AIRR - 923500-

Capítulo IV · RECURSO DE REVISTA E DE EMBARGOS POR DIVERGÊNCIA

O recurso de revista é analisado pelo presidente ou vice-presidente do tribunal regional do trabalho. Em geral, quando o recurso é recebido, abre-se vista para a parte contrária apresentar contrarrazões, havendo possibilidade de interposição do recurso adesivo, mesmo que a matéria não esteja vinculada ao recurso principal, nos termos da Súmula 283 do Tribunal Superior do Trabalho.[48]

De acordo com a redação original do Código de Processo Civil, o recurso extraordinário e o recurso especial seriam remetidos ao tribunal superior independentemente de juízo de admissibilidade.

Porém, a Lei 13.256, de 2016, reinseriu o juízo de admissibilidade do órgão perante o qual são interpostos esses recursos.

Dificilmente seria aceita a aplicação da previsão original para o recurso de revista, considerando disciplina expressa em sentido diverso no § 1º do artigo 896 da Consolidação das Leis do Trabalho: *O recurso de revista, dotado de efeito apenas devolutivo, será interposto perante o Presidente do Tribunal Regional do Trabalho, que, por decisão fundamentada, poderá recebê-lo ou denegá-lo.*

Por um lado, a novidade impediria o trancamento dos recursos de revista com a aplicação de entendimentos genéricos, que denega o acesso à jurisprudência do Tribunal Superior do Trabalho, como já mencionado, considerando a tendência de vários órgãos julgadores confirmarem as decisões denegatórias, inviabilizando o prosseguimento da discussão na fase extraordinária. Por outro, aumentaria o volume de trabalho no tribunal, considerando o maior número de recursos de embargos para a Subseção I de Dissídios Individuais, além de aumentar a possibilidade de sustentações orais nas sessões do tribunal.

A distribuição é feita a um Ministro Relator e não há, nesse recurso, a figura do revisor. Os autos serão encaminhados à Procuradoria Geral do Trabalho, se for o caso. O relator poderá julgar o recurso, nas hipóteses previstas no artigo 932 do Código de Processo Civil. A

42.2002.5.02.0900, Relator Ministro: Carlos Alberto Reis de Paula, Data de Julgamento: 25/04/2005, Subseção I Especializada em Dissídios Individuais, Data de Publicação: DJ 06/05/2005)

48. SUM-283 RECURSO ADESIVO. PERTINÊNCIA NO PROCESSO DO TRABALHO. CORRELAÇÃO DE MATÉRIAS (mantida) - Res. 121/2003, DJ 19, 20 e 21.11.2003.O recurso adesivo é compatível com o processo do trabalho e cabe, no prazo de 8 (oito) dias, nas hipóteses de interposição de recurso ordinário, de agravo de petição, de revista e de embargos, sendo desnecessário que a matéria nele veiculada esteja relacionada com a do recurso interposto pela parte contrária.

decisão monocrática pode ser impugnada por meio de embargos de declaração, para os esclarecimentos necessários feitos pelo próprio relator, ou agravo, para a reforma da decisão pelo órgão colegiado.

Os recursos de revista serão incluídos em pauta, salvo se seu julgamento resultar de provimento do agravo de instrumento (art. 108, § 2º, RITST) ou haja expressa concordância das partes. As pautas serão publicadas até a antevéspera das sessões (art. 111, RITST). Nesse aspecto, o Código de Processo Civil prevê no artigo 935 que esse prazo deve ser de no mínimo cinco dias.

Durante as sessões o relator profere seu voto e, em seguida, é dada a palavra aos advogados para sustentação oral, que poderão desistir dela, de acordo com a conclusão do voto do relator (art. 145 RITST). Referida sistemática funciona bem e dinamiza os julgamentos, mas já foi questionada no Supremo Tribunal Federal, que a considerou inconstitucional.[49] Se não houver divergência, proclama-se o resultado. Se houver, os votos serão colhidos.

Iniciado o julgamento, ele será ultimado na mesma sessão, salvo se houver pedido de vista regimental, conversão do julgamento em diligência ou motivo relevante. No pedido de visa regimental, o julgamento é adiado. Na realização de diligência, ele é retirado de pauta (arts. 129 e 131, RITST).

A Instrução Normativa nº 39, de 2016, prevê, no artigo 3º, XXIV, a aplicação do artigo 940 do Código de Processo Civil, que estabelece prazo e procedimento para os pedidos de vista regimental.[50]

---

49. ADI 1.105. Redator Min. Ricardo Lewandowski. Dj de 04.06.2010. EMENTA: AÇÃO DIRETA DE INCONSTITUCIONALIDADE. ART. 7º, IX, DA LEI 8.906, DE 4 DE JULHO DE 1994. ESTATUTO DA ADVOCACIA E A ORDEM DOS ADVOGADOS DO BRASIL. SUSTENTAÇÃO ORAL PELO ADVOGADO APÓS O VOTO DO RELATOR. IMPOSSIBILIDADE. AÇÃO DIRETA JULGADA PROCEDENTE.I – A sustentação oral pelo advogado, após o voto do Relator, afronta o devido processo legal, além de poder causar tumulto processual, uma vez que o contraditório se estabelece entre as partes.II – Ação direta de inconstitucionalidade julgada procedente para declarar a inconstitucionalidade do art. 7º, IX, da Lei n. 8.906, de 4 de julho de 1994.

50. Art. 940. O relator ou outro juiz que não se considerar habilitado a proferir imediatamente seu voto poderá solicitar vista pelo prazo máximo de 10 (dez) dias, após o qual o recurso será reincluído em pauta para julgamento na sessão seguinte à data da devolução.§ 1º Se os autos não forem devolvidos tempestivamente ou se não for solicitada pelo juiz prorrogação de prazo de no máximo mais 10 (dez) dias, o presidente do órgão fracionário os requisitará para julgamento do recurso na sessão ordinária subsequente, com publicação da pauta em que for incluído.§ 2º Quando requisitar os autos na forma do § 1o, se aquele que fez o pedido de vista ainda não se sentir habilitado a votar, o presidente convocará substituto para proferir voto, na forma estabelecida no regimento interno do tribunal.

Vencido o relator no tocante aos pressupostos extrínsecos de admissibilidade do recurso, preliminar ou prejudicial de mérito, para prosseguimento do julgamento os autos serão conclusos para elaboração do voto correspondente. Se vencido o Relator em alguma questão de mérito, será redator do acórdão o Ministro prolator do primeiro voto vencedor (arts. 133, III e 135, RITST).

No julgamento dos recursos de revistas e agravos de instrumento, as decisões serão tomadas por maioria de votos (art. 123, RITST).

Não há uma ordem para a apreciação dos tópicos recursais alusivos aos pressupostos específicos do recurso de revista.

Kátia Magalhães Arruda e Rubem Milhomem sugerem o seguinte procedimento:

> a) quando a decisão recorrida contraria súmula ou orientação jurisprudencial, basta esse motivo para o conhecimento, não sendo preciso examinar a viabilidade de conhecimento com base em arestos ou dispositivos de lei federal ou da Constituição; b) quando a matéria não é objeto de súmula ou orientação jurisprudencial (ou, sendo, a parte não as invoca nas razões recursais), a técnica recomenda o conhecimento por divergência jurisprudencial, se demonstrada, não havendo a necessidade de verificar a violação de dispositivos de lei federal ou da Constituição; c) por ser mais trabalhoso, o conhecimento com base no art. 896, "c", da CLT geralmente acaba sendo a última opção, pois nesse caso se torna imprescindível assentar de forma exauriente, antes mesmo do tópico destinado ao mérito, tese cabal demonstrando as razões pelas quais se entende que houve a afronta ao conteúdo normativo da lei federal ou da Constituição.[51]

Na hipótese de agravo de instrumento, se tramita conjuntamente com recurso de revista, provido o agravo, será publicada certidão intimando as partes do julgamento de ambos os recursos de revista na primeira sessão subsequente à data da publicação. Julgados os recursos, será lavrado um único acórdão com os fundamentos do provimento do agravo de instrumento. Se não for provido o agravo, será julgado imediatamente o recurso de revista, lavrando-se acórdãos distintos. Aplica-se o mesmo procedimento se interposto apenas agravo de instrumento e ele for provido. (arts. 228 a 230 do RITST).

---

51. *Op. cit.,* p. 22.

Na redação original do Código de Processo Civil havia previsão de julgamento por meio eletrônico dos recursos e causas de competência originária que não admitem sustentação oral, constante do novo Código de Processo Civil. No entanto, a Lei n° 13.256, de 2016, suprimiu-a. A novidade seria de questionável utilidade e constitucionalidade, na medida em que o artigo 93, IX, da Constituição prevê a publicidade de todos os julgamentos dos órgãos do Poder Judiciário. No âmbito trabalhista, a medida alcançaria sobretudo o Tribunal Superior do Trabalho, que possui número elevado de agravos de instrumento, para os quais não há sustentação oral. Mesmo assim, o julgamento dos agravos de instrumento, em que não há requerimento de preferência, se dá por meio de planilhas, o que propicia agilidade ao julgamento. Já nos Regionais, o número de recursos sem sustentação oral é bem mais reduzido. A alteração do procedimento para, em tese, lograr celeridade não seria compatível com a publicidade assegurada constitucionalmente. De qualquer forma, os tribunais estão implantando o julgamento por meio eletrônico.

4.2. Uniformização de jurisprudência para fins de cabimento do recurso de revista por divergência.

A Lei n. 13.015, de 2014, estabeleceu mecanismo para forçar os tribunais regionais do trabalho a uniformizarem a sua jurisprudência. Essa obrigatoriedade já era prevista na Consolidação das Leis do Trabalho, mas não havia meios de exigi-la.

O procedimento tradicional de uniformização de jurisprudência nos tribunais era regulado pelo Código de Processo Civil anterior, dos artigos 476 a 479, como incidente processual (não recursal) por meio do qual suspende-se o julgamento no órgão fracionário do tribunal, para apreciação em tese do direito aplicável ao caso concreto pelo órgão previsto no regimento interno, ficando vinculado o órgão fracionário ao entendimento sobre a questão.

Era cabível na iminência de surgir dissídio jurisprudencial de turmas, câmaras, grupos de câmaras e seções de um mesmo tribunal. Não se aplicava ao julgamento pelo órgão pleno ou especial. O incidente poderia ser instaurado em recurso, reexame necessário ou ação originária do tribunal e provocado por qualquer magistrado do órgão fracionário, de ofício, por qualquer das partes, mediante petição ou mesmo por ocasião da sustentação oral.

O órgão fracionário em que tem início o julgamento deliberava sobre a existência ou não da divergência justificadora da suspensão do julgamento. Reconhecida a divergência, suspendia-se o julgamento, lavrando-se acórdão com o teor da decisão do incidente. Caso contrário, o julgamento prosseguiria. A decisão, conhecendo ou não o incidente era irrecorrível. O acórdão lavrado era encaminhado ao presidente do tribunal que distribuía aos desembargadores participantes do julgamento do incidente, geralmente o órgão pleno ou especial. Era ouvido o Ministério Público. O julgamento se iniciava pela admissibilidade do incidente que, se não conhecido, devolvia-se o caso ao órgão competente para prosseguir no julgamento do feito. Se conhecido, o resultado vinculava o órgão fracionário. Se aprovado por maioria absoluta dos magistrados, seria incluída na súmula da jurisprudência dominante do tribunal.

Havia também no Código de Processo Civil anterior a previsão da assunção da competência, no artigo 555, § 1º, por meio da qual o relator propunha que o recurso fosse julgado pelo órgão colegiado que o regimento indicar, que avaliava o interesse público na assunção da competência, para prevenir ou compor divergência. Nesse caso, o órgão que assumia a competência não se limitava a estabelecer a tese jurídica, mas julgava o caso por inteiro.

Pelo procedimento padrão, o incidente de uniformização de jurisprudência precede o julgamento do caso que lhe deu origem.

O § 3º do artigo 896 da Consolidação das Leis do Trabalho tratava da obrigatoriedade pelos tribunais regionais do trabalho de uniformizarem sua jurisprudência, nos termos do Código de Processo Civil. Os §§ 4º a 6º do mesmo artigo previam a uniformização de jurisprudência para superar divergência constatada após o julgamento do recurso. O § 4º estabelecia que se constatada a divergência no âmbito do mesmo tribunal regional do trabalho sobre o tema objeto do recurso de revista, quando os autos se encontram no Tribunal Superior do Trabalho, de ofício ou por provocação de qualquer das partes ou do Ministério Público, será determinado o retorno dos autos à origem, a fim de que proceda à uniformização da jurisprudência. O § 5º determinava a mesma providência pelo presidente do tribunal regional do trabalho, por ocasião da admissibilidade do recurso de revista, bem como ao ministro relator do recurso no Tribunal Superior do Trabalho, por decisões irrecorríveis. O § 6º estabelecia que após o julgamento do incidente somente a súmula regional ou a tese jurídica prevalecente no tribunal regional e não conflitante com súmula ou orientação jurisprudencial do Tribunal Superior do Trabalho poderia servir como paradigma para o conhecimento do recurso de revista por divergência jurisprudencial.

Pela redação dos dispositivos citados, a constatação da divergência poderia ocorrer tanto em relação ao tribunal que proferiu a decisão recorrida quanto ao tribunal que proferiu a decisão apontada como paradigma. Poderia, inclusive, verificar-se em relação ao mesmo órgão que proferiu a decisão apontada como divergente, de modo que passou a ser possível a uniformização de jurisprudência de uma mesma turma.

Se o tribunal que proferiu a decisão paradigma uniformizasse a jurisprudência no mesmo sentido da decisão que retornou, o recurso de revista teria prosseguimento, tendo como divergência a súmula regional ou tese prevalecente, desde que não contrariasse súmula ou orientação jurisprudencial do Tribunal Superior do Trabalho. Se o tribunal decidisse em sentido contrário, a divergência anterior desapareceria e não seria apta para o prosseguimento do recurso de revista nesse aspecto.

Se a constatação da divergência se desse no tribunal que proferiu a decisão recorrida, a uniformização da jurisprudência no mesmo sentido da decisão recorrida, também, autorizava o prosseguimento do recurso de revista. Porém, se a uniformização da jurisprudência fosse em sentido diverso, surge uma dificuldade. Qual o procedimento deveria ser seguido?

Por meio do Ato 491, de 23.09.2014, o Tribunal Superior do Trabalho adotou uma espécie de regulamentação da Lei n. 13.015, de 2014, onde abordou essa questão. A solução dada constava do artigo 3º do referido ato, com a seguinte redação:

> Para efeito de aplicação dos §§ 4º e 5º do artigo 896 da CLT, persistindo decisão conflitante com a jurisprudência já uniformizada do Tribunal Regional do Trabalho de origem, deverão os autos retornar à instância a quo para sua adequação à súmula regional ou à tese jurídica prevalecente no Tribunal Regional do Trabalho, desde que não conflitante com súmula ou orientação jurisprudencial do Tribunal Superior do Trabalho.

A posição do Tribunal Superior do Trabalho, neste aspecto, era de questionável constitucionalidade. Não há previsão para um órgão judiciário proceder a novo julgamento, para ajustar-se a tese adotada no próprio tribunal, que foi consagrada posteriormente ao julgamento do recurso. No ponto, a solução preconizada no referido ato extrapolava o seu caráter regimental, que não possui o condão de afetar procedimento de outro tribunal.[52]

Referido ato prossegue na regulamentação da matéria ao tratar da comprovação da tese jurídica prevalecente no tribunal regional do trabalho, para fins de sua utilização no recurso de revista por divergência jurisprudencial. Essa comprovação será feita com a indicação da fonte de publicação (art. 4º). A decisão regional que estiver em consonância com súmula ou orientação jurisprudencial do Tribunal Superior do Trabalho propicia ao relator a denegação do recurso (art. 5º). Por fim, os tribunais regionais do trabalho deverão dar publicidade e organizar suas súmulas e teses jurídicas prevalecentes em banco de dados, divulgando-os de preferência pela rede mundial de computadores (art. 6º).

A Instrução Normativa nº 40, de 2016, assim dispôs sobre o incidente de uniformização de jurisprudência:

> **Art. 2º** Após a vigência do Código de Processo Civil de 2015, subsiste o Incidente de Uniformização de Jurisprudência da CLT (art. 896, §§ 3º, 4º, 5º e 6º), observado o procedimento previsto no regimento interno do Tribunal Regional do Trabalho.

Entende-se que a posição do Tribunal Superior do Trabalho de manter o incidente de uniformização de jurisprudência após a sua supressão do Código de Processo Civil não foi a melhor opção. O incidente anterior foi substituído pelo de resolução de demandas repetitivas, se houver multiplicidade de feitos, e pelo de assunção de competência se o propósito for prevenir a divergência.[53]

---

52. Nesse sentido Élisson Miessa. *Op. cit.,* p. 278.
53. Como mencionado, a Lei 13.467, de 2017, revogou os §§ 3º a 6º do art. 896 da CLT.

4.3. Incidente de assunção da competência

O § 13º do artigo 896 da Consolidação das Leis do Trabalho possui o seguinte enunciado:

> Dada a relevância da matéria, por iniciativa de um dos membros da Seção Especializada em Dissídios Individuais do Tribunal Superior do Trabalho, aprovada pela maioria dos integrantes da Seção, o julgamento a que se refere o § 3ºpoderá ser afeto ao Tribunal Pleno.

Seria possível extrair o entendimento de que a alteração da Consolidação das Leis do Trabalho veio para estabelecer a assunção da competência em razão da relevância da matéria no julgamento do recurso de revista. Porém, a remissão ao § 3º, que trata da obrigatoriedade da uniformização da jurisprudência nos tribunais regionais do trabalho dificulta a sua compreensão.

Uma primeira possibilidade seria o julgamento do recurso de revista por divergência com súmula ou tese jurídica prevalecente em razão da uniformização de jurisprudência prevista no referido inciso. Nesses casos, haveria um deslocamento da competência para a Seção de Dissídios Individuais, que poderia afetar o julgamento para o Pleno, por deliberação da maioria de seus membros. Observa-se que se fosse incidente de assunção de competência, ele deveria ser suscitado na turma e não na seção.

Outra possibilidade, seria desconsiderar a referência ao § 3º, para isolar a previsão da uniformização da jurisprudência nos tribunais regionais, aplicando aos recursos de revistas, com matéria relevante, por meio do qual o relator comunicaria ao presidente da turma, que submeteria a questão à seção especializada. Essa possibilidade já ficaria bem mais distante do teor literal do mencionado dispositivo.

O Tribunal Superior do Trabalho, no citado Ato 491, optou por atribuir ao mencionado § 13 do artigo 896 da Consolidação das Leis do Trabalho, a seguinte interpretação:

> Art. 7º Para os efeitos do § 13 do artigo 896 da CLT, a afetação de julgamento ao Tribunal Pleno, em face da relevância da matéria, somente poderá ocorrer em processos em tramitação na Subseção de Dissídios Individuais do Tribunal Superior do Trabalho. Parágrafo único. A afetação a que se refere o caput deste artigo não pressupõe,

Capítulo IV • RECURSO DE REVISTA E DE EMBARGOS POR DIVERGÊNCIA

necessariamente, a existência de diversos processos em que a questão relevante seja debatida.

Referido dispositivo foi revogado pela Instrução Normativa nº 38, de 2015, que tratou da matéria no seu artigo 20, com a redação abaixo:

> **Art. 20.** Quando o julgamento dos embargos à SbDI-1 envolver relevante questão de direito, com grande repercussão social, sem repetição em múltiplos processos mas a respeito da qual seja conveniente a prevenção ou a composição de divergência entre as turmas ou os demais órgãos fracionários do Tribunal Superior do Trabalho, poderá a SbDI-1, por iniciativa de um de seus membros e após a aprovação da maioria de seus integrantes, afetar o seu julgamento ao Tribunal Pleno.

A solução preconizada pelo Tribunal Superior do Trabalho, talvez em decorrência da dificuldade de compreensão da redação do § 13 do artigo 896 da Consolidação das Leis do Trabalho, restringe a assunção de competência ao recurso de embargos, considerando que o recurso de revista repetitivo já prevê o deslocamento da competência para a Seção de Dissídios Individuais, com possibilidade de ir ao pleno. Essa opção se mostra questionável, pois não faz sentido disciplinar um incidente aplicável no recurso de embargos no artigo 896 da Consolidação das Leis do Trabalho. Portanto, apesar da dificuldade e do esforço para superar a redação contraditória, parece melhor tratá-lo como incidente do recurso de revista,

O artigo 947 do Código de Processo Civil prevê o incidente de assunção de competência. Referido incidente é admissível em julgamento de recurso, remessa necessária ou causa de competência originária que envolvam relevante questão de direito, com grande repercussão social, sem repetição em diversos processos. O incidente poderá ser proposto pelo relator, de ofício ou a requerimento da parte, pelo Ministério Público ou Defensoria Pública e será julgado pelo órgão colegiado que o regimento indicar, caso reconheça interesse público na assunção de competência. O acórdão proferido vinculará todos os juízes e órgãos fracionários, exceto se houver revisão de tese. Esse procedimento se aplica a feitos com relevante questão de direito em que seja conveniente prevenir ou compor divergência entre câmaras ou turmas do tribunal.

4.4. Incidente de recursos de revista repetitivos

O anteprojeto encaminhado pelo Tribunal Superior do Trabalho não contemplava uma disciplina detalhada do incidente de recursos de revista repetitivos. Apenas remetia, no que fosse cabível, às normas do Código de Processo Civil que regem o julgamento dos recursos extraordinário e especial repetitivos. Essa previsão constava do artigo 896-B.

A Lei n. 13.015, de 2014, trouxe regulamentação bastante detalhada para o julgamento do incidente de recursos repetitivos. Essa regulamentação foi inserida no artigo 896-C da Consolidação das Leis do Trabalho. O artigo 896-B consolidado manteve a previsão do anteprojeto, remetendo ao Código de Processo Civil, no que couber, as disposições alusivas aos recursos extraordinário e especial repetitivos.

O artigo 896-C possui dezessete parágrafos, trazendo, portanto, uma disciplina bem exaustiva para o processamento desse incidente na fase recursal.

O incidente de recursos repetitivos pressupõe multiplicidade de recursos fundados em idêntica questão de direito, caso em que o presidente da turma ou da seção especializada, por indicação dos relatores, afetará um ou mais recursos representativos da controvérsia para julgamento pela Seção Especializada em Dissídios Individuais ou pelo Pleno. O deslocamento do julgamento da Seção Especializada para o Pleno resultará de deliberação da maioria simples dos membros da seção, mediante requerimento de um dos ministros que a compõem, considerando a relevância da matéria ou a existência de entendimentos divergentes entre os ministros da seção ou das turmas do tribunal.

Isso quer dizer que o rito dos recursos repetitivos engloba a previsão de assunção da competência pelo Tribunal Pleno.

Para a instauração do rito de recursos repetitivos é necessário que haja a multiplicidade de recursos com idêntica questão jurídica. Os relatores indicarão esses casos aos presidentes das turmas que afetarão um ou mais recursos representativos da controvérsia. O incidente será julgado pela Seção de Dissídios Individuais do Tribunal Superior do Trabalho.

Nessa seção, é possível que um dos ministros requeira o deslocamento do julgamento para o Pleno. Nesse caso, leva-se em conta a relevância da matéria ou divergência entre os ministros da seção ou das turmas. O deslocamento da competência do julgamento da questão jurídica idêntica a múltiplos recursos dependerá da deliberação de maioria simples dos ministros da seção.

Criou-se, dessa forma, uma espécie de transcendência que pode operar apenas para deslocar a competência do julgamento do incidente de recursos repetitivos da Seção Especializada em Dissídios Individuais para o Tribunal Pleno.

O presidente da turma ou da seção, ao afetar recursos para julgamento pelo rito dos recursos repetitivos comunicará aos demais presidentes das turmas e da seção, que poderão afetar outros recursos para julgamento conjunto, de modo que se tenha um panorama geral da situação.

O Presidente do Tribunal Superior do Trabalho oficiará os presidentes dos tribunais regionais para a suspensão do julgamento dos recursos em casos idênticos aos afetados como repetitivos, até o julgamento do incidente.

Ao presidente do tribunal regional também cabe admitir um ou mais recursos representativos da controvérsia, encaminhando-os ao Tribunal Superior do Trabalho e suspendendo os demais que sejam idênticos, até o julgamento do incidente.

O recurso de revista repetitivo será distribuído a um Ministro da seção ou do Pleno, que atuará como relator, e a um Ministro revisor. O relator poderá determinar a suspensão dos recursos de revista e de embargos que tenham por objeto controvérsia idêntica a do recurso afetado como repetitivo. Poderá, ainda, solicitar aos tribunais regionais informações acerca da controvérsia, que deverão ser prestadas no prazo de 15 dias, admitir manifestação de pessoa, órgão ou entidade com interesse na controvérsia, inclusive como assistente simples na forma do Código de Processo Civil.

Recebidas as informações dos tribunais regionais, se houverem sido solicitadas, terá vista o Ministério Público do Trabalho pelo prazo de 15 dias. A intimação do Ministério Público é obrigatória por força da lei, apesar de o Ato nº 491 do Tribunal Superior do Trabalho e a Instrução Normativa nº 38, de 2015, que o revogou nessa parte, a considerem mera faculdade.

Após esse prazo, será remetida cópia do relatório aos demais Ministros, incluindo-se o processo na pauta da Seção Especializada em Dissídios Individuais ou do Pleno, com preferência sobre os demais feitos.

Julgado o incidente e publicado o acórdão, os recursos de revista sobrestados terão o seguimento denegado se a decisão recorrida coincidir com a decisão do incidente ou serão novamente examinados pelo tribunal de origem se o acórdão recorrido divergir da decisão adotada no incidente de recursos repetitivos, ocasião em que o órgão que proferiu a decisão recorrida poderá se retratar. Se assim não ocorrer, o recurso de revista prosseguirá para exame de sua admissibilidade.

Se a questão jurídica objeto do incidente de recursos repetitivos contiver questão constitucional, o resultado do julgamento não obstará o seguimento de eventuais recursos extraordinários sobre a questão constitucional.

Os recursos extraordinários interpostos no Tribunal Superior do Trabalho observarão o procedimento previsto no artigo 1036 e seguintes do Código de Processo Civil, podendo o presidente do tribunal selecionar um ou mais recursos representativos da controvérsia e encaminhá-los ao Supremo Tribunal Federal, sobrestando os demais até que o Supremo se pronuncie. Nesse caso, o Presidente do Tribunal Superior do Trabalho poderá oficiar os tribunais regionais, os presidentes das turmas e da Seção Especializada em Dissídios Individuais, para que suspendam os processos idênticos até que seja decidida a matéria pelo Supremo Tribunal Federal.

Por fim, estabeleceu-se que os processos que envolvam situação fática ou jurídica distinta não serão afetados pela decisão firmada no incidente de recursos repetitivos e, se ocorrerem modificações da situação econômica, social ou jurídica poderá ser revista a decisão, respeitando-se às situações constituídas sob o entendimento, podendo o Tribunal Superior do Trabalho modular os efeitos da nova decisão. Essas previsões correspondem a técnicas, como a distinção e a superação utilizadas no sistema do *common law*, baseado na força dos precedentes judiciais.

Aliás, esses mecanismos vêm sendo reclamados faz algum tempo, principalmente o da modulação dos efeitos das decisões, uma vez que a mudança de orientações jurisprudenciais e súmulas causam enorme impacto nas decisões judiciais, mas não são consideradas como fonte do direito, para obedecer a uma sistemática como a da irretroatividade aplicada às leis. Como já mencionado, exemplo de modulação dos efeitos da decisão ocorreu com a Súmula 337 do Tribunal Superior do

Capítulo IV • RECURSO DE REVISTA E DE EMBARGOS POR DIVERGÊNCIA

Trabalho, que vem alterando a forma de comprovação da divergência jurisprudencial.[54]

O Tribunal Superior do Trabalho, por meio do citado Ato 491, de 2014, revogado em parte pela Instrução Normativa nº 38, de 2015, interpretou as alterações promovidas pela Lei n. 13.015, de 2014, da seguinte forma.

A Instrução Normativa nº 38, de 2015, inclui o recurso de embargos no rito dos recursos repetitivos. A proposta de afetação de questão a ser julgada pelo incidente de recursos repetitivos será submetida ao presidente da Subseção I de Dissídios Individuais. Se aprovada por maioria simples, o colegiado decidirá se a questão será julgada pela própria subseção ou pelo Tribunal Pleno. Se rejeitada, retorna ao órgão julgador para o prosseguimento do feito. A partir do acolhimento da proposta, a desistência da ação ou do recurso não impedirá o julgamento do incidente. O feito será distribuído a um relator e a um revisor.

O presidente da subseção que afetar processo sob o rito dos recursos repetitivos expedirá comunicação aos demais presidentes das turmas, que poderão afetar outros processos sobre a questão comum, propiciando ao órgão julgador visão global da questão.

Somente serão afetados recursos representativos da controvérsia, para fins do rito de recursos repetitivos, se forem admissíveis e contiverem argumentação e discussão abrangentes sobre a questão a ser decidida.

Uma vez selecionados os recursos, o relator na subseção ou no tribunal pleno, na presença dos pressupostos previstos para a instauração do incidente, proferirá, de forma fundamentada, decisão de afetação identificando a questão a ser submetida a julgamento; poderá determinar a suspensão dos recursos de revista ou de embargos; poderá solicitar aos tribunais regionais informações a respeito da controvérsia, bem como até dois recursos de revista representativos da controvérsia; concederá prazo de quinze dias para a manifestação escrita de pessoas, órgãos ou entidades interessados na controvérsia, que poderão ser admitidos como *amici curiae*; informará aos demais ministros sobre a decisão de afetação; concederá vista ao Ministério Público.

---

54. OJ-SDI1T-3. SÚMULA Nº 337. INAPLICABILIDADE (título alterado e inserido dispositivo) - DJ 20.04.2005A Súmula nº 337 do TST é inaplicável a recurso de revista interposto anteriormente à sua vigência.

256 RECURSOS DE NATUREZA EXTRAORDINÁRIA NO TST – *Ricardo José Macêdo de Britto Pereira*

Cabe aos presidentes dos tribunais regionais determinar a suspensão dos recursos interpostos de sentenças, que tratem da mesma questão de recurso afetado para seguir o rito dos recursos repetitivos.

O Tribunal Superior do Trabalho prevê uma faculdade onde a lei estabelece uma obrigatoriedade. Como mencionado, foi facultado ao relator a remessa dos autos ao Ministério Público, quando a lei a prevê como parte integrante do procedimento. A previsão contida no § 9º do artigo 896, com a redação dada pela Lei n. 13.015, de 2014, não deixa dúvidas nesse aspecto: *Recebidas as informações e, se for o caso, após cumprido o disposto no § 7º deste artigo, terá vista o Ministério Público pelo prazo de 15 (quinze) dias.* Ora, "se for o caso" refere-se ao § 7º, que trata das informações solicitadas aos tribunais regionais. Nesse aspecto, o ato também extrapola a previsão legal. O Código de Processo Civil, da mesma forma, prevê a intervenção do Ministério Público nos incidentes processuais e recursais.

O órgão julgador somente poderá apreciar a questão delimitada na decisão de afetação. Os recursos afetados deverão ser julgados no prazo de um ano. Caso contrário, cessa a suspensão dos recursos sobrestados, podendo outro relator afetar dois ou mais recursos representativos da controvérsia.

Nos recursos requisitados dos tribunais regionais que contiverem outras questões, caberá ao órgão competente solucionar a questão objeto da afetação, de forma prioritária, e depois as demais, em acórdão específico para cada processo.

É prevista a possibilidade de o relator determinar a realização de audiência pública, como parte da instrução do procedimento.

As partes serão intimadas da decisão do relator de cada processo que determinar a suspensão. Nesse caso, elas poderão requerer o prosseguimento de seu processo, se demonstrar a distinção dos casos, sendo ouvida a outra parte, no prazo de cinco dias, cabendo o agravo da decisão.

Decidido o recurso representativo da controvérsia, os órgãos jurisdicionais considerarão prejudicados os recursos suspensos ou aplicarão o entendimento resultante do incidente. Os recursos de revista sobrestados na origem terão o seguimento negado se o acórdão recorrido coincidir com decisão do Tribunal Superior do Trabalho. Se o acórdão recorrido contrariar a decisão do tribunal no julgamento do incidente, o órgão que proferiu a decisão poderá rever o seu posicionamento. Mantido o entendimento anterior, o recurso de revista será remetido ao Tribunal Superior do Trabalho, após novo exame de seu cabimento.

O Tribunal Superior do Trabalho deverá manter e dar publicidade às suas decisões no rito de recursos repetitivos, os pendentes de julgamento e os reputados sem relevância, além das decisões proferidas com base no § 13 do artigo 896 da Consolidação das Leis do Trabalho.

No julgamento dos recursos de revista repetitivos, que trataram do divisor para o cálculo do salário-hora dos bancários, a decisão foi da Subseção I de Dissídios Individuais do Tribunal Superior do Trabalho, que determinou a modulação dos seus efeitos, além de esclarecer o seu alcance, aplicando-se a sistemática dos precedentes prevista no Código de Processo Civil. Foi examinada, na ocasião, a possibilidade de decisão de órgão fracionário alterar o entendimento consolidado na redação da Súmula n. 124, aprovada pelo Pleno do Tribunal, o que de fato ocorreu, mas não impediu a adoção de entendimento diverso do consagrado na citada súmula.[55] Recentemente a Súmula nº 124 foi alterada.[56] Esse ponto é de extrema relevância, pois a Lei 13.015, de 2014, que introduziu os recursos de revista repetitivos na Consolidação das Leis do Trabalho, não cogitava de um sistema de precedentes judiciais tão ambicioso, como o que passou a constar do Código de Processo Civil. Permitir que a decisão de um órgão

---

55. TST-IRR-849-83.2013.5.03.0138, DEJT de 19.12.2016. Da mesma forma, foi julgado pela SBDI1 o IRR 243000-58.2013.5.13.0023, tratando do cabimento de dano moral em razão de exigência de certidão negativa de antecedentes criminais, por meio do qual se consagrou a tese ela só é possível se houver previsão legal ou justificar-se em razão da natureza da atividade. Nos demais casos, o dano moral *in re ipsa* fica caracterizado. Julgado em 20.04.2017.

56. Súmula nº 124 do TST.
   BANCÁRIO. SALÁRIO-HORA. DIVISOR (alteração em razão do julgamento do processo TST-IRR 849-83.2013.5.03.0138) – Res. 219/2017, DEJT divulgado em 28, 29 e 30.06.2017.
   I – o divisor aplicável para o cálculo das horas extras do bancário será:
   a)180, para os empregados submetidos à jornada de seis horas prevista no caput do art. 224 da CLT;
   b) 220, para os empregados submetidos à jornada de oito horas, nos termos do § 2º do art. 224 da CLT.
   II – Ressalvam-se da aplicação do item anterior as decisões de mérito sobre o tema, qualquer que seja o seu teor, emanadas de Turma do TST ou da SBDI-I, no período de 27/09/2012 até 21/11/2016, conforme a modulação aprovada no precedente obrigatório firmado no Incidente de Recursos de Revista Repetitivos nº TST--IRR-849-83.2013.5.03.0138, DEJT 19.12.2016.

fracionário do Tribunal Superior do Trabalho desfrute de tamanha força vinculante em relação a todos os órgãos do judiciário trabalhista brasileiro pode, em lugar de estabilizar a jurisprudência, trazer mais insegurança jurídica. O posicionamento do órgão fracionário pode não representar o entendimento majoritário do tribunal e, em tese, enquanto uma súmula não é cancelada pelo procedimento previsto, ela continua a autorizar o conhecimento de recursos que contrariem o seu teor.

5. RECURSO DE EMBARGOS POR DIVERGÊNCIA

5.1. Considerações gerais

Trata-se de recurso de natureza extraordinária e possui a função de completar o sistema recursal trabalhista. A autoridade do direito aplicável às relações de trabalho e a uniformidade de sua interpretação não podem ser realizadas integralmente pelo recurso de revista. A multiplicidade de órgãos fracionários no Tribunal Superior do Trabalho é fator que reclama a existência de um único órgão para zelar pela uniformidade da jurisprudência do tribunal. Esse órgão é a Seção de Dissídios Individuais do Tribunal Superior do Trabalho, especialmente sua Subseção I. Atualmente, essa mesma atividade pode, também, competir a Seção de Dissídios Individuais, em sua composição plenária, e o Pleno do Tribunal Superior do Trabalho.

A natureza extraordinária do recurso de embargos decorre da circunstância de que esse remédio representa um prolongamento da fase recursal no cumprimento da missão do Tribunal Superior do Trabalho, devendo observar, portanto, a mesma linha do recurso de revista.

Atualmente, o recurso de embargos é cabível apenas por divergência jurisprudencial e contrariedade a súmula e orientação jurisprudencial do Tribunal Superior do Trabalho e súmula vinculante do Supremo Tribunal Federal. No passado, esse recurso também era cabível por violação a lei, dando margem à reabertura de discussões que já haviam sido encerradas no âmbito das turmas. Daí que a reforma promovida pela Lei n. 11.496, de 2007, conferiu maior racionalidade ao recurso de embargos, ao limitar seu cabimento às hipóteses de divergência jurisprudencial e contrariedade a súmulas e orientações jurisprudenciais. O fato de limitar o cabimento do recurso de embargos, por outro lado, impõe seja atribuída à única existente a máxima potencialidade para o tribunal cumprir adequadamente a sua função. Nesse aspecto, há uma ampliação no cabimento do recurso de embargos por divergência.

5.2. Ampliação de seu cabimento no caso de divergência e contrariedade a súmula e orientação jurisprudencial

O recurso de embargos está previsto no artigo 894, II, da Consolidação das Leis do Trabalho. Esse recurso era cabível tanto por violação a lei federal, quanto por divergência entre as turmas ou com o tribunal pleno do Tribunal Superior do Trabalho, salvo se a decisão estivesse em consonância com súmula do tribunal.

A jurisprudência firmou-se no sentido de que a divergência deveria ser de outra turma do Tribunal Superior do Trabalho e não da mesma.[57]

O exame dos pressupostos intrínsecos de admissibilidade do recurso de revista, no recurso de embargos por violação à lei federal, só era possível se o recorrente indicasse violação ao artigo 896 da Consolidação das Leis do Trabalho.[58]

Caso o recurso de revista não fosse conhecido por má aplicação de súmula ou orientação jurisprudencial do Tribunal Superior do Trabalho, a Seção de Dissídios Individuais, ao conhecer do recurso por violação ao artigo 896 da Consolidação das Leis do Trabalho, poderia desde logo julgar o mérito, se concluísse que o recurso merecia conhecimento e a matéria estivesse pacificada.[59]

---

57. OJ-SDI1-95 EMBARGOS PARA SDI. DIVERGÊNCIA ORIUNDA DA MESMA TURMA DO TST. INSERVÍVEL (inserida em 30.05.1997)ERR 125320/1994, SDI-PlenaEm 19.05.1997, a SDI-Plena, por maioria, decidiu que acórdãos oriundos da mesma Turma, embora divergentes, não fundamentam divergência jurisprudencial de que trata a alínea "b", do artigo 894 da Consolidação das Leis do Trabalho para embargos à Seção Especializada em Dissídios Individuais, Subseção I.

58. OJ-SDI1T-78 EMBARGOS À SDI CONTRA DECISÃO EM RECURSO DE REVISTA NÃO CONHE-CIDO QUANTO AOS PRESSUPOSTOS INTRÍNSECOS. RECURSO INTERPOSTO ANTES DA VIGÊNCIA DA LEI Nº 11.496, DE 22.06.2007, QUE CONFERIU NOVA REDAÇÃO AO ART. 894 DA CLT. NECESSÁRIA A INDICAÇÃO EXPRESSA DE OFENSA AO ART. 896 DA CLT (conversão da Orientação Jurisprudencial nº 294 da SBDI-1 com nova redação) - Res. 194/2014, DEJT divulgado em 21, 22 e 23.05.2014Para a admissibilidade e conhecimento de embargos, interpostos antes da vigência da Lei nº 11.496/2007, contra decisão mediante a qual não foi conhecido o recurso de revista pela análise dos pressupostos intrínsecos, necessário que a parte embargante aponte expressamente a violação ao art. 896 da CLT.

59. OJ-SDI1T-79 EMBARGOS. RECURSO INTERPOSTO ANTES DA VIGÊNCIA DA LEI Nº 11.496, DE 22.06.2007, QUE CONFERIU NOVA REDAÇÃO AO ART. 894 DA CLT. REVISTA NÃO CONHECIDA POR MÁ APLICAÇÃO DE SÚMULA OU DE ORIENTAÇÃO JURISPRUDENCIAL. EXAME DO MÉRITO PELA SDI (conversão da Orientação Jurisprudencial nº 295 da SBDI-1 com nova redação) - Res. 194/2014, DEJT divulgado em 21, 22 e 23.05.2014A SDI, ao

Com a Lei n. 11.496, de 2007, o recurso de embargos ali previsto passou a ser cabível apenas por divergência jurisprudencial entre as turmas ou com a Seção de Dissídios Individuais, salvo se a decisão estivesse em consonância com súmula ou orientação jurisprudencial do Tribunal Superior do Trabalho ou do Supremo Tribunal Federal.

Embora não houvesse previsão expressa, a jurisprudência consolidou-se no sentido de admitir o recurso por contrariedade a súmula e orientação jurisprudencial, tal como em relação ao recurso de revista.[60]

Porém, para evitar uma espécie de conhecimento equivalente do recurso de embargos por violação à lei, restringiu-se a possibilidade de conhecimento dos embargos por contrariedade a súmula ou orientação jurisprudencial em matéria processual. O exame dos pressupostos de cabimento do recurso de revista, por meio das súmulas e orientações jurisprudenciais do tribunal que tratam de matéria processual, seria o mesmo que conhecer do recurso por violação ao artigo 896 da Consolidação das Leis do Trabalho.

Nesse sentido, firmou-se a jurisprudência, conforme se verifica no trecho da ementa a seguir transcrita:

> (...) RECONHECIMENTO DE VÍNCULO EMPREGATÍCIO. RECURSO DE REVISTA DA RECLAMADA NÃO CONHECIDO. APLICAÇÃO DA SÚMULA Nº 126 DO TST PELA TURMA. SÚMULA DE CARÁTER PROCESSUAL. DIVERGÊNCIA JURISPRUDENCIAL NÃO DEMONSTRADA. SÚMULAS Nºs 296, ITEM I, E 337, ITEM III, DO TST. O conhecimento do recurso de embargos, de acordo com a nova redação do artigo 894 da CLT, dada pela Lei nº 11.496/2007, restringe-se à demonstração de divergência jurisprudencial entre Turmas do TST, entre essas e as Subseções de Dissídios Individuais ou de confronto com súmula desta Corte. Assim, imprópria a indicação de ofensa a preceito de lei ou da Constituição Federal para viabilizar os embargos à SBDI-1, razão pela qual é liminarmente rejeitada a

---

conhecer dos embargos, interpostos antes da vigência da Lei nº 11.496/2007, por violação do art. 896 - por má aplicação de súmula ou de orientação jurisprudencial pela Turma -, julgará desde logo o mérito, caso conclua que a revista merecia conhecimento e que a matéria de fundo se encontra pacificada neste Tribunal.

60. OJ-SDI1-219 RECURSO DE REVISTA OU DE EMBARGOS FUNDAMENTADO EM ORIENTAÇÃO JURISPRUDENCIAL DO TST (inserida em 02.04.2001)É válida, para efeito de conhecimento do recurso de revista ou de embargos, a invocação de Orientação Jurisprudencial do Tribunal Superior do Trabalho, desde que, das razões recursais, conste o seu número ou conteúdo.

Capítulo IV • RECURSO DE REVISTA E DE EMBARGOS POR DIVERGÊNCIA

alegação de violação dos artigos 818 da CLT e 333 do CPC. Ademais, o conhecimento do recurso de embargos por contrariedade à Súmula nº 126 do TST é, em princípio, incompatível com a nova função exclusivamente uniformizadora desta SBDI-1, prevista no artigo 894 da CLT. O que, na verdade, pretende a parte embargante é que esta Subseção profira decisão revisora e infringente daquela prolatada por uma das Turmas desta Corte, em que não se conheceu do seu recurso de revista ante o óbice da Súmula nº 126 do TST. No entanto, somente por violação do artigo 896 da CLT, seria possível o conhecimento de embargos quando se fundassem esses em má aplicação de súmula de Direito Processual, como a Súmula nº 126 do TST, indicada como contrariada pelo ora embargante. Não cabem mais embargos por violação de dispositivos de lei, e, ante a vigência da Lei nº 11.496/2007, não se pode, via de regra, conhecer dos embargos por contrariedade a súmula ou orientação jurisprudencial de conteúdo processual, invocadas como óbice ao conhecimento do recurso de revista, haja vista a atual e exclusiva função uniformizadora da jurisprudência trabalhista da Subseção I Especializada em Dissídios Individuais do TST. (...) (E-ED-RR - 118300-85.2006.5.17.0009 , Relator Ministro: José Roberto Freire Pimenta, Data de Julgamento: 29/05/2014, Subseção I Especializada em Dissídios Individuais, Data de Publicação: DEJT 06/06/2014)

Ocorre que a Lei n. 13.015, de 2014, alterou significativamente a redação do artigo 894, II, da Consolidação das Leis do Trabalho. A partir de agora, o recurso de embargos é cabível das decisões de turmas que divergirem entre si ou com decisão da Seção de Dissídios Individuais ou contrárias a súmula ou orientação jurisprudencial do Tribunal Superior do Trabalho e súmula vinculante do Supremo Tribunal Federal.

Ou seja, a partir da Lei n. 13.015, de 2014, consta expressamente o cabimento do recurso de embargos por contrariedade a súmula e orientação jurisprudencial do Tribunal Superior do Trabalho, como também a súmula vinculante do Supremo Tribunal Federal. Na redação anterior, a súmula e orientação jurisprudencial do Tribunal Superior do Trabalho serviam para superar a divergência, mas não especificamente para seu cabimento, o que foi flexibilizado pela jurisprudência, com a ressalva em relação à matéria processual.

A admissibilidade apenas na hipótese de contrariedade a súmula ou orientação jurisprudencial de direito material não era de todo incompatível com o texto anterior. Ainda assim, a Subseção I de

Dissídios Individuais passou a afastar esse entendimento em casos específicos, pelos quais admitiu o conhecimento por contrariedade a súmula de direito processual[61].

A nova redação do art. 894, II, da CLT não dá espaços para o entendimento atualmente prevalecente de não cabimento de embargos por contrariedade a súmula e orientação jurisprudencial em matéria processual.[62]

Com a redação expressa autorizando o recurso de embargos por contrariedade a súmula e orientação jurisprudencial, sem ressalvas, deve-se entender que o processo de uniformização é amplo, alcançando toda a jurisprudência do tribunal, independentemente de a decisão contrariar súmula ou orientação jurisprudencial de direito material ou processual. O fato de em algumas situações o conhecimento do recurso produzir o mesmo efeito da violação ao artigo 896 da CLT parece ser totalmente irrelevante diante da redação introduzida pela Lei n. 13.015/2014.

---

61. Como exemplo cita-se o E-ED-RR 142200-62.2000.5.01.007RECURSO DE EMBARGOS REGIDO PELA LEI 11.496/2007. PRESCRIÇÃO. COMPENSAÇÃO ORGÂNICA. SITUAÇÃO EXCEPCIONAL DE CONTRARIEDADE À SÚMULA 126 DO TST. Hipótese em que a Turma transcreve a decisão regional consubstanciada em apenas dois parágrafos. O primeiro explicando a impossibilidade de alteração da sentença, na qual pronunciada apenas a prescrição parcial da pretensão relativa à inclusão da compensação orgânica na parte variável da remuneração obreira. E o segundo, com registro expresso de que -a parcela 'compensação orgânica' jamais deixou de ser paga pela recorrente-, não se tratando de ato único. Nesse último, o Colegiado, inclusive, após grifo sublinhando tal assertiva regional. Após esses registros, a Turma conclui restar evidenciada a contrariedade à Súmula 294 do TST, consignando que a compensação orgânica -foi suprimida pela reclamada em julho de 1991, ... conforme registrado na sentença, à fl. 171-. O Colegiado pronunciou, então, a prescrição total da pretensão. Ao julgar os embargos declaratórios obreiros, assevera que -o acórdão embargado tomou por base os pressupostos fáticos descritos na decisão do Regional-, e conclui que -não foi contrariada, pois, a Súmula nº 126- do TST. A situação enquadra-se na circunstância excepcional em que esta Subseção Especializada tem admitido o conhecimento do recurso de embargos regido pela Lei n. 11.496/2007, por contrariedade à súmula de natureza processual, qual seja, quando -do conteúdo da própria decisão da Turma, se verifica afirmação ou manifestação que diverge do teor da súmula indicada como mal aplicada pela parte- (E-RR 45100-37.2000.5.09.0669, Relator Ministro Vantuil Abdala, DEJT de 13/3/2009). Imperioso destacar que a decisão embargada diverge da jurisprudência desta Corte pacificada na Súmula 126. Afinal, asseverado que o verbete não foi contrariado porque o fundamento decisório tomou por base os pressupostos fáticos descritos na decisão regional e, ao mesmo tempo, atribuída à sentença assertiva frontalmente contrária ao que consta da transcrição regional, tudo podendo ser constatado da própria decisão recorrida. Recurso de embargos conhecido e provido.

62. PEREIRA, Ricardo José Macedo de Britto. "Primeiras impressões sobre a reforma recursal trabalhista. Lei n. 13.015, de 2014". Revista LTr, São Paulo, LTr, 78-09-1061, setembro de 2014, p. 1061-1068.

Os embargos de divergência no Código de Processo Civil (arts. 1043 e 1044 do novo CPC) são cabíveis em julgamentos de órgãos fracionários de recurso extraordinário ou especial e nas causas de competência originária de tribunal cujos acórdãos divergirem de julgamento de outro órgão do tribunal. Na redação original do Código, os embargos poderiam ser interpostos por divergência no mérito, no juízo de admissibilidade, entre um acórdão de mérito e outro que não o seja, embora tenha apreciado a controvérsia, desde que a divergência seja de qualquer outro órgão do mesmo tribunal, ou da mesma turma, se sua composição foi alterada em mais da metade de seus membros. Além disso, a divergência apta à interposição dos embargos de divergência pode referir-se a direito material ou processual. O recurso não pode ser inadmitido com base em fundamento genérico de que as circunstâncias fáticas são diferentes, sem demonstrar a existência da distinção. A Lei 13.256, de 2016, eliminou a possibilidade de divergência na admissibilidade do recurso, bem como a inadmissão com base em fundamento genérico. Em relação a esta última, ela seria até desnecessária, considerando o dever geral de fundamentação e as hipóteses contidas no artigo 489, § 1º, do Código de Processo Civil.

O Código de Processo Civil, ao prever a possibilidade de configuração do dissenso em matéria processual, reforça as hipóteses de conhecimento do recurso de embargos, repita-se, independentemente de a decisão contrariar súmula ou orientação jurisprudencial de direito material ou processual.

De qualquer forma, o mais relevante para que haja a superação da jurisprudência restritiva da Subseção I de Dissídios Individuais é a nova redação conferida ao artigo 894, II, da Consolidação das Leis do Trabalho.

5.3. Dispositivos incluídos pela Lei n. 13.015, de 2014

Foram acrescentados três novos parágrafos ao artigo 894 da Consolidação das Leis do Trabalho. São eles:

> § 2º A divergência apta a ensejar os embargos deve ser atual, não se considerando tal a ultrapassada por súmula do Tribunal Superior do Trabalho ou do Supremo Tribunal Federal, ou superada por iterativa e notória jurisprudência do Tribunal Superior do Trabalho.
>
> § 3º O Ministro Relator denegará seguimento aos embargos:

I – se a decisão recorrida estiver em consonância com súmula da jurisprudência do Tribunal Superior do Trabalho ou do Supremo Tribunal Federal, ou com iterativa, notória e atual jurisprudência do Tribunal Superior do Trabalho, cumprindo-lhe indicá-la;

II – nas hipóteses de intempestividade, deserção, irregularidade de representação ou de ausência de qualquer outro pressuposto extrínseco de admissibilidade.

§ 4º Da decisão denegatória dos embargos caberá agravo, no prazo de 8 (oito) dias." (NR)

São basicamente dois os acréscimos. O primeiro é a inclusão na lei do entendimento consolidado na Súmula nº 333 do Tribunal Superior do Trabalho. Essa súmula foi alterada em 2009, para retirar sua aplicação ao recurso de embargos. Anteriormente, ela se aplicava a ambos os recursos: revista e embargos. Atualmente, a Súmula nº 333 faz menção apenas ao recurso de revista[63]. Isso porque a redação do artigo 894, II, da Consolidação das Leis do Trabalho, dada pela Lei n. 11.496/2007, ressalvava o cabimento dos embargos se a decisão estivesse em consonância com súmula ou orientação jurisprudencial do Tribunal Superior do Trabalho ou do Supremo Tribunal Federal, sem alusão a "interativa, notória e atual jurisprudência do Tribunal". A redação anterior do art. 894, II, Consolidação das Leis do Trabalho tampouco fazia menção à expressão entre aspas, mas o Tribunal Superior do Trabalho dava o mesmo tratamento à revista e aos embargos. Com a redação da nova lei, volta-se a aplicar o entendimento anterior, apesar de não existir uma equivalência textual entre a súmula e o § 2º do art. 894 da CLT. Os textos legais utilizam a jurisprudência ora para dar respaldo a decisão recorrida, ora para excluir possíveis divergências na interposição do recurso por esse fundamento. Na prática, porém o resultado pode ser considerado o mesmo.

A novidade é a inclusão de súmula do Supremo Tribunal Federal. A súmula não vinculante daquele tribunal não autoriza a interposição do recurso de embargos, mas é determinante do não cabimento desse recurso, ao dar respaldo à decisão da turma do Tribunal Superior do Trabalho que a observa.

---

63. SUM-333. RECURSOS DE REVISTA. CONHECIMENTO (alterada) - Res. 155/2009, DJ 26 e 27.02.2009 e 02.03.2009. Não ensejam recurso de revista decisões superadas por iterativa, notória e atual jurisprudência do Tribunal Superior do Trabalho.

O segundo acréscimo trata do julgamento abreviado. Como já mencionado, essa previsão constava do § 5º do artigo 896 da Consolidação das Leis do Trabalho e se referia também aos embargos e ao agravo de instrumento. O dispositivo foi suprimido pela Lei n. 13.015, de 2014, mas que incluiu esse procedimento para os embargos, no artigo 894, II. De qualquer forma, o artigo 932 do Código de Processo Civil aplica-se subsidiariamente ao processo do trabalho, inclusive no tocante à multa prevista no artigo 1021, §§ 4º e 5º para o agravo, quando manifestamente inadmissível ou improcedente, em votação unânime.

5.4. Decisões das quais cabe o recurso de embargos

O artigo 894, II, da Consolidação das Leis do Trabalho não restringe o recurso de embargos, de modo que, em princípio, ele seria cabível de qualquer decisão proferida pelos órgãos nele mencionado.

Contudo, a Lei n. 7.701 de 1988, prevê a seguinte competência para as turmas do Tribunal Superior do Trabalho:

> Art. 5º As Turmas do Tribunal Superior do Trabalho terão, cada uma, a seguinte competência:
>
> a) julgar os recursos de revista interpostos de decisões dos Tribunais Regionais do Trabalho, nos casos previstos em lei;
>
> b) julgar, em última instância, os agravos de instrumento dos despachos de Presidente de Tribunal Regional que denegarem seguimento a recurso de revista, explicitando em que efeito a revista deve ser processada, caso providos;
>
> c) julgar, em última instância, os agravos regimentais; e
>
> d) julgar os embargos de declaração opostos aos seus acórdãos.

Ou seja, a lei estabelece que as decisões das turmas serão de última instância nos agravos de instrumento e nos agravos regimentais. Antes mesmo da referida lei, a jurisprudência já havia se firmado no sentido de não admitir recurso de embargos de decisão

266 RECURSOS DE NATUREZA EXTRAORDINÁRIA NO TST – *Ricardo José Macêdo de Britto Pereira*

proferida em agravo de instrumento.[64] Da mesma forma, em relação ao agravo regimental.[65]

Aos poucos, o Tribunal Superior do Trabalho foi admitindo o recurso de embargos em agravo, especialmente quando não conhecido o recurso por ausência de pressupostos extrínsecos.[66] Além disso, vários Ministros passaram a adotar o procedimento abreviado previsto no artigo 896, § 5º, da Consolidação das Leis do Trabalho e do artigo 557 do Código de Processo Civil anterior, para denegar seguimento aos recursos de revista e agravo de instrumento. Essas decisões passaram a ser impugnadas pelo recurso de agravo.

Atualmente, a matéria está disciplinada pela Súmula 353 do Tribunal Superior do Trabalho[67], que prevê o cabimento do recurso de embargos de decisão que não conhece do agravo de instrumen-

---

64. SUM-183 EMBARGOS. RECURSO DE REVISTA. DESPACHO DENEGATÓRIO. AGRAVO DE INSTRUMENTO. NÃO CABIMENTO (cancelada) - Res. 121/2003, DJ 19, 20 e 21.11.2003. São incabíveis embargos para o Tribunal Pleno contra decisão em agravo de instrumento oposto a despacho denegatório de recurso de revista, inexistindo ofensa ao art. 153, § 4º, da Constituição Federal.Histórico:Revista pela Súmula nº 335 - Res. 27/1994, DJ 12, 17 e 19.05.1994Súmula alterada - Res. 1/1984, DJ 28.02.1984Redação original - Res. 4/1983, DJ 19.10.1983Nº 183 São incabíveis Embargos para o Tribunal Pleno contra Agravo de Instrumento oposto a despacho denegatório de Recurso de Revista, inexistindo ofensa ao artigo 153, § 4º, da Constituição Federal.

65. SUM-195 EMBARGOS. AGRAVO REGIMENTAL. CABIMENTO (cancelada) - Res. 121/2003, DJ 19, 20 e 21.11.2003Não cabem embargos para o Pleno de decisão de Turma do Tribunal Superior do Trabalho, prolatada em agravo regimental.Histórico:Revista pela Súmula nº 353 - Res. 70/1997, DJ 30.05.1997, 04, 05 e 06.06.1997Redação original - Res. 1/1985, DJ 01, 02 e 03.04.1985

66. SUM-335 EMBARGOS PARA A SEÇÃO ESPECIALIZADA EM DISSÍDIOS INDIVIDUAIS CONTRA DECISÃO EM AGRAVO DE INSTRUMENTO OPOSTO A DESPACHO DENEGATÓRIO DE RECURSO DE REVISTA (cancelada) - Res. 121/2003, DJ 19, 20 e 21.11.2003São incabíveis embargos para a Seção Especializada em Dissídios Individuais contra decisão proferida em agravo de instrumento oposto a despacho denegatório de recurso de revista, salvo quando a controvérsia se referir a pressupostos extrínsecos do próprio agravo.

67. **Súmula Nº 353 -EMBARGOS. AGRAVO. CABIMENTO (atualizada em decorrência do CPC de 2015) - Res. 208/2016, DEJT divulgado em 22, 25 e 26.04.2016** Não cabem embargos para a Seção de Dissídios Individuais de decisão de Turma proferida em agravo, salvo:a) da decisão que não conhece de agravo de instrumento ou de agravo pela ausência de pressupostos extrínsecos;b) da decisão que nega provimento a agravo contra decisão monocrática do Relator, quando se proclamou a ausência de pressupostos extrínsecos de agravo de instrumento;c) para revisão dos pressupostos extrínsecos de admissibilidade do recurso de revista, cuja ausência haja sido declarada originariamente pela Turma no julgamento do agravo; d) para impugnar o conhecimento de agravo de instrumento;e) para impugnar a imposição de multas previstas nos arts. 1.021, § 4º, do CPC de 2015 ou 1.026, § 2º, do CPC de 2015 (art. 538, parágrafo único, do CPC de 1973, ou art. 557, § 2º, do CPC de 1973).f) contra decisão de Turma proferida em agravo em recurso de revista, nos termos do art. 894, II, da CLT.

Capítulo IV • RECURSO DE REVISTA E DE EMBARGOS POR DIVERGÊNCIA 267

to ou agravo pela ausência de pressupostos extrínsecos; que nega provimento a agravo de decisão denegatória do relator ao agravo de instrumento, por ausência de pressupostos extrínsecos; decisão de agravo que declara originariamente a ausência de pressupostos extrínsecos do recurso de revista, hipótese que passou a ser abrangida pelo último item da súmula; decisão que não conhece do agravo de instrumento; decisão que impõe multas em embargos de declaração protelatórios, previstas no artigo 1.026, § 2º, do Código de Processo Civil, ou no agravo manifestamente inadmissível ou improcedente, nos termos do artigo 1.021, § 4º, do Código de Processo Civil; e, por fim, de decisão de agravo em recurso de revista.

Observa-se, portanto, que o recurso de embargos é cabível de forma abrangente das decisões em recurso de revista, ainda que sejam em agravo das decisões do relator que denegam seguimento ao recurso. Não importa se o recurso foi ou não conhecido e se a decisão é de direito processual ou de direito material.

As decisões proferidas em agravo de instrumento, incluídos os agravos, poderão ser impugnadas por embargos, caso não conhecidos esses recursos. Também é cabível o recurso de embargos de decisão de agravo desprovido contra decisão do relator que proclama a ausência de pressupostos extrínsecos do agravo de instrumento.

No tocante à imposição de multas, os embargos são cabíveis, independentemente do conhecimento ou não do recurso que deu origem a decisão, desde que seja de turma do Tribunal Superior do Trabalho.

Em relação à interposição do recurso de embargos em procedimento sumaríssimo e na fase de execução, deve-se observar as restrições previstas para a interposição do recurso de revista nesses casos, considerando a interpretação sistemática da Consolidação das Leis do Trabalho. Se há restrições ao cabimento do recurso de revista não faz sentido ampliá-la por meio do recurso de embargos. Por outro lado,

268 RECURSOS DE NATUREZA EXTRAORDINÁRIA NO TST – *Ricardo José Macêdo de Britto Pereira*

existe a necessidade de uniformizar a jurisprudência nas hipóteses em que ele é cabível. Nesse sentido são as Súmulas 433[68] e 458[69] do TST.

5.5. Exigências para o conhecimento do recurso de embargos por divergência

Não há distinção em relação às exigências para o conhecimento do recurso de embargos das previstas para o recurso de revista por divergência jurisprudencial. Por essa razão, remetemos o leitor aos itens 3.1.1 e 3.1.2 alusivos ao recurso de revista.

A divergência deverá ser válida, ou seja, oriunda do órgão previsto na legislação, no caso de outra turma, da Seção Especializada em Dissídios Individuais ou do Pleno. Assim como o recurso de revista, é válida divergência oriunda da Subseção II de Dissídios Individuais, para autorizar, nesse aspecto, o conhecimento do recurso de embargos.[70] Divergência com o pleno também deve ser admitida, principalmente agora, com a previsão da assunção da competência.

---

68. SUM-433 EMBARGOS. ADMISSIBILIDADE. PROCESSO EM FASE DE EXECUÇÃO. ACÓRDÃO DE TURMA PUBLICADO NA VIGÊNCIA DA LEI Nº 11.496, DE 26.06.2007. DIVERGÊNCIA DE INTERPRETAÇÃO DE DISPOSITIVO CONSTITUCIONAL - Res. 177/2012, DEJT divulgado em 13, 14 e 15.02.2012A admissibilidade do recurso de embargos contra acórdão de Turma em Recurso de Revista em fase de execução, publicado na vigência da Lei nº 11.496, de 26.06.2007, condiciona-se à demonstração de divergência jurisprudencial entre Turmas ou destas e a Seção Especializada em Dissídios Individuais do Tribunal Superior do Trabalho em relação à interpretação de dispositivo constitucional.

69. SUM-458 EMBARGOS. PROCEDIMENTO SUMARÍSSIMO. CONHECIMENTO. RECURSO INTERPOSTO APÓS VIGÊNCIA DA LEI Nº 11.496, DE 22.06.2007, QUE CONFERIU NOVA REDAÇÃO AO ART. 894, DA CLT. (conversão da Orientação Jurisprudencial nº 405 da SBDI-1 com nova redação) - Res. 194/2014, DEJT divulgado em 21, 22 e 23.05.2014 Em causas sujeitas ao procedimento sumaríssimo, em que pese a limitação imposta no art. 896, § 6º, da CLT à interposição de recurso de revista, admitem-se os embargos interpostos na vigência da Lei nº 11.496, de 22.06.2007, que conferiu nova redação ao art. 894 da CLT, quando demonstrada a divergência jurisprudencial entre Turmas do TST, fundada em interpretações diversas acerca da aplicação de mesmo dispositivo constitucional ou de matéria sumulada.

70. RECURSO DE EMBARGOS EM RECURSO DE REVISTA. ACÓRDÃO EMBARGADO PUBLICADO SOB A ÉGIDE DA LEI 11.496/2007. DIFERENÇAS DA MULTA DE 40% DO FGTS DECORRENTES DE EXPURGOS INFLACIONÁRIOS. PRESCRIÇÃO. CONHECIMENTO DO RECURSO DE REVISTA POR VIOLAÇÃO DO ART. 7º, XXIX, DA CONSTITUIÇÃO DA REPÚBLICA. No julgamento do incidente de uniformização de jurisprudência suscitado no presente feito, à evidência de dissenso jurisprudencial entre a SDI-I e a SDI-II desta Corte Superior, a respeito da configuração de ofensa direta ao art. 7º, XXIX, da Constituição da República quando discutida a prescrição da pretensão às diferenças da multa de 40% do FGTS decorrentes dos expurgos inflacionários de planos econômicos, o Pleno do Tribunal Superior do Trabalho decidiu que a invocação de afronta ao art. 7º, XXIX, da Constituição da República autoriza, nos termos do art. 896 da CLT, o conhecimento

Além disso, a divergência deve ser específica, ou seja, exige-se identidade em vários aspectos, como o dispositivo do ordenamento jurídico e a situação fática, embora a tese jurídica adotada nas decisões divergentes seja distinta (Súmula 296, TST). Da mesma forma exige-se identidade de fundamentos (Súmula 23, TST), ainda que não necessariamente reunidos num único aresto.

A divergência deve ser atual, isto é, não ultrapassada por súmula do Tribunal Superior do Trabalho ou do Supremo Tribunal Federal, ou superada por iterativa e notória jurisprudência do Tribunal Superior do Trabalho (art. 894, II, § 2º, CLT).

Por último, a divergência deve ser comprovada pelo embargante, observando o que consta da legislação e da jurisprudência (art. 896, § 8 e Súmula 337, TST).

Embora não esteja expressamente previsto para o recurso de embargos, convém observar as exigências formais contidas no § 1º-A do artigo 896 da Consolidação das Leis do Trabalho, introduzido pela Lei n. 13.015, de 2014, no tocante à contrariedade a súmula ou orientação jurisprudencial. Referido dispositivo prevê a indicação de forma explícita e fundamentada da contrariedade a súmula ou orientação jurisprudencial e expor as razões do pedido de reforma, impugnando todos os fundamentos jurídicos da decisão, mediante demonstração analítica da súmula ou orientação jurisprudencial contrariada. A demonstração analítica da divergência entre julgados também deve ser observada.

---

do recurso de revista interposto contra acórdão em que pronunciada, ao exame de hipótese fática que não comporta a sua incidência, a prescrição bienal, contada a partir da extinção do contrato de trabalho, caso das diferenças da multa de 40% do FGTS decorrentes de expurgos inflacionários, desde que ainda não concretizada a *actio nata*. (TST-E-RR-6700-40.2004.5.02.0464, DEJT 07.10.2011.)No corpo do acórdão consta:Logra êxito a embargante em demonstrar a existência de dissenso pretoriano *interna corporis*. O aresto colacionado à fl. 234, oriundo da Subseção II Especializada em Dissídios Individuais (AR-190, de 5946-08.2008.5.00.0000, Relator Exmo. Ministro Alberto Luiz Bresciani de Fontan Pereira, DEJT 16.10.2009), é hábil e específico, rendendo ensejo ao conhecimento do recurso de embargos, na medida em que alberga tese divergente da esposada na decisão embargada.

5.6. Análise em embargos da divergência para o conhecimento do recurso de revista

O item II da Súmula 296 do Tribunal Superior do Trabalho estabelece:

> II - Não ofende o art. 896 da CLT decisão de Turma que, examinando premissas concretas de especificidade da divergência colacionada no apelo revisional, conclui pelo conhecimento ou desconhecimento do recurso. (ex-OJ nº 37 da SBDI-1 - inserida em 01.02.1995)

Referida previsão só se aplica aos recursos interpostos antes da Lei n. 11.496, de 2007, pois atualmente o recurso de embargos apenas é cabível por divergência jurisprudencial e contrariedade a súmula e orientação jurisprudencial.

De qualquer forma, subsiste a indagação de se seria cabível o recurso de embargos para a análise da especificidade ou não da divergência apresentada para o conhecimento de recurso de revista.

Não há qualquer restrição para o cabimento do recurso de embargos nesse aspecto, desde que haja divergência jurisprudencial ou contrariedade a súmula ou orientação jurisprudencial, independentemente do fato de tratar de direito material ou processual.

Na sistemática anterior à Lei n. 11.496, de 2007, admitia-se o exame do recurso de embargos por violação e o acolhimento da nulidade se não fossem explicitados os fundamentos da especificidade ou da inespecificidade da divergência jurisprudencial.[71]

Na atual, não há dúvida de que uma situação como essa pode perfeitamente ser objeto de recurso de embargos, citando como exemplo a contrariedade à própria Súmula 296, I, do Tribunal Superior do Trabalho.

Essa possibilidade de revisão é extremamente salutar em algumas situações, uma vez que decisões contrárias ao ordenamento jurídico alusivas ao conhecimento de recurso geralmente não alçam o Supremo Tribunal Federal. Caso não fossem objeto de nova apreciação, dariam margem a arbitrariedade.

Por isso, em recurso de embargos é possível conhecer excepcionalmente, e para tanto acaba sendo necessário flexibilizar a

---

71. Arruda, Katia Magalhães e Milhomem, Rubem. *Op. cit.*, p. 262.

exigência de especificidade da divergência, preliminar de nulidade por negativa de prestação jurisdicional, bem como o valor fixado a título de danos morais coletivos.

É a dimensão subjetiva dos recursos, que, mesmo na fase extraordinária, não perdem a função de proporcionar as partes prestação jurisdicional dotada de qualidade.

5.7. Procedimento no recurso de embargos

Após o encaminhamento do anteprojeto ao Ministério da Justiça, que acabou se convertendo no projeto que resultou na Lei n. 13.015/2014, o Tribunal Superior do Trabalho alterou o procedimento de admissibilidade do recurso de embargos, por meio do ato regimental nº 4, de 14.09.2012. Antes o recurso de embargos era dirigido para a Subseção I de Dissídios Individuais. Com a alteração, o recurso de embargos passou a ser dirigido ao presidente da turma em que foi proferida a decisão recorrida. A ele cabe o primeiro juízo de admissibilidade (art. 81, IX, RITST). Se o presidente da turma denegar seguimento ao recurso de embargos, é cabível o agravo regimental (art. 235, X, RITST).

Nesse caso, haverá duplo juízo monocrático de admissibilidade. É o que prevê o artigo 2º do Ato 491, de 2014:

> Art. 2º Sem prejuízo da competência do Ministro Relator do recurso de embargos prevista no § 3º do artigo 894 da CLT, o Presidente de Turma, na forma do Regimento Interno do Tribunal Superior do Trabalho, denegar-lhe-á seguimento nas hipóteses ali previstas e quando a divergência apresentada não se revelar atual, nos termos do § 2º do mesmo dispositivo legal.

O § 3º do artigo 894, II, da Consolidação das Leis do Trabalho aplica aos embargos o que já constava do § 5º do art. 896. É a possibilidade de o relator julgar o recurso monocraticamente. A diferença é que em relação aos embargos, incluiu-se súmula do Supremo Tribunal Federal e a iterativa notória e atual jurisprudência do Tribunal Superior do Trabalho.

Pode causar surpresa a possibilidade de o relator denegar seguimento ao recurso de embargos se a decisão estiver de acordo com súmula não vinculante do Supremo Tribunal Federal. Como já ressaltado, apenas a contrariedade a súmula vinculante do tribunal autoriza a admissibilidade do recurso de embargos. Porém a súmula não vinculante dá respaldo à decisão recorrida, de modo que eventual divergência apresentada será considerada superada por ela. Ou seja, o relator está autorizado a denegar seguimento ao recurso de embargos pela superação da tese contida na decisão paradigma por súmula não vinculante do Supremo Tribunal Federal.

O novo § 4º do artigo 894, II, da Consolidação das Leis do Trabalho prevê o recurso de agravo no caso de decisão denegatória, no prazo de oito dias.

Consequentemente, se o primeiro juízo de admissibilidade é denegatório, cabe o agravo regimental. Se o segundo juízo de admissibilidade é denegatório, cabe o agravo.

Quanto ao mais, observa-se o mesmo procedimento do recurso de revista.

Ponto que suscita muita dúvida após a alteração promovida pela Lei n. 11.496, de 2007, é interposição de recurso extraordinário para o Supremo Tribunal Federal, para apreciar e julgar contrariedade a dispositivo constitucional. Como o recurso de embargos limita-se ao exame da divergência jurisprudencial e contrariedade a súmula e orientação jurisprudencial, não mais sendo cabível para tratar da violação, alguns advogados passaram a adotar a prática da interposição simultânea, que foi prontamente acolhida pelo Tribunal Superior do Trabalho. Nesse caso, o recurso extraordinário fica sobrestado até a conclusão do julgamento dos embargos.

A interposição simultânea parece ser a mais recomendável no momento, uma vez que a última decisão que vai julgar a existência ou não de violação a dispositivo constitucional é o recurso de revista. O recurso de embargos cuida estritamente da divergência jurisprudencial, e não de violação a dispositivo da Constituição, ainda que as razões de decidir possam abordar matéria constitucional. Se o recurso de embargos não é conhecido, poderia haver discussão acerca da interrupção do prazo para a interposição do recurso extraordinário.

Sendo assim, se a parte pretende interpor recurso de embargos e caso venha a ser conhecido, a decisão do recurso de revista não será de última instância, de modo que em relação a ela, em tese, não caberia o recurso extraordinário. Porém, se o recurso de embargos não é conhecido, como sua análise é restrita à hipótese configuradora

Capítulo IV · RECURSO DE REVISTA E DE EMBARGOS POR DIVERGÊNCIA

de divergência ou contrariedade jurisprudencial, o recurso extraordinário deverá atacar o acórdão do recurso de revista no qual a matéria constitucional haja sido pré-questionada.

Essa prática não inviabiliza, por exemplo, a interposição de recurso extraordinário de matéria constitucional abordada no acórdão do recurso de embargos ou de violação constitucional originária no momento da decisão. Nesse caso, o recurso pode ser interposto após a decisão dos embargos ou, na hipótese de anterior interposição simultânea, de aditamento ao recurso extraordinário sobrestado.

Até o presente momento, o Regimento Interno do Tribunal Superior do Trabalho não foi alterado para se adaptar a essa nova realidade. Por ausência de previsão específica, não cabe ao primeiro juízo de admissibilidade aplicar com muito rigor um ou outro procedimento, ou mesmo a exigência de ratificação do recurso para dar seguimento a sua tramitação.

Está relacionada com este tema, a obrigatoriedade ou não de a parte interpor o recurso de embargos por divergência para ter assegurado o conhecimento de seu recurso extraordinário. Suponha-se que a parte interponha o recurso extraordinário diretamente, porque não localizou divergência apta para a interposição do recurso de embargos. Contudo, a outra parte indica em contrarrazões a existência dessa divergência, para argumentar que não se trata de decisão de última instância a proferida no recurso de revista. Trata-se de situação que surgiu com a Lei n. 11.496, de 2007, pois, antes dela, não era possível a interposição de recurso extraordinário sem a interposição prévia do recurso de embargos.

A matéria não é nada simples, pois a constatação da existência de divergência deve passar pela análise de sua validade, especificidade, atualidade e comprovação, de modo que o juízo de admissibilidade do recurso extraordinário acaba por envolver os pressupostos processuais do recurso de embargos não interposto. Em princípio, constatada a existência de decisão divergente e que cumpre as exigências para o conhecimento do recurso de embargos parece não ser possível admitir o extraordinário de decisão que não se apresenta como de última instância.

Nessa linha, para fins de interposição do recurso extraordinário, o recurso de embargos não seria mera faculdade, mas etapa necessária, caso seja possível encontrar elementos para o cabimento deste último recurso.

O Supremo Tribunal Federal, contudo, possui decisão admitindo o extraordinário diretamente do acórdão do agravo de instrumento, na hipótese de interposição do recurso de embargos pela outra parte, aludindo a não obrigatoriedade da interposição dos embargos, como se observa na ementa a seguir transcrita:

> AGRAVO REGIMENTAL EM RECURSO EXTRAORDINÁRIO. DIREITO PROCESSUAL E MATERIAL DO TRABALHO. 1. São autônomos os acórdãos proferidos em agravo de instrumento e em recurso de revista, ainda que formalizados em um mesmo documento. 2. A interposição de recurso de embargos (CLT, art. 894) contra o acórdão do recurso de revista não impede a impugnação imediata, por recurso extraordinário, do acórdão relativo ao agravo de instrumento. O julgamento dos embargos pode dar ensejo à interposição de outro extraordinário, sem que disso resulte, por si só, a inviabilidade de qualquer um deles. 3. Agravo regimental provido apenas para afastar a causa de inadmissibilidade apontada na decisão ora agravada.[72]

Das razões de decidir, cumpre destacar o seguinte trecho:

> O TST apreciou dois recursos diferentes: o agravo de instrumento do reclamante contra a decisão que inadmitiu seu recurso de revista, e o recurso de revista interposto pela reclamada em face do acórdão do TRT no recurso ordinário: **(i) Agravo de instrumento em recurso de revista:** como o agravo foi desprovido, essa decisão não poderia ser impugnada por recurso de embargos (Súmula 353/TST), mas apenas por recurso extraordinário. Foi o que fez o ora recorrente, de modo que não incide, aqui, a Súmula 281/STF. **(ii) Recurso de revista:** o recurso de embargos era cabível, mas facultativo – como os embargos de divergência em recurso especial, por exemplo –, de modo que o recorrente poderia ter optado por ele ou pelo recurso extraordinário. Escolheu o primeiro e, por isso, teve de aguardar seu julgamento antes de interpor o recurso extraordinário. Mais uma vez, agiu corretamente o recorrente, de modo que a Súmula 281/STF também é inaplicável aqui.

---

72. AG. REG. NO RECURSO EXTRAORDINÁRIO 562.900, DJE 06.02.2014RELATOR: MIN. DIAS TOFFOLI; REDATOR DO ACÓRDÃO: MIN. ROBERTO BARROSO

Portanto, no caso concreto, embora o recurso de embargos não tenha sido interposto da decisão objeto do recurso extraordinário, consta no corpo do acórdão do Supremo Tribunal Federal que o recurso de embargos é facultativo, podendo a parte valer-se diretamente do recurso extraordinário.

Com a entrada em vigor do novo Código de Processo Civil, será possível aplicar subsidiariamente o artigo 1.044, cujo § 1º prevê que a *interposição de embargos de divergência no Superior Tribunal de Justiça interrompe o prazo para interposição de recurso extraordinário por qualquer das partes.*

Essa seria uma referência para um ponto que está totalmente em aberto, considerando que a reforma promovida pela Lei n. 11.496, de 2007, carece de regulamentação e previsão regimental, quando se pretende levar a matéria constitucional ao Supremo Tribunal Federal, sendo cabível o recurso de embargos.

BIBLIOGRAFIA

Alexy, Robert (2001) *Teoría de los derechos fundamentales*. 2ª Reimp. Madrid, CEPC, 2001.

_____. "Epílogo a teoría de los derechos fundamentales (1)". *Revista española de Derecho constitucional*. Año 22, núm. 66, septiembre-diciembre 2002.

Arruda, Kátia Magalhães e Milhomem, Rubem *Jurisdição extraordinária do TST na admissibilidade do recurso de revista*. 2ª. Ed., São Paulo, LTr, 2014.

Assis, Araken de. *Manual dos recursos*. 4ª. Ed., São Paulo, Ed. Revista dos Tribunais, 2012.

Atienza, Manuel e Manero, J. Ruiz. *Ilícitos atípicos*. Madrid. Trotta, 2000.

Barroso, Luís Roberto. *Curso de Direito Constitucional Contemporâneo. Os conceitos fundamentais e a construção do novo modelo*. São Paulo, Saraiva, 2009.

Bebber, Júlio César. *Recursos no processo do trabalho*. 2ª. Ed., São Paulo, LTr, 2009.

Bueno, Cassio Scarpinella. "Prequestionamento. Reflexões sobre a Súmula 211 do STJ". Wambier, Teresa Arruda Alvim; Alvim, Eduardo P. de Arruda e Nery Junior, Nelson (coord.). *Aspectos polêmicos e atuais sobre os recursos cíveis*. São Paulo, Revista dos Tribunais, 2000.

Lopez Calera, N. *¿Hay derechos colectivos? Individualidad y socialidad en la teoría de los derechos*. Barcelona, Ariel, 2000.

Balaguer Callejón, Francisco et all. *Derecho Constitucional*. Madrid, Tecnos, 2001.

Câmara, Alexandre Freitas. *Lições de direito processual*. 25ª. ed., São Paulo, Atlas, 2014.

Canotilho, Gomes. *Direito Constitucional*. Coimbra, Almedina, 1992, p. 174.

Carneiro, Athos Gusmão. *Recurso especial, agravos e agravo interno*. 7ª. ed. Rio de Janeiro, Forense, 2011.

Däubler, Wolfgang "Los trabajadores y la Constitución". *Contextos. Revista crítica de Derecho social*. N. 2, 1998.

Dworkin, R. *Los derechos en serio*. 1ª ed., 4ª reimp., Barcelona, Editora Ariel, 1999.

García de Enterría, Eduardo. *La Constitución como norma y el Tribunal Constitucional*. 4ª. ed. , 2006, Madrid, Civitas, 2006.

Favoreau, Louis. *Legalidad y constitucionalidad. La constitucionalización del derecho*. Trad. Magdalena Correa Henao. Bogotá, IEC Carlos Restrepo Piedrahita, 2000.

Peña Freire, Antonio Manuel. *La garantia en el Estado constitucional de derecho*. Madrid, Trotta, 1997.

Guastini, Ricardo. "La 'constitucionalización' del ordenamiento jurídico: el caso italiano" *Estudios de teoría constitucional*. México. Instituto de investigaciones jurídicas 2001.

_____. *Das fontes às normas*. Trad. Edson Bini. São Paulo, Quartier Latin do Brasil, 2005.

Medina Guerrero, M. *La vinculación negativa del legislador a los derechos fundamentales*. Madrid, MacGraw-Hill, 1996.

Häberle, Peter. *Pluralismo y Constitución. Estudios de teoría constitucional de la sociedad abierta*. (Trad. De Emilio Mikinda), Tecnos, Madrid, 2002.

Casal Hernández, Jesús María. "Aspectos conceptuales del acceso a la justicia." *Acceso a la justicia. La universidad por la vigencia efectiva de los derechos humanos*, Caracas, Instituto Interamericano de Derechos Humanos, 2006.

Larenz, Karl. *Metodologia da ciência do direito*. Trad. José Lamego, 2ª. Ed., Lisboa, Fundação Calouste Gulbenkian, 1983.

Leite, Carlos Henrique Bezerra. *Curso de Direito Processual do Trabalho*. 12ª. Ed. São Paulo, LTr, 2014.

Maciel, José Alberto Couto. *Recurso de revista*. São Paulo, LTr, 1991.

Mallet, Estevão. *Do recurso de revista no processo do trabalho*. São Paulo, LTr, 1995.

BIBLIOGRAFIA

Marinoni, Luiz Guilherme. *Curso de Processo Civil. Teoria Geral do Processo.* Vol. 1, São Paulo: Ed. Revista dos Tribunais, 2006.

Mancuso, Rodolfo de Camargo. *Recurso extraordinário e recurso especial.* 12ª. ed., São Paulo, Revista dos Tribunais, 2013.

_____. *Acesso à justiça. Condicionantes legítimas e ilegítimas.* São Paulo, Ed. Revista dos Tribunais, 2012.

Martins, Sergio Pinto. *Comentários à CLT.* 7. ed., São Paulo, Atlas, 2003.

Medeiros Neto, Xisto Tiago. *Dano moral coletivo.* 3ª. Ed., São Paulo: LTr, 2007.

Mello, Celso D. de Albuquerque. *Curso de Direito Internacional Público.* 15ª ed., SP, Renovar, 2004.

Miessa, Élisson. *Recursos trabalhistas. De acordo com a Lei nº 13.015/14.* Salvador, Editora Juspodivm, 2014.

Moreira, José Carlos Barbosa. *Comentários ao Código de Processo Civil.* 17. Edição revista e atualizada. Volume V. Arts. 476 a 565, Forense, 2013.

Nery Junior, Nelson. *Teoria geral dos recursos.* 7. ed. Revista e atualizada. São Paulo, Ed. Revista dos Tribunais, 2014.

Pereira, Ricardo José Macedo de Britto. *Ação civil pública no processo do trabalho.* Salvador, Juspodivm, 2014.

_____. "A ampliação da competência da Justiça do Trabalho e as questões sindicais". In: Luciano Athayde Chaves, Maria de Fátima Coêlho Borges Stern e Fabrício Nicolau dos Santos Nogueira. (Org.) *Ampliação da competência da Justiça do Trabalho. 5 anos depois.* 1ª. Ed., Ltr, 2010.

_____. "Ação civil pública trabalhista. O processo de coletivização das ações na jurisprudência do Tribunal Superior do Trabalho". *Estudos aprofundados MPT. Ministério Público do Trabalho.* Org. Élisson Miessa e Henrique Correia. 2. ed., Salvador, Ed. Juspodivm, 2013.

_____. "Primeiras impressões sobre a reforma recursal trabalhista – Lei n. 13.015, de 2014". *Revista LTr.* Vol. 78, nº 09, setembro de 2014, 78-09/1061-1068.

Piovesan, Flávia. "Reforma do Judiciário e Direitos Humanos." *Reforma do Judiciário: analisada e comentada. Emenda Constitucional 45/2004.* Coord. André Ramos Tavares *et all.* São Paulo, Método, 2005.

Russomano Junior, Victor. *Recursos trabalhistas de natureza extraordinária. Pressupostos intrínsecos.* 4ª. ed., Curitiba, Juruá, 2011.

Prieto Sanchís, Luis. "Neoconstitucionalismo y ponderación judicial". *Neoconstitucionalismo.* Madrid, Trotta, 2003.

Süssekind, Arnaldo. *Direito Constitucional do Trabalho.* Rio de Janeiro, Renovar, 1999.

Teixeira Filho, Manuel Antonio. *Sistemas de recursos trabalhistas.* 11ª. Ed. São Paulo, LTr, 2011.

Veiga, Aloysio Correa. Admissibilidade do recurso de revista. *Revista do Tribunal Superior do Trabalho.* Brasília, vol. 69, nº 2, jul/dez 2003.

Watanabe, Kazuo. "Acesso à Justiça e sociedade moderna", *Participação e Processo.* Coord. De Ada Pelegrini Grinover, Cândido Rangel Dinamarco e Kazuo Watanabe, São Paulo, Ed. Revista dos Tribunais, 1988.

Zagrebelsky, G. *El derecho dúctil. Ley, derecho, justicia.* 2ª ed., Madrid, Trotta, 1997.

www.editorajuspodivm.com.br